Over dit boek

Ieder die dit boek ter hand neemt, en dat geldt zeker voor deze geheel vernieuwde editie, zal in de eerste plaats getroffen worden door de uitzonderlijk fraaie foto's van Lennart Nilsson. Hij heeft gebruik gemaakt van nieuwe technieken, waarbij ook de conceptie en de eerste ontwikkeling van de bevruchte eicel dankzij de in vitro fertilisatie nu voor de fotograaf toegankelijk zijn geworden.
De ontwikkeling van de menselijke vrucht wordt vanaf het allereerste begin tot aan de geboorte getoond in bijzonder mooi beeldmateriaal. Daarnaast geeft de tekst begrijpelijke en heldere voorlichting, met eerbied voor en verwondering over het beginnend menselijk leven, en met begrip voor de problemen en zorgen van de aanstaande moeder en vader.
Bij de Nederlandse bewerking is grotendeels de vertaling van de nieuwe Zweedse tekst gebruikt, maar het bleek toch noodzakelijk enkele wijzigingen aan te brengen. Hier en daar was er enig verschil van inzicht dat tot enkele kleine veranderingen in de tekst heeft geleid. Vooral het verschil in het systeem van de verloskundige zorg tussen Zweden en Nederland maakte aanpassingen en aanvullingen noodzakelijk. Het boek heeft daardoor voor de lezer in ons land aan betekenis gewonnen. Naar ik verwacht zal dit boek van waarde kunnen zijn voor aanstaande moeders en vaders, maar niet alleen voor hen. Ieder die beroepshalve of persoonlijk belangstelling heeft voor bevruchting, zwangerschap en geboorte kan hierin een schat aan gegevens vinden in een indrukwekkend fraaie vorm, en geschreven met de eerbied die bij dit wonderbaarlijke en altijd boeiende onderwerp past.

P. E. Treffers
Hoogleraar Verloskunde aan het
Academisch Medisch Centrum
te Amsterdam

Caroline Voet 1999

Lennart Nilsson

Het grote wonder

Prof. dr. L. Hamberger, tekst
Prof. dr. P. E. Treffers, medische redactie

De Brink Amsterdam

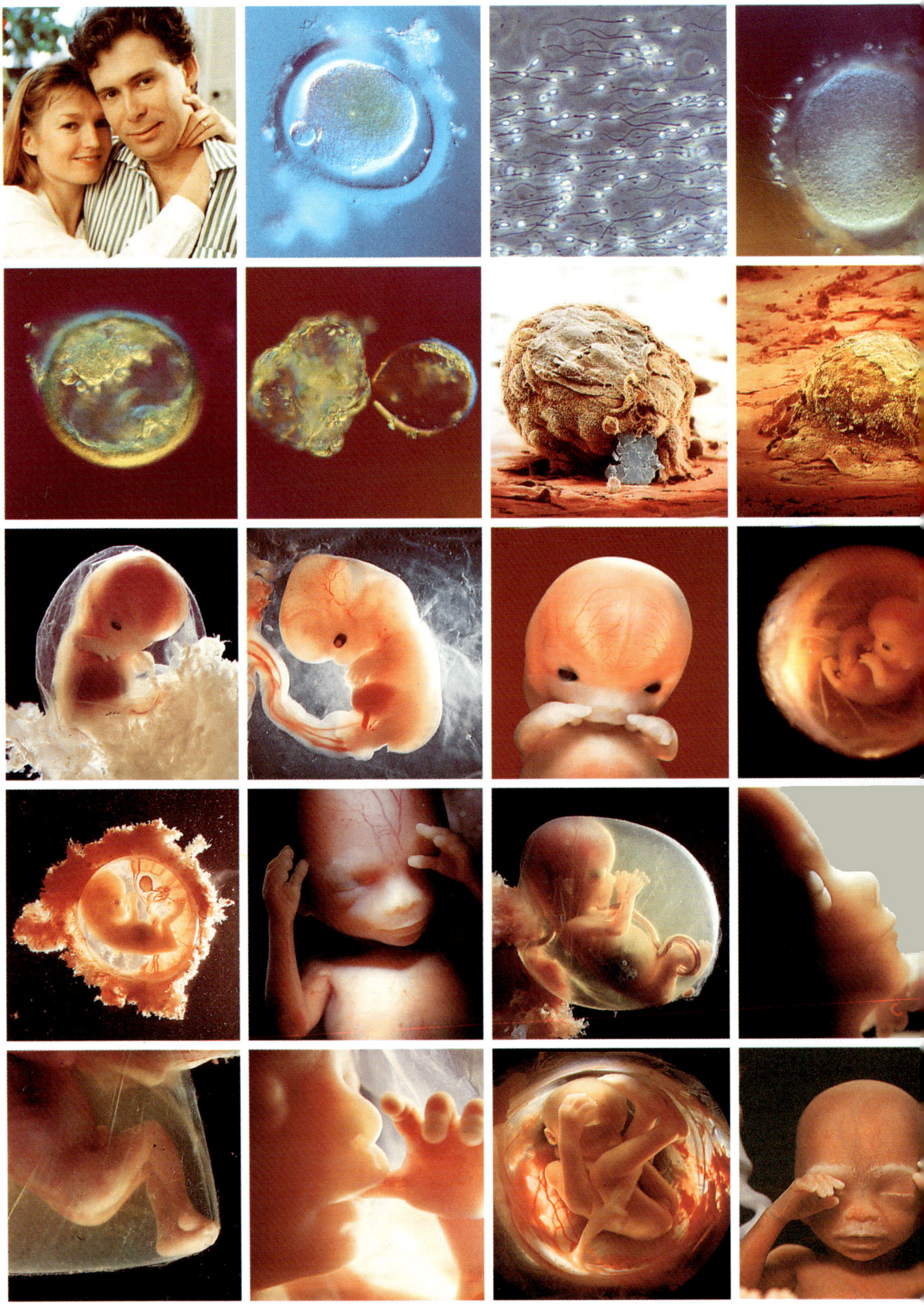

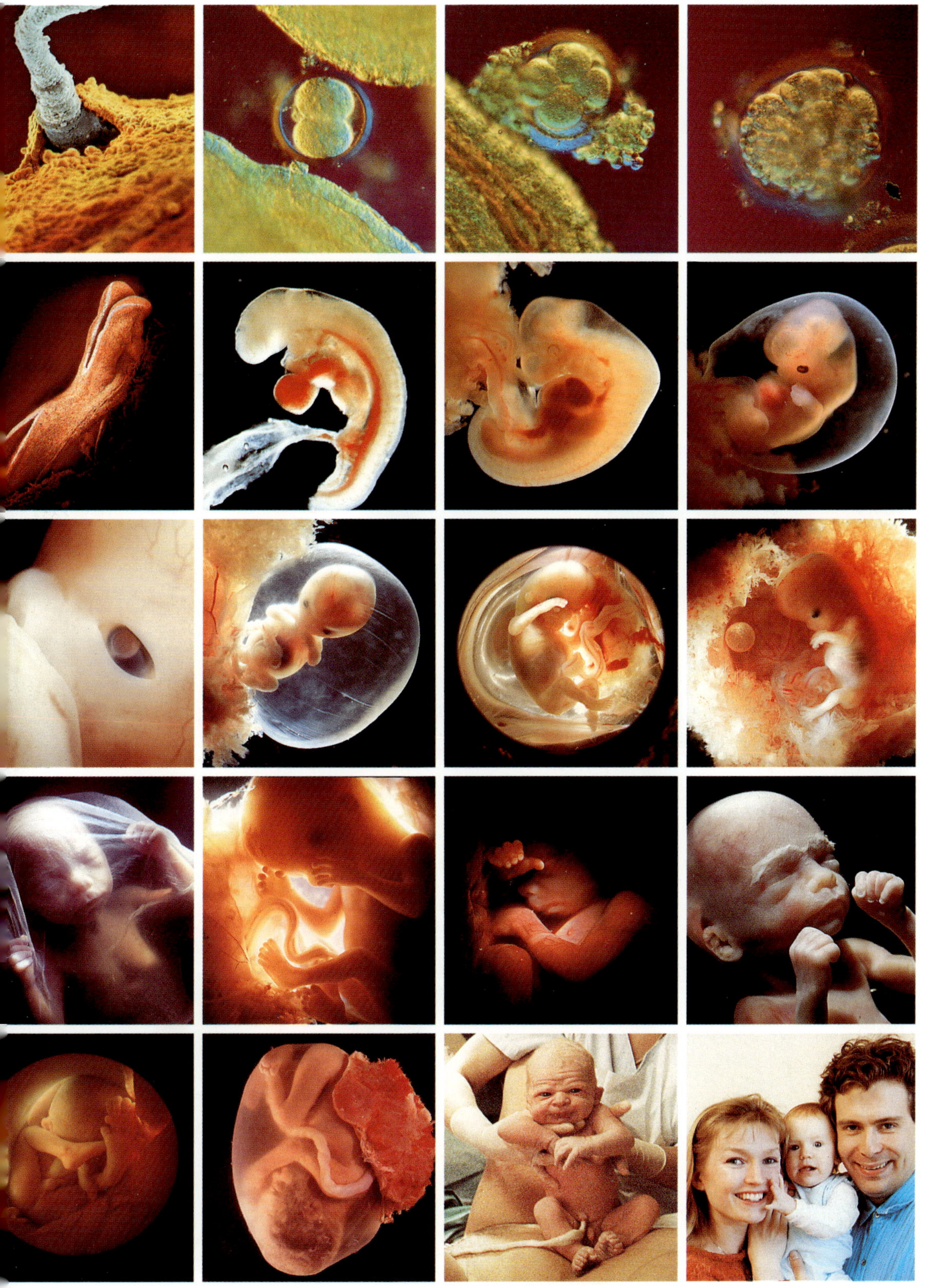

ISBN 90 216 7000 3

Vierentwintigste druk 1998

De oorspronkelijke uitgave verscheen onder de titel
'Ett barn blir till' bij Albert Bonniers Förlag,
Stockholm, mcmxc

De Brink is een imprint van Uitgeverij Ploegsma bv
Vertaling: Mariyet Senders
Redactie: Per Wivall
Redactie bijschriften: Stig Nordfeldt
Ontwerp en tekeningen in kleur: Bo Berling
Zwart-wit tekeningen: Anders Palmgren
Advies en assistentie: Catharina Fjellström-Nilsson
Kleuring gescande elektronenfoto's: Gillis Häägg
Lithografie: Repronik AB, Mölndal en Litoteam
Mölndal
Zetwerk: Graphique '84, Amsterdam
Druk en bindwerk: Artes Gráficas Toledo, S. A., Spanje.
Verspreiding in België: C. de Vries-Brouwers bvba,
Antwerpen

D.L.TO: 498-1998

Inhoud

Begeerte en verlangen

De zee, oorsprong van alle leven, heeft de mens altijd al gefascineerd. De zee symboliseert voor de mens vrijheid en ongereptheid, maar is ook een natuurkracht waaraan we ons moeten onderwerpen. Vanaf het begin der tijden hebben we uit de rijkdommen van de zee ons voedsel geput en langs de stranden van de zee ontstonden de eerste menselijke woningen.

Liefde en romantiek zijn voor alle mensen in alle landen, culturen en werelddelen gelijk. De ontmoeting tussen man en vrouw loopt volgens biologische patronen, waar de betrokkenen niet over hoeven na te denken, maar die ze als vanzelfsprekend ervaren. Gedurende duizenden jaren heeft de ene generatie na de andere de ingewikkelde genetische boodschap die elk individu met zich meedraagt, verder ontwikkeld en doorgegeven. Wij zijn er gezamenlijk verantwoordelijk voor dat dit genetische materiaal aan de volgende generatie en aan de toekomst wordt doorgegeven.

In de meeste religies speelt de vraag hoe de menselijke voortplanting in zijn werk gaat een belangrijke rol. Vaak worden daarbij verschillende regels opgesteld over hoe de man en hoe de vrouw moet leven. In de moderne tijd is het zelfs voorgekomen dat individuele politici probeerden de voortplanting bij de mens te sturen. Maar de menselijke wil om zich voort te planten is blind en laat zich niet plannen, omdat de liefde blind is. De liefde gelooft alles, hoopt alles en verdraagt alles. Het denken en het verstand spelen vaak een ondergeschikte rol.

De zee, de bron van alle leven. Hier kwamen miljarden jaren geleden de eerste organismen tot ontwikkeling. En allemaal dragen wij de herinnering aan die tijd met ons mee: het zoutgehalte van de oerzee in onze lichaamsvloeistoffen.
Komend uit zee, de man en vrouw die van elkaar houden. De toevloed van geslachtshormonen heeft in hun geluk een belangrijk aandeel. Rechts de kristallen van het testosteron van de man, scherp als stiletto's, en die van het oestrogeen van de vrouw, in de vorm van een ruit.

In de wereld van vandaag hebben de ontwikkelingslanden en de industrielanden op het gebied van de voortplanting tegengestelde problemen. In veel arme ontwikkelingslanden neemt de bevolking snel toe. Bepaalde landen in Afrika verdubbelen bijvoorbeeld in minder dan twintig jaar tijd hun inwonertal. Daarentegen worden in een aantal Westerse landen de laatste tientallen jaren zo weinig kinderen geboren dat het inwonertal een dalende tendens vertoont. De ontwikkeling in de industrielanden wordt geïllustreerd door op seks gefixeerde popmuziek en op tieners gerichte reclame, die de boodschap hebben verbreid dat er tussen seksualiteit en voortplanting geen vast verband bestaat. Het aanbod van voorbehoedmiddelen heeft die scheiding mogelijk gemaakt, evenals het feit dat het in veel ontwikkelde landen gemakkelijker is geworden om een abortus te laten verrichten. In feite hebben de aanstaande ouders daar de mogelijkheid gekregen om een zwangerschap te plannen.

De jonge paren die kinderen willen, stellen uiteraard heel wat vragen. In wat voor wereld wordt ons kind geboren? Welke toekomst kunnen we het geven? Wat zijn de rechten van het kind? Bijvoorbeeld om gezond en welgeschapen ter wereld te komen? Om welkom te zijn? Om met zijn vader én zijn moeder samen te wonen? Wat betekenen de verworvenheden van de moderne wetenschap voor ons?

De antwoorden op die vragen verschillen per familie, per land, per cultuur en per religie. Er is nog een andere belangrijke vraag: wanneer begint het leven? Voor de omgeving wordt het pas duidelijk wanneer de buik van de moeder onmiskenbaar begint te groeien. Maar dan is een deel van het belangrijke en opzienbarende gebeuren al achter de rug. Bij de mens in wording zitten alle organen dan al op hun plaats.

De kus als geur
Ook bij de mens, als ruikend wezen nogal achtergebleven in de dierenwereld, heeft de liefde een geurentaal. Men heeft ontdekt dat de mens chemische lokstoffen, feromonen, afscheidt, en dat de hoeveelheid daarvan bijvoorbeeld bij een kus toeneemt. Rechts zijn ze te zien: 400.000 maal vergrote feromoon-moleculen. Een erotisch doe-het-zelf-parfum, waarvan de werking en de verdere effecten nog weinig onderzocht zijn.

Een groep jongeren tijdens een excursie. Er hebben zich nog geen stellen gevormd, maar het zoeken naar iemand waar je om zal geven of misschien wel van gaat houden, loopt als een onderstroom door hun samenzijn.

Vroeger waren de risico's voor de gezondheid en het leven van moeder en kind tijdens de zwangerschap en de bevalling heel groot. Tegenwoordig kan de moeder tijdens de zwangerschap betere hulp krijgen dan ooit tevoren. Door verantwoord te eten, zich minder aan stress bloot te stellen en het gebruik van medicijnen, drugs, tabak en alcohol te vermijden, kan zij haar zwangerschap lichter maken en de risico's voor haar kind verkleinen. Dankzij verbeteringen in het onderzoek van de ongeboren vrucht kunnen de artsen zonodig deugdelijke informatie en goede adviezen geven. Hoe de bevalling plaatsvindt wordt in toenemende mate door de vrouw zelf bepaald en er worden methoden gebruikt waar zijzelf invloed op kan uitoefenen. Daarbij krijgen kinderartsen een steeds verfijnder uitrusting om het leven te redden van kinderen die te vroeg geboren worden.
Een grote verandering van de laatste jaren is ook dat de artsen zeer kundig zijn geworden in het bieden van hulp aan echtparen die moeilijk kinderen kunnen krijgen. De methoden om hen te helpen, ontwikkelen zich zeer snel en in steeds meer ziekenhuizen wordt een onvruchtbaarheidsspreekuur gehouden.
Dit boek geeft inzicht in het grote wonder van de totstandkoming van het menselijk leven. Het is een reportage die niet de bedoeling heeft om in morele, religieuze of politieke kwesties een standpunt in te nemen. Het wil zo objectief mogelijk beschrijven wat er gebeurt tijdens bevruchting, zwangerschap en geboorte.
Voor de moeder zijn de geborgenheid die de gezondheidszorg en de directe omgeving haar kunnen bieden van uitzonderlijk belang om haar zwangerschap tot de meest duizelingwekkende en fantastische ervaring in haar leven te maken, en haar een geluksgevoel te geven zoals ze misschien nooit meer zal beleven.
Het grote wonder.

Verliefd zijn - opgenomen door een warmtecamera
Een jongen en een meisje hebben elkaar gevonden. Hun kus wordt geregistreerd door een warmtecamera. Deze meet de ongelijkheid in temperatuur van de verschillende huidoppervlakken: blauw is koud en rood is warm. De foto hieronder toont wat er gebeurt bij een kus. In een paar seconden stijgt de temperatuur in de borst van het meisje.

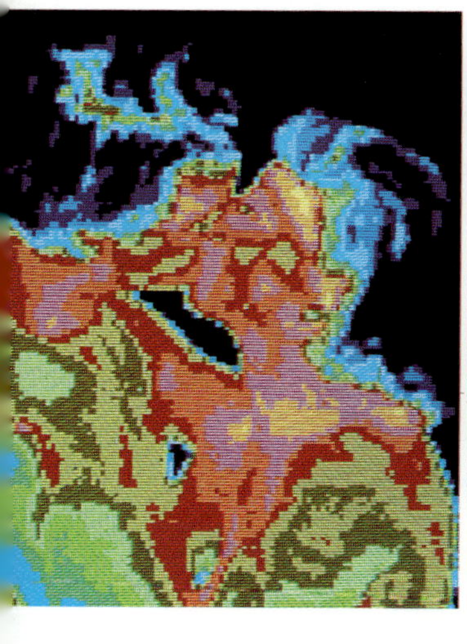

De vrouw

Wanneer een eicel en een zaadcel versmelten, op het moment van de bevruchting dus, wordt al bepaald of het een vrouw of een man zal worden. Het merkwaardige is, dat de zaadcel de drager is van de genetische informatie 'vrouw'. Vóór de geboorte worden zowel de uitwendige als de inwendige geslachtsorganen gevormd, en al in de vijfde maand van de zwangerschap zijn alle eicellen voor het hele verdere leven (ongeveer vijf miljoen) in de eierstokken van de vrucht aanwezig. Als een vrouwelijke vrucht in deze tijd door een gevaarlijke stof of een infectie beschadigd wordt, wordt dat misschien pas veel later ontdekt wanneer ze als volwassen vrouw naar de dokter gaat vanwege menstruatiestoornissen of onvrijwillige kinderloosheid.

Al lang voordat ze seksueel rijp is, is een opgroeiend meisje zowel lichamelijk als geestelijk anders dan een jongen. Voor een onderwijzer op de basisschool is dat volkomen duidelijk. De onderwijzer weet dat meisjes gedurende de eerste schooljaren in het algemeen meer schoolrijp zijn, vlugger leren lezen en de kinderlijke en onvolwassen jongens in de klas vaak met een zekere moederlijke toegevendheid bekijken. Deze voorsprong in rijpheid blijft vaak tot ver in de tienerjaren. Op de leeftijd van elf, twaalf jaar wordt de seksuele rijpheid bij meisjes zichtbaar in een groeispurt; het tot ontwikkeling komen van de borsten en in vrouwelijke lichaamsbeharing. Kort daarna komt ook de eerste menstruatie.

,,Zoals hij naar je keek, zeg!'' zegt haar vriendin. Ja, waarom vallen sommige mensen wel op elkaar en andere niet? Daar zijn geen simpele vuistregels voor, aantrekking ontstaat op de meest onvoorspelbare gronden. Een glimlach, een blik - meer is er voor het eerste contact meestal niet nodig.
Het vrouwelijk geslachtshormoon oestrogeen - rechts in kristallijne vorm - bereikt via het bloed alle weefsels en geeft het lichaam van een vrouw zijn specifieke eigenschappen.

Honderd jaar geleden kregen Westeuropese meisjes hun eerste menstruatie pas toen ze vijftien of zestien jaar oud waren. Nu is dat enkele jaren vroeger. Dat verschil is ontstaan doordat onze voeding tegenwoordig beter is; het is namelijk niet zozeer de leeftijd als wel het gewicht dat bepaalt wanneer de eerste menstruatie komt. In ons land moeten meisjes ongeveer 46 tot 47 kilo wegen om ongesteld te kunnen worden, maar er zijn natuurlijk individuele verschillen.
Elke menstruatie is het begin van een vier weken durende menstruatiecyclus. De eerste hormonale impulsen daarin gaan uit van de hypofyse, een kleine klier met inwendige afscheiding aan de onderkant van de hersenen. Welke hormonen worden afgescheiden, wordt bepaald door centra die in het onderste deel van de hersenen liggen en die in directe verbinding met de hypofyse staan. Dat dat sturen meestal door de hersenen gebeurt, kan eenvoudig duidelijk gemaakt worden. We weten dat de menstruatie uitgesteld kan worden of zelfs achterwege kan blijven als de hersenen verdriet en zorgen gewaarworden, als een vrouw ernstig ziek wordt of aan zware spanning op haar werk blootstaat. Maar zelfs veel kleinere veranderingen in haar leven kunnen invloed op de menstruatie hebben, zoals bijvoorbeeld een vakantiereis of het verlangen om zwanger te worden.
Als de geestelijke functies van een vrouw zo ongeveer in evenwicht zijn, laten de hersenen de hypofyse speciale hormonen produceren die via het bloed naar de eierstokken getransporteerd worden. De eierstokken worden hierdoor gestimuleerd tot een verhoogde produktie van vrouwelijk geslachtshormoon (oestrogeen). Tegelijkertijd begint in een van de eierstokken een eicel te rijpen.

In het meisje begint een vrouw te ontwaken. De poppen op de plank zullen weldra opgeborgen worden, en de bodybuilder op de poster krijgt gezelschap van andere idolen. Met haar lichaam gebeuren vreemde dingen, haar vormen worden typisch vrouwelijk, ze stelt belang in haar uiterlijk en dat drijft haar er vaak toe om in de spiegel te kijken.

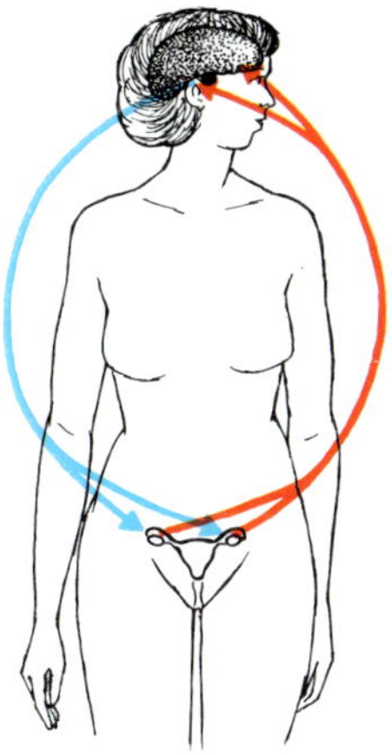

De maandelijkse cyclus van een vrouw wordt door een hormonaal samenspel tussen bepaalde hersengebieden en de eierstokken geregeld. De tussenhersenen en de hypofyse zenden hormonen uit (blauwe pijl), die via het bloed in de eierstokken terechtkomen. Deze reageren met de produktie van geslachtshormonen, die - ook weer via het bloed - naar de hypofyse gaan en daar de hormoonproduktie remmen (rode pijl). Deze wisselwerking wordt terugkoppeling of feedback genoemd.

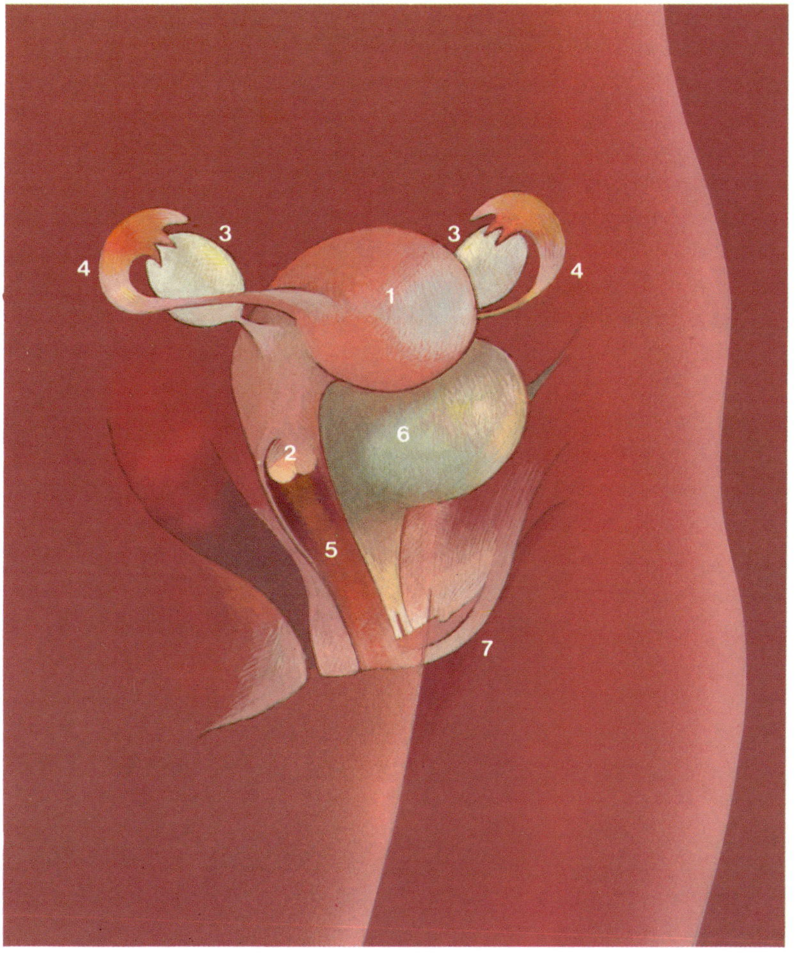

1 baarmoeder, 2 baarmoederhals, 3 eierstok, 4 eileider, 5 vagina, 6 blaas, 7 grote en kleine schaamlippen

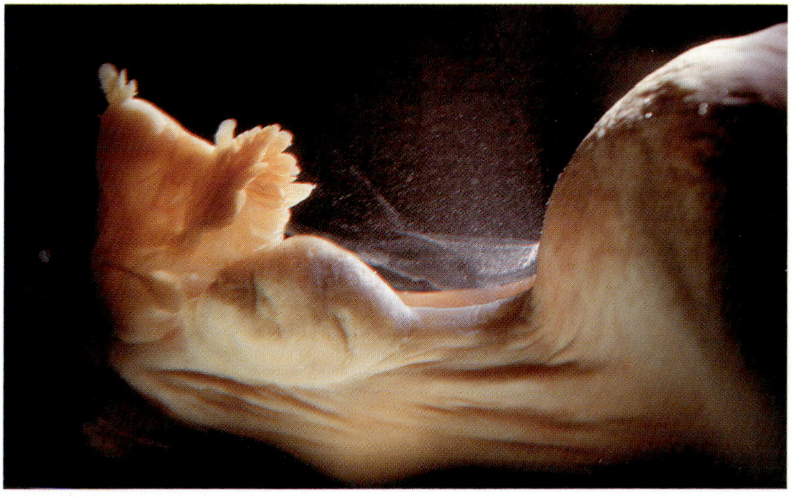

Het trechtervormige uiteinde van de eileider is juist op zoek naar een rijpe eicel die hier bijna uit het eiblaasje barst (in het midden van de foto). Rechts is de omtrek van de baarmoeder te zien.

Het hormonale samenspel bij een vrouw

Een vrouw merkt vaak dat de eisprong (ovulatie) nadert, door een verhoogde slijmvorming in de vagina. Het slijm is afkomstig uit de baarmoeder en de baarmoederhals, en bij de eisprong wordt het overvloediger, glashelder en draderig. Alleen als het slijm in de baarmoederhals deze eigenschappen heeft, kunnen de zaadcellen de baarmoeder binnendringen. Het dagelijks nauwgezet observeren van de afscheiding van de baarmoederhals is een van de technieken die bij de zogenaamde periodieke onthouding worden toegepast. Over de hele wereld wordt deze methode, het vermijden van geslachtsgemeenschap in de dagen rond de eisprong, gebruikt als anticonceptiemethode. Maar wanneer een vrouw probeert om zwanger te worden, kan zij hem natuurlijk ook benutten om te weten te komen op welke dag van de menstruatiecyclus haar vruchtbaarheid het grootst is. Na ongeveer twee weken is het eiblaasje gerijpt en bevindt de eicel zich in een blaasje (follikel) van ongeveer twee centimeter groot, dat niet alleen dient als omhulsel voor de eicel, maar ook een hormoonproducerend kliertje is geworden. Plotseling barst de wand van het eiblaasje. Wat daar precies de oorzaak van is, is nog niet bekend. De eicel kan zich nu via de barst in de wand naar de buitenkant van de eierstok bewegen, waar zij opgevangen wordt door de eileider. In de eileider is gedurende een aantal uren bevruchting door een zaadcel mogelijk. Als er geen bevruchting plaatsvindt sterft de eicel af.
Wanneer het eiblaasje gebarsten is, verandert het in een zogenaamd geel lichaampje, dat gedurende twee weken een grote hoeveelheid hormoon produceert. Dit hormoon komt in de bloedbaan van de vrouw terecht en werkt vooral op het slijmvlies van de baarmoeder, zodat die een bevruchte eicel kan ontvangen. Elke maand is de baarmoeder dus gereed om een bevruchte eicel op te nemen. Wan-

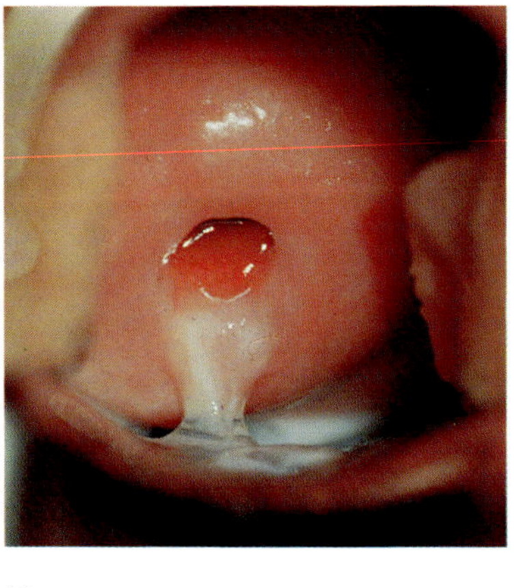

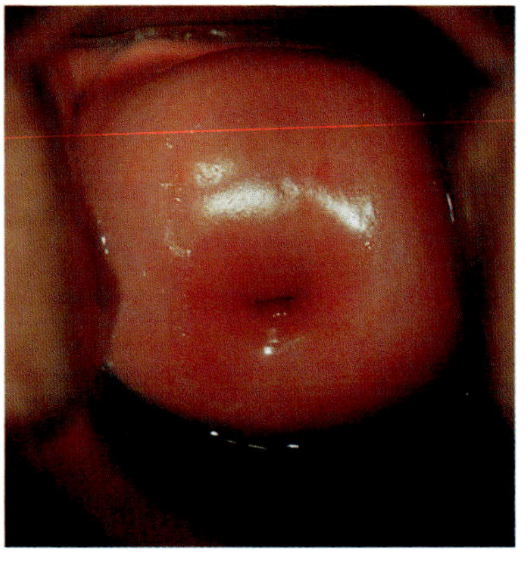

De poort van het leven
De baarmoederhals puilt uit in het bovenste deel van de vagina. Vlak voor de eisprong komt er uit de monding een glasheldere afscheiding, cervixslijm. Dat slijm maakt op het juiste moment een eerste selectie uit de zaadcellen. De baarmoeder blijft maar heel even open: al na ongeveer een dag sluit de monding zich weer. Een taaie slijmprop zorgt ervoor dat de zaadcellen niet kunnen passeren.

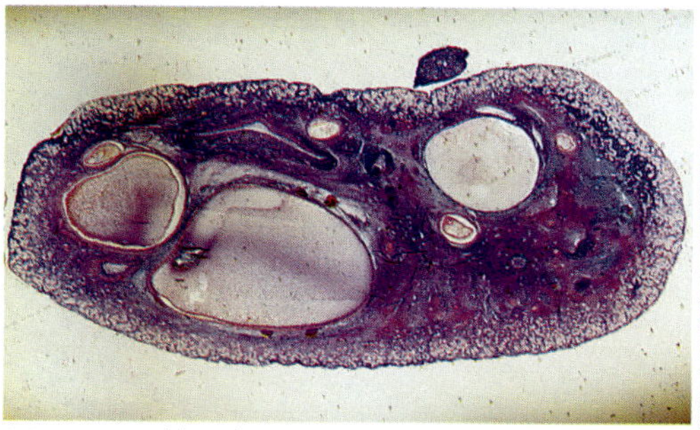

1 De eierstokken bij een pasgeboren meisje…

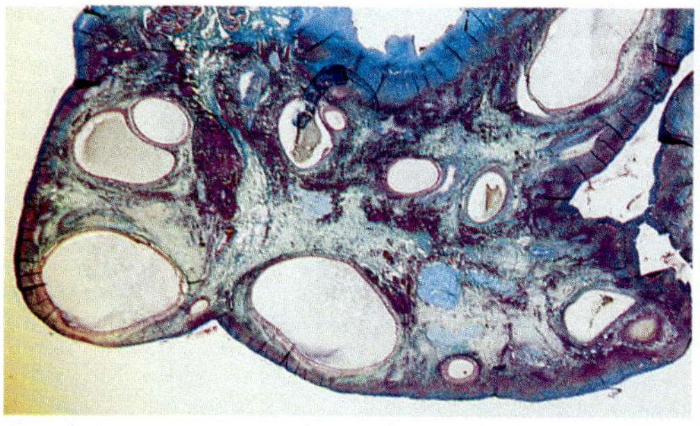

2 …bij een vrouw in de vruchtbare leeftijd…

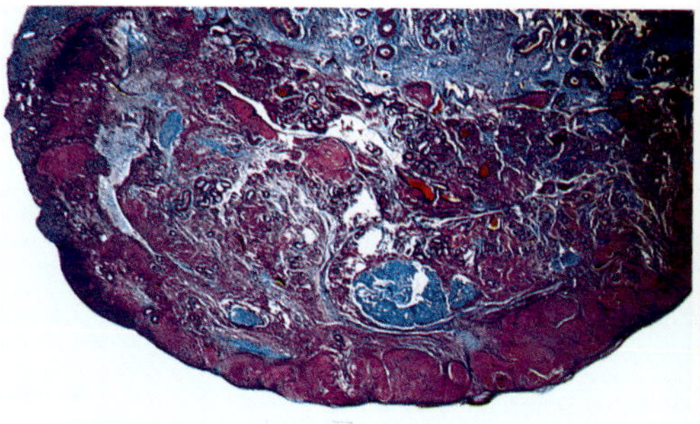

3 …en bij een vijftigjarige vrouw.

Drie generaties vrouwen - en hun eierstokken. Bij een pasgeboren meisje bevinden zich in elke eierstok al veel bijna rijpe eicellen (1). De natuur is niet zuinig - de hoeveelheid eicellen is ruim voldoende voor de vierhonderd eisprongen die in het vruchtbare leven te verwachten zijn. Bij haar moeder, de tweede generatie, zijn de eierstokken gevuld met eicellen in verschillende stadia van rijpheid (2). Bij haar grootmoeder hebben de eierstokken hun taak volbracht: er rijpen geen eicellen meer, de eierstokken verschrompelen (3).

neer dat niet gebeurt wordt de buitenste laag van het slijmvlies afgestoten, waarbij een oppervlakkige bloedvatbeschadiging optreedt, plus een bloeding die we menstruatie noemen.

De menstruatie moeten we beschouwen als het sluitstuk van een reeks hormonale veranderingen die gedurende een maand in het lichaam van een vrouw plaatsvinden. Deze hormonale veranderingen herhalen zich grotendeels volgens hetzelfde patroon, vanaf de eerste menstruatie in de tienerjaren tot de laatste bij de menopauze rond het vijftigste jaar. Alles bij elkaar zijn dat ongeveer vierhonderd menstruaties. Wanneer er gesproken wordt over een vrouw die in de overgang komt, wordt vaak op een reeks psychologische symptomen zoals vermoeidheid, concentratieproblemen, slaapstoornissen, transpiratie enzovoort gedoeld. Toch gaat voor veel vrouwen het ophouden van de menstruatie niet met dergelijke symptomen gepaard.

De man

Als we het scheppingsverhaal uit de Bijbel moeten geloven was de eerste mens een man, maar de biologie leert ons dat man en vrouw tegelijkertijd op aarde moeten zijn verschenen, en dat ze samen de voorwaarde voor de ontwikkeling van de soort moeten zijn geweest. Miljoenen jaren geleden, toen alle vormen van leven zich nog in de zee bevonden, konden geslachtscellen van beide geslachten in dit milieu uitgestort worden, versmelten en zich ontwikkelen. Sommige soorten zeewier planten zich nog steeds op die manier voort, maar levende wezens die de zee verlieten om op het land te gaan leven moesten ook hun voortplanting daaraan aanpassen.
Wij allemaal - dus ook de mannen - zijn klein begonnen en als vrucht geprogrammeerd en ontwikkeld vanuit de genetische boodschap in een zaadcel met de mannelijke informatie Y en die in een eicel met de vrouwelijke informatie X. Ondanks dat die genetische informatie zo sterk van elkaar verschilt, is het heel moeilijk om in de eerste maanden dat de vrucht zich ontwikkelt een uiterlijk verschil tussen jongens en meisjes te zien. In de maanden daarna dalen de teelballen vanuit een plaats in de buikholte af in de balzak. Zelden blijft die indaling van de teelballen achterwege en is er een kleine operatie nodig om de teelballen omlaag de balzak in te 'trekken'. Over het algemeen heeft een man, net als veel dieren, de mogelijkheid om zijn teelballen naar binnen, naar de buikholte, te trekken wanneer hij in een gevaarlijke situatie terechtkomt. Daaruit blijkt hoe de natuur constructies schept om de voortplanting te beschermen.

'Wat een kerel!' Tot de erfelijke eigenschappen van een man behoren een krachtig skelet en sterke spieren en de ontwikkeling ervan wordt door zijn geslachtshormoon testosteron gestimuleerd. Maar niet alle mannen bereiken een even magnifiek resultaat als deze goedgetrainde fietser. Gelukkig voor hen eisen niet alle vrouwen atleten, maar geven ze doorgaans de voorkeur aan meer gematigde vormen. Rechts het testosteronkristal, een vlieger in de wereld van het hormoon.

Van jongen tot man

Wanneer een jongen pas geboren is, heeft hij al massa's voorstadia van zaadcellen, zogenaamde spermatogonia. Net als bij een vrouw zijn hormonen uit de hypofyse, het kliertje aan de onderzijde van de hersenen, bij jongens verantwoordelijk voor de geslachtelijke rijping en voor het op gang komen van de produktie van zaadcellen. De hypofyse maakt voor mannen en vrouwen precies dezelfde hormonen aan, maar de tussenhersenen sturen op hun beurt de functies van de hypofyse, en hier zijn er wel grote verschillen tussen de geslachten. Bij mannen bevinden zich in de tussenhersenen speciale gebieden die gevoelig zijn voor testosteron.
Waarom beginnen jongens dan pas geslachtsrijp te worden als ze twaalf tot dertien jaar oud zijn? Op die vraag bestaat nog geen duidelijk antwoord, maar wel is bekend dat onder andere de zwezerik (thymus), een klier met inwendige afscheiding boven in de borstholte, een vermogen heeft om de geslachtelijke ontwikkeling te remmen. Wanneer in de tienerjaren een jongen geslachtsrijp wordt en in de puberteit komt, wordt dat door twee verschillende hormonen in gang gezet: het ene hormoon stimuleert de teelballen om het mannelijk geslachtshormoon testosteron te vormen en het andere bevordert de produktie en de rijping van de zaadcellen.
De lichaamsgroei, de groei van de uitwendige geslachtsorganen, de verandering van de stem ('de baard in de keel'), de baardgroei en de mannelijke lichaamsbeharing komen allemaal tot stand onder invloed van testosteron. Door datzelfde hormoon groeien jongens ook sneller dan meisjes, en ontwikkelen hun spieren zich krachtiger. Testosteron is ook nodig om de zaadcellen te laten rijpen en de geslachtsorganen volledig te laten functioneren.

De mannelijke rol is altijd geassocieerd met interesse voor harde veeleisende sporten, waarbij de spieren gebruikt worden en de agressiviteit opbloeit. Dit gedrag ontwikkelde zich al een paar miljoen jaar geleden in de savannen, toen een man zijn familie en zijn stam moest verdedigen. Een grote sterke kerel heeft nog steeds een hoge status, ook al is er minder behoefte aan.

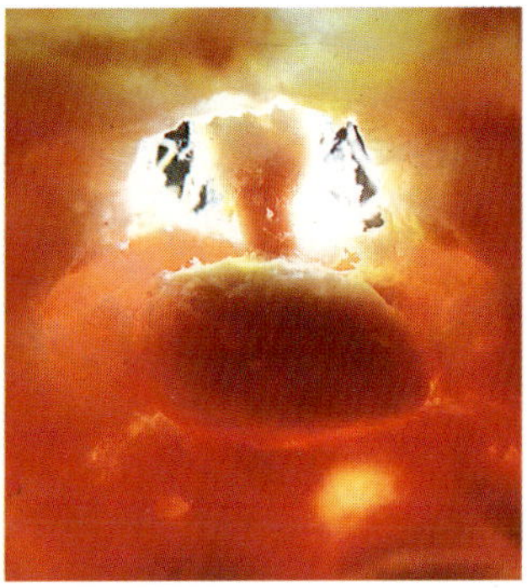

Bij mannen wordt, net als bij vrouwen, de produktie van geslachtshormoon gestuurd vanuit de hersenen en de hypofyse, een klein ovaal orgaan aan de onderkant van de hersenen. Hiervandaan bereiken de signalen via de bloedbaan de teelballen, die testosteron produceren. De hormoonbalans wordt door middel van terugkoppeling, feedback, in stand gehouden.

De reeks foto's hieronder laat zien hoe de warmtecamera de stijfheid van de penis registreert. Blauwe velden zijn koel, rode zijn warmer.
De middelste foto laat een beginnende erectie zien, rechts een penis in volledige erectie, waarbij de eikel het warmst is.

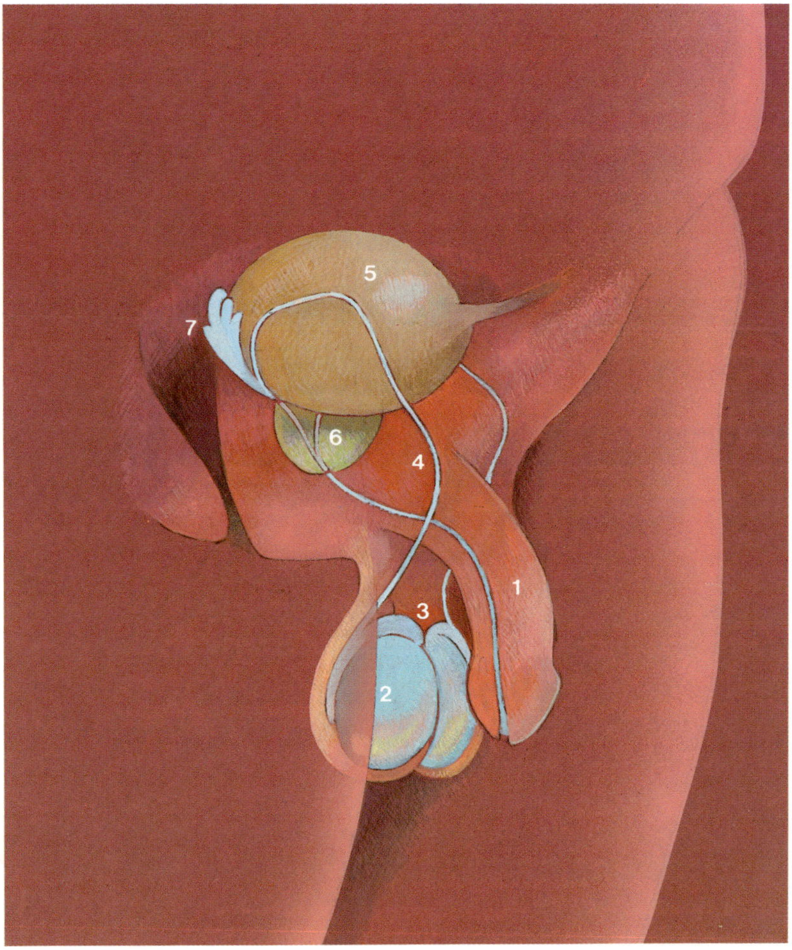

1 penis met pisbuis, 2 teelbal, 3 bijbal, 4 zaadleider, 5 urineblaas, 6 voorstanderklier (prostaat), 7 zaadblaasje

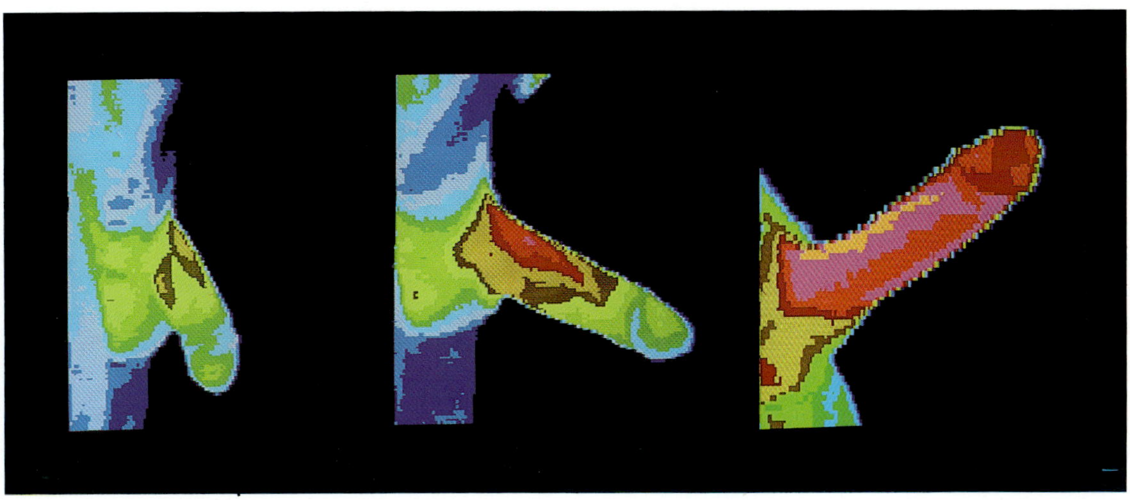

Duizend zaadcellen per seconde

Van alle fenomenale produktie-apparaten in het menselijk lichaam is de produktie van zaadcellen wel het onbegrijpelijkst. Bij een gezonde man worden per etmaal zo'n honderd miljoen zaadcellen aangemaakt, dat wil zeggen iedere seconde duizend zaadcellen. Een zaadcel bevat een uniek mengsel van de erfelijke eigenschappen van de toekomstige vader. De zaadcellen worden in de gekronkelde zaadkanaaltjes in de teelballen geproduceerd.

De foto onder toont een doorsnede van een zaadkanaaltje. Het dichtst aan de rand bevinden zich de zaadvormende cellen (spermatogonia). Het duurt ruim twee maanden voor ze rijp worden en in die tijd verplaatsen ze zich vanuit de rand naar binnen, naar de open gang in het centrum. Tijdens die verplaatsing deelt elke zaadvormende cel zich tweemaal, zodat er vier zaadcellen uit ontstaan. Speciale cellen voorzien ze van voedsel en loodsen ze met de staart eerst de gang in (zie de foto en de vergroting rechts). Daarna worden ze naar de bijbal gestuwd om opgeslagen te worden.

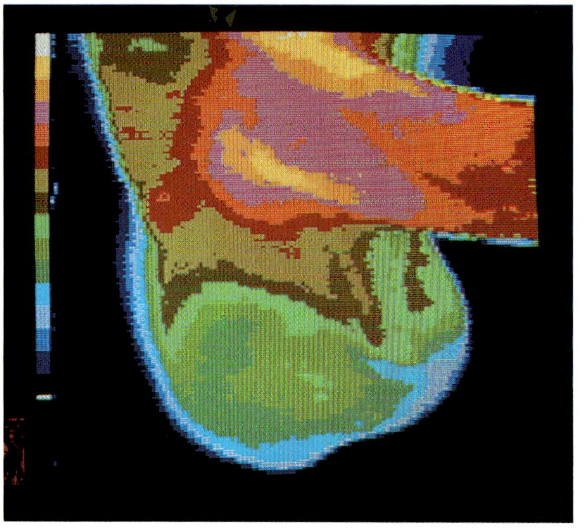

De warmtecamera brengt aan het licht dat de temperatuur in de balzak slechts ongeveer 35 °C is, dat wil zeggen twee graden lager dan de overige lichaamstemperatuur - een voorwaarde om bevruchting mogelijk te maken.

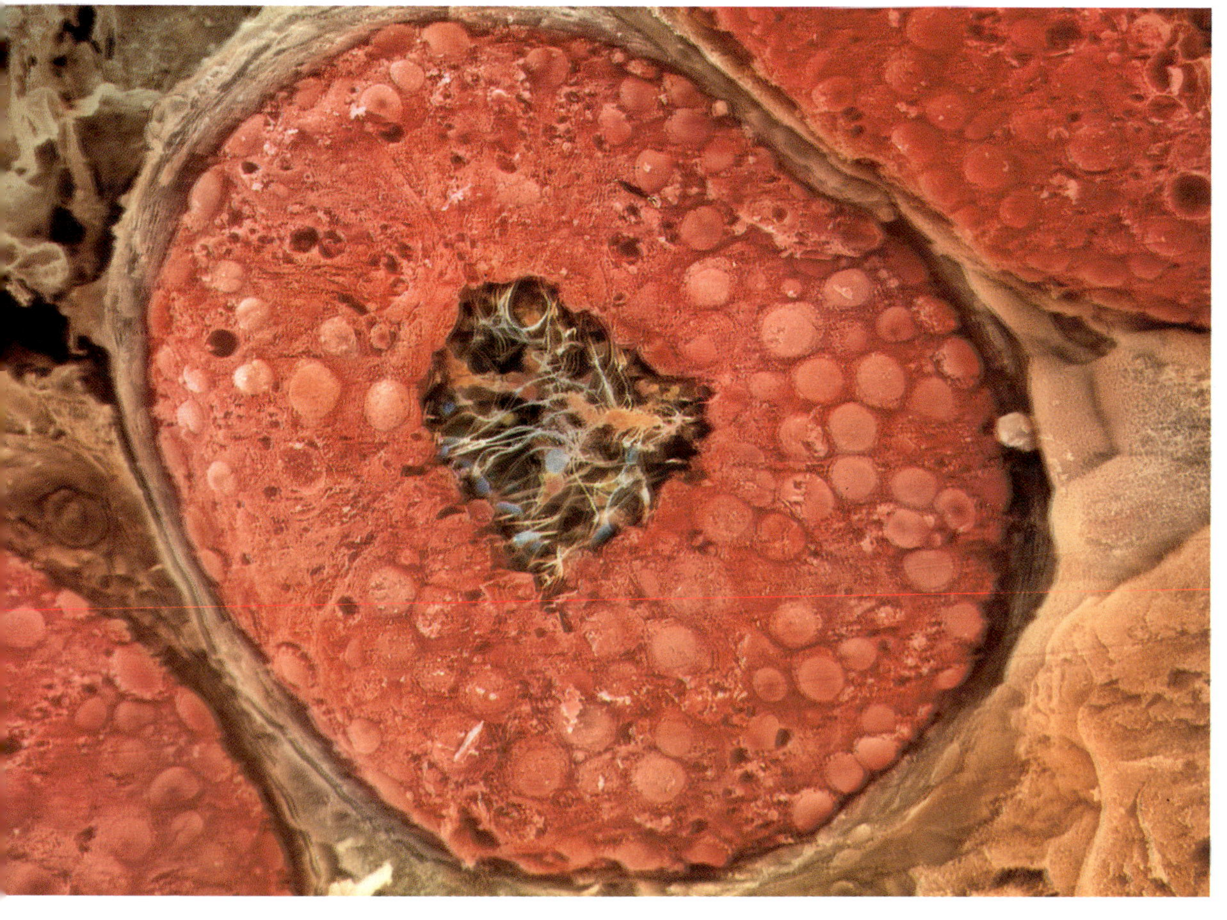

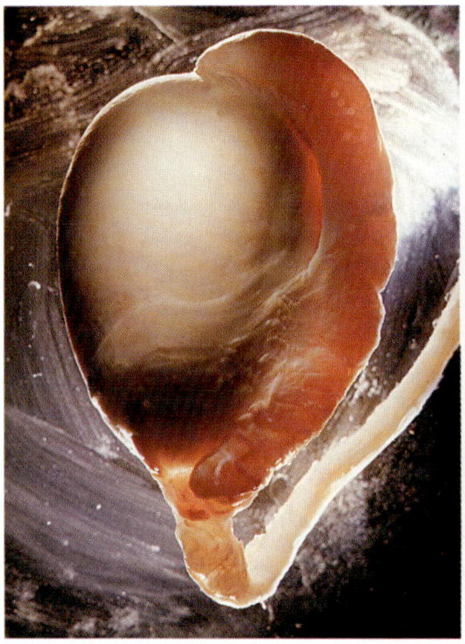

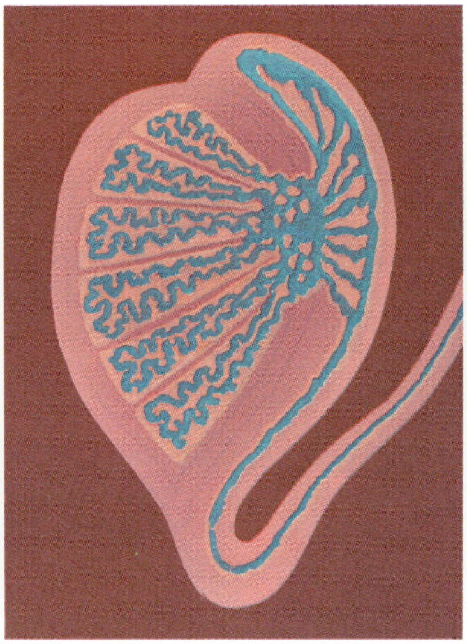

De geslachtsklier van een man, de teelbal, is ongeveer half zo groot als een gewoon kippeëi en gekoppeld aan de bijbal, waar de zaadcellen opgeslagen liggen. De schets laat in doorsnede zien hoe de zaadkanaaltjes in vakken gerangschikt liggen. Op de foto boven zien we de kluwen van één gekronkeld zaadkanaaltje. In totaal zijn de kanaaltjes enkele honderden meters lang.

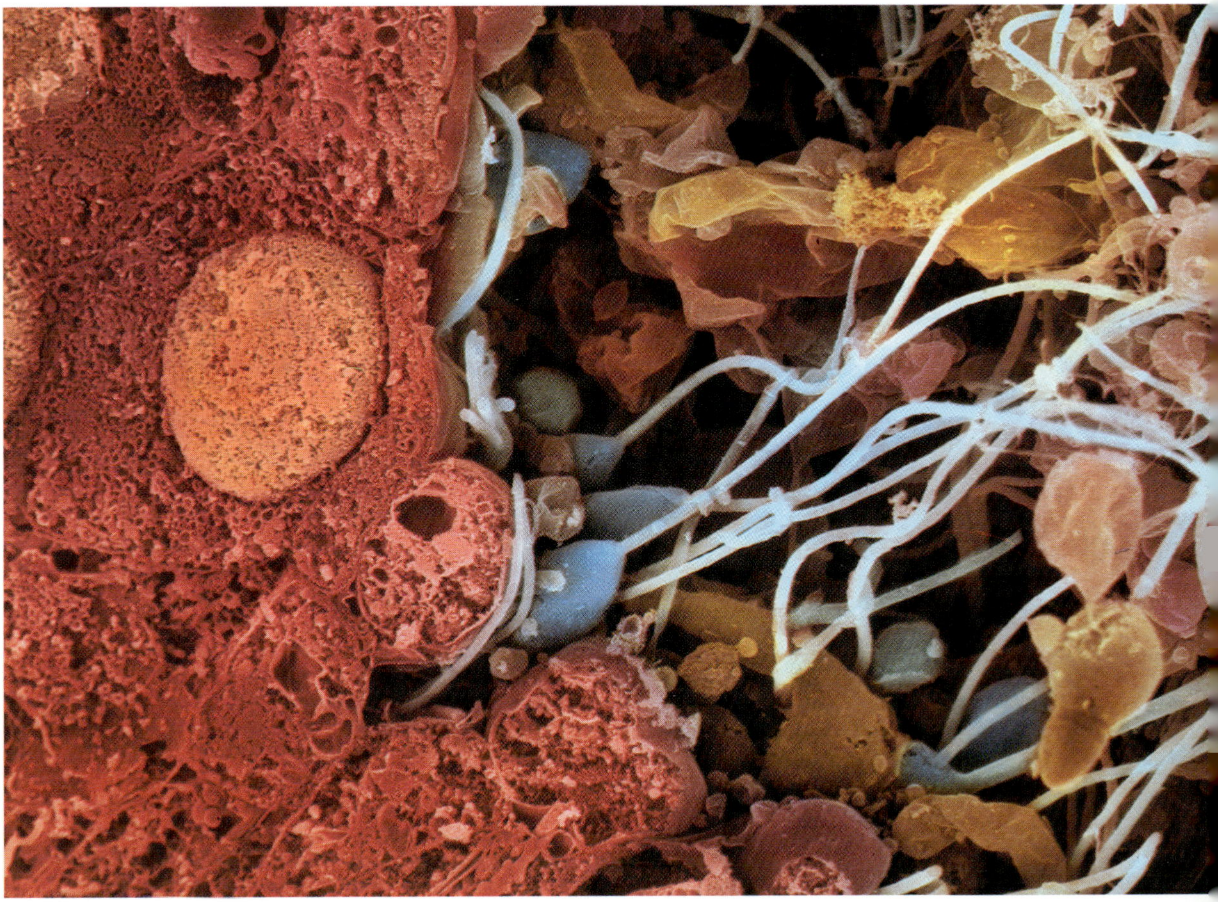

Een aanvaller geladen met erfelijke eigenschappen
Een zaadcel is 0,06 millimeter lang, hier met doorgesneden kop terwijl hij zich nog diep in de teelbal bevindt. In de kop is het erfelijk materiaal van een man opeengepakt. De kop van een zaadcel wordt bedekt door een kopkap (het acrosoom), die op de foto boven als een rode zone te zien is. Op de foto rechts zien we de volledige kopkappen van de zaadcellen rood oplichten met behulp van fluorescentie. In de kopkappen bevinden zich enzymen die de zaadcel helpen door de wand van een vrouwelijke eicel heen te dringen. De zaadcellen hebben de kap op tot ze de eicel bereiken. Dan is het tijd om de kap te verwijderen. Mogelijk gebeurt dat met behulp van substanties uit de eicel, een soort chemisch pingpong tussen eicel en zaadcel.

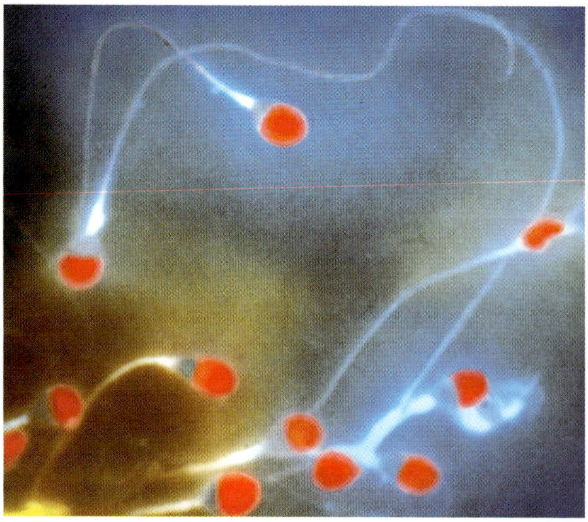

Massaproduktie met veel mislukte exemplaren

Een man vormt de hele tijd nieuwe zaadcellen, vanaf het moment dat hij geslachtsrijp is tot op zeer hoge leeftijd, terwijl de eicellen van een vrouw alleen vóór de geboorte worden aangemaakt en daarna nooit meer. Er zijn mannen die na hun tachtigste nog vader geworden zijn.

Terwijl een vrouw elke maand doorgaans maar één bevruchtbare eicel ontwikkelt, kan een man in dezelfde tijd miljarden nieuwe zaadcellen produceren, elke zaadcel met uniek erfelijk materiaal. Bij elke zaadlozing wordt twee tot vijf milliliter zaadvloeistof uitgestoten, die tot vijfhonderd miljoen beweeglijke zaadcellen bevat. Maar bijna de helft van de zaadcellen van een gezonde jonge man heeft kleine defecten, waardoor ze de eicel niet kunnen bevruchten. Voor de zaadlozing zijn ze gerijpt en in de bijballen opgeslagen. Wanneer de seksuele prikkeling bij een orgasme zijn hoogtepunt bereikt, worden de zaadcellen snel door elk van de zaadleiders gestuwd en in de pisbuis geloosd. Daar worden de zaadcellen met afscheiding uit de prostaatklier vermengd. Deze afscheiding bevat stoffen die de zaadcellen beter in staat stellen de vrouwelijke eicel te bereiken. Met grote kracht wordt de zaadvloeistof door samentrekkingen van spieren in de bekkenbodem naar buiten geslingerd. Het eerst komen de zaadcellen en het prostaatvocht naar buiten, het laatst komt uit de zaadblaasjes een suikerhoudende vloeistof.

Dat een penis bij seksuele prikkeling zwelt, stijf wordt en zich opricht, komt doordat de bloedstroom door de penis zo toeneemt dat zwellichamen door dat bloed uitzetten. Na de zaadlozing wordt de bloedtoevoer minder en de zwellichamen slinken weer.

De baardgroei bij een jonge man - en de beginnende haargroei op borst, armen en benen - is een effect van het geslachtshormoon testosteron. Het wordt in de teelballen aangemaakt en komt via de bloedbaan in de doelcellen, de haarwortels. Andere effecten van testosteron zijn krachtige spieren en een zware stem.

De eisprong

Gedurende het leven van een vrouw vindt de maandelijkse eisprong in totaal ongeveer vierhonderd maal plaats. Het is vrij toevallig in welke van de twee eierstokken de eisprong plaatsvindt, en vaak is het niet zo geregeld dat de eierstokken elkaar afwisselen bij de produktie van de maandelijkse eicel. Ook al zou om de een of andere reden een van de eierstokken operatief verwijderd moeten worden, dan zou de eisprong toch elke maand in de resterende eierstok plaatshebben. Misschien is dat de manier waarop het lichaam zich tegen ziekten in de voortplantingsorganen beschermt. Het merendeel van de eicellen van een vrouw wordt echter nooit gebruikt. De meeste van haar eicellen hebben in principe hetzelfde vermogen om bevrucht te worden, maar ze worden nooit rijp en verdwijnen geleidelijk. Wanneer een vrouw na haar vijftigste geen eisprong meer heeft, zijn er geen gezonde eicellen meer over.

De eisprong zelf is een dynamisch proces dat een of meer minuten duurt. Het deel van de wand van het eiblaasje dat naar de buikholte toegekeerd is, barst vrij snel, en de vloeistof waarmee het eiblaasje gevuld is loopt, samen met de vele cellen die in het eiblaasje lagen en vrouwelijk geslachtshormoon produceerden, naar buiten. Te midden van deze vele cellen bevindt zich de eicel, de kostbaarste lading van het eiblaasje. Zij is omgeven door duizenden beschermende cellen, die het milieu en de voedseltoevoer van de eicel verzorgen.

Een heerlijke dag aan zee, eindeloze wandelingen langs het strand. Nu hebben ze besloten: ze willen samen een kind. Het etmaal rond de eisprong is de periode dat een vrouw zwanger kan worden. Op de foto hier rechts, is die periode in aantocht. Een met vocht gevuld blaasje puilt uit het oppervlak van een van de eierstokken. De trechter van de eileider tast het oppervlak van de eierstok af, gereed om de eicel op te vangen.

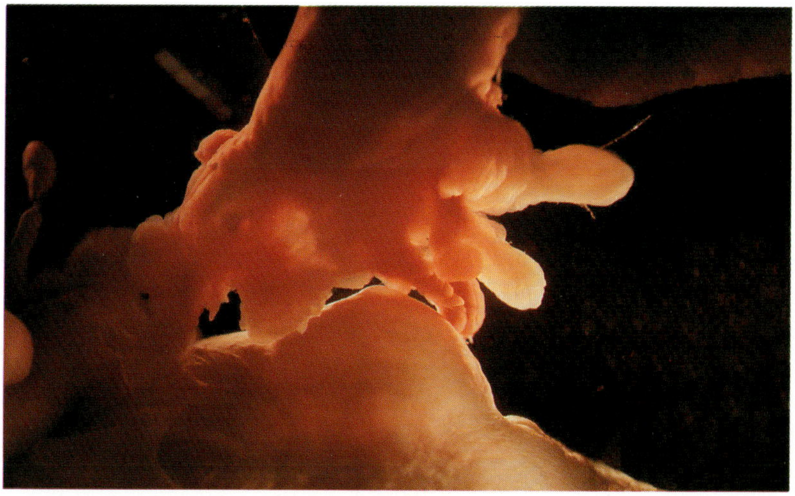

Op jacht naar de eicel

Vermoedelijk heeft de eileider enige uren voor de eisprong informatie ontvangen over de plaats waar in het oppervlak van de eierstok de barst zal optreden. De eileidertrechter is gereed om de eicel op te vangen en te voorkomen dat die in de buikholte verdwijnt. De zachte slijmvliesplooien van de trechter waaieren onafgebroken over het oppervlak van de eierstok, waarbij ze de verschillende chemische signaalsubstanties lijken te onderzoeken. Het hele oppervlak van de slijmvliezen in de eileider is bedekt met trilharen die allemaal in de richting van het binnenste van de eileider wuiven, zodat vocht dat uit het eiblaasje komt, aangezogen kan worden. Met dit vocht komt verdere informatie mee in de vorm van chemische signalen. Die zetten de spieren in de wand van de eileider ertoe aan zich ritmisch samen te trekken. Met behulp van deze samentrekkingen kunnen de trilharen de eicel opvangen.

Soms kan het vocht uit de eileider ook over de andere eileider spoelen die - als hij lang en beweeglijk is - in de buurt van de tegenoverliggende eileider kan komen. Hij begint dan te concurreren om te proberen de eicel op te vangen en slaagt daar soms inderdaad in. Dat een eicel naar de andere eileider kan 'overspringen' is zeker, want er zijn vrouwen die zwanger worden ondanks dat ze aan de ene kant een eileider missen en aan de andere kant een eierstok.

De beweeglijkheid van een eileider kan ernstig worden geschaad als een vrouw door een eileiderontsteking getroffen wordt die het gevolg is van bijvoorbeeld gonorroe of chlamydia. Bij het genezingsproces vormen zich vergroeiingen rond de eileider, die het opvangen van de eicel bemoeilijken. In het ergste geval raakt de eileider verstopt en wordt de vrouw onvruchtbaar (infertiel).

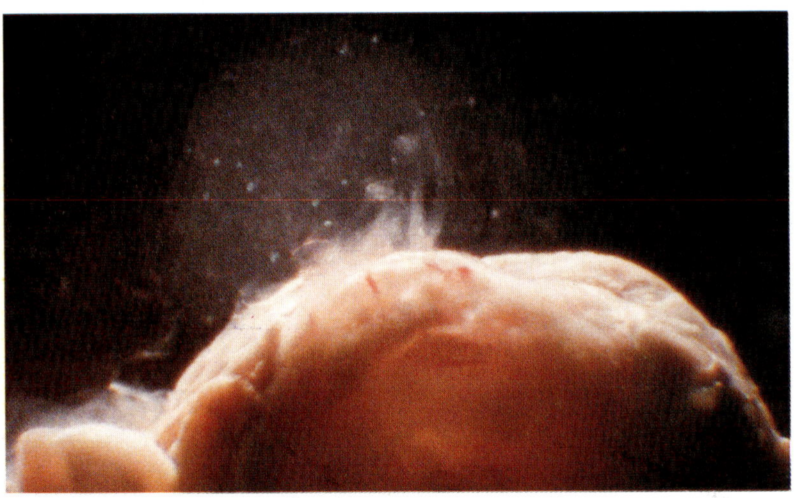

Plotseling barst het eiblaasje. Er wordt vocht met daarin duizenden hormoonproducerende cellen naar buiten geslingerd - en te midden van dat alles bevindt zich de eicel, niet groter dan een speldeknop (zie foto links en vergroting rechts). De eicel is omgeven door voedingscellen die haar op weg naar de baarmoeder verzorgen. Zij is voorzien van proviand.
Inzet boven: de eicel op weg om de eileidertrechter binnengezogen te worden. Inzet onder: het lege eiblaasje dat vaak een beetje bloedt. Het gat gaat spoedig dicht en het eiblaasje wordt omgevormd tot een hormoonproducerende klier, een zogenaamd geel lichaampje.

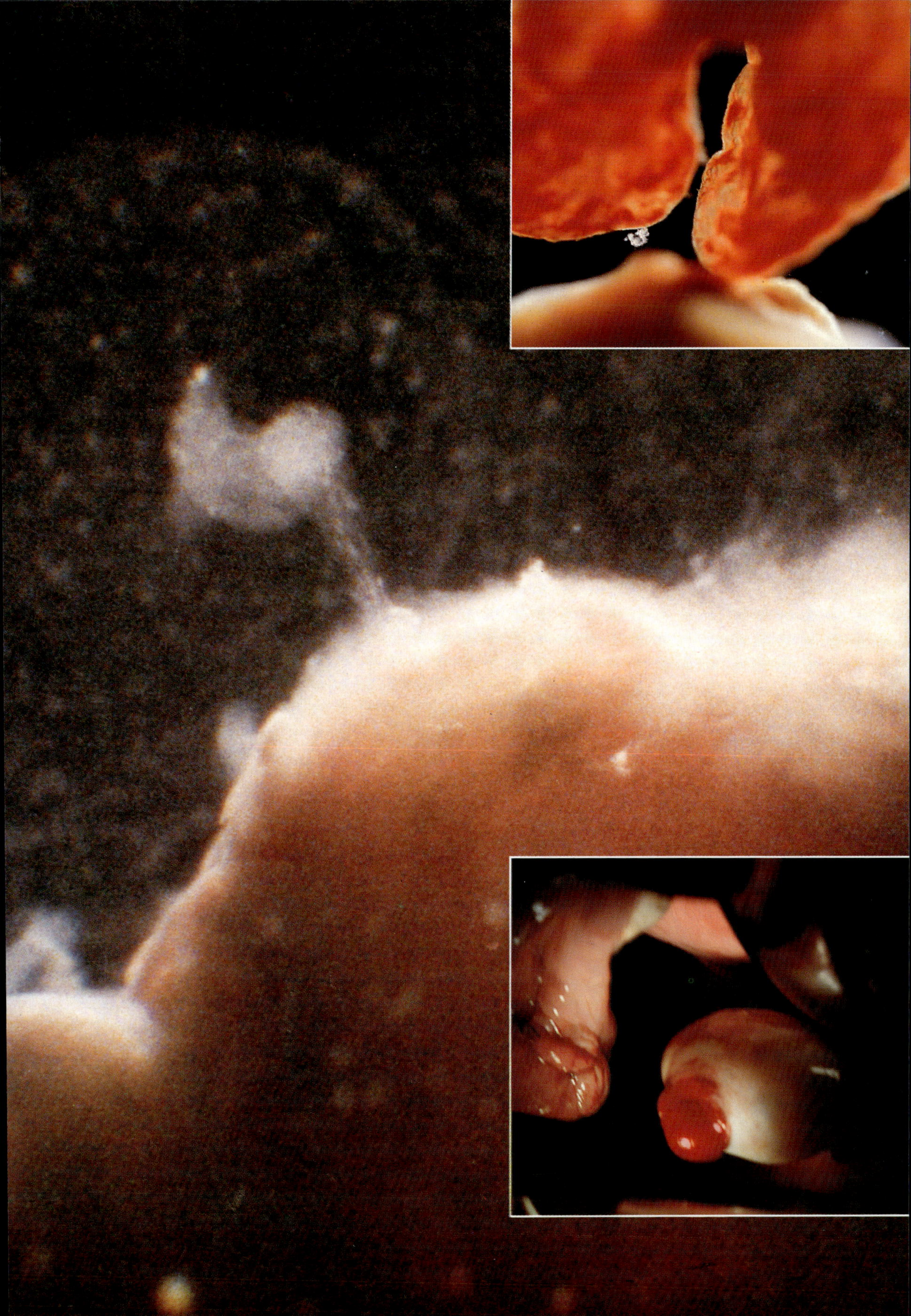

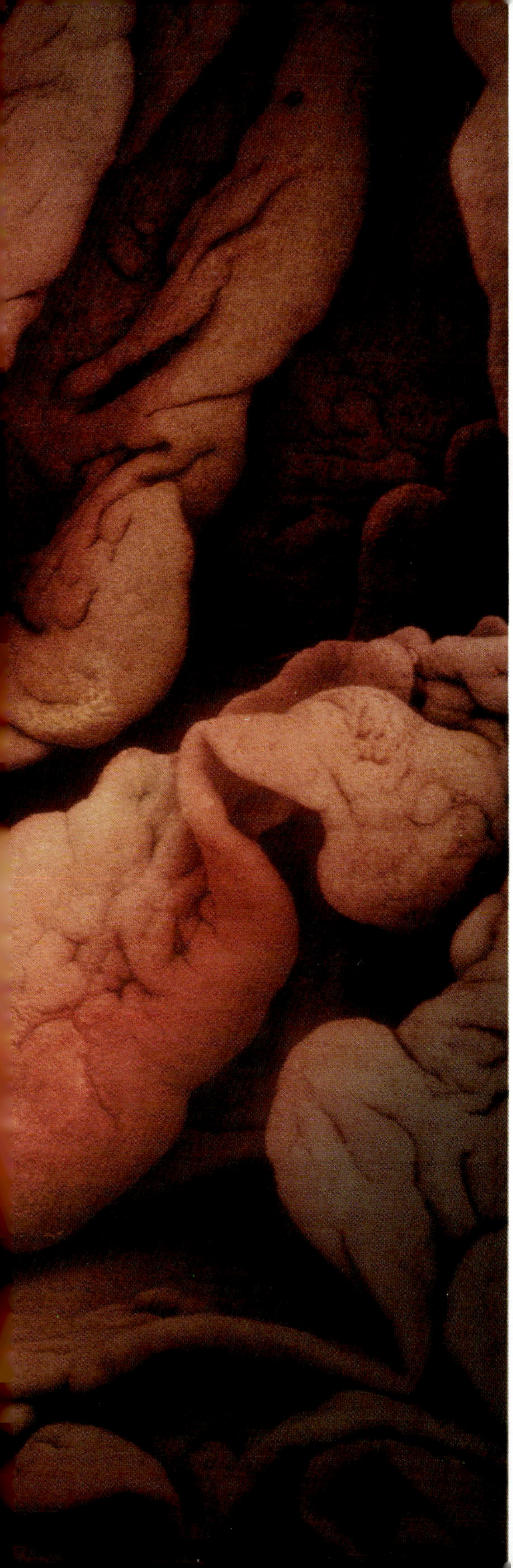

Soms doet het pijn

Een prachtig interieurbeeld van de eileidertrechter. De flappen ervan - de fimbriae - hebben de eicel, die nog steeds door duizenden voedingscellen omgeven is, opgevangen. Onder zien we een deel van de eicel boven het woud van trilharen die haar voortstuwen.

Bij de eisprong komt meestal een beetje bloed vrij, en als dat bloed tegen het buikvlies aan komt kan dat een onaangenaam gevoel geven, de zogenaamde ovulatiepijn. Daardoor kan een vrouw gemakkelijker het meest geschikte moment voor bevruchting berekenen.

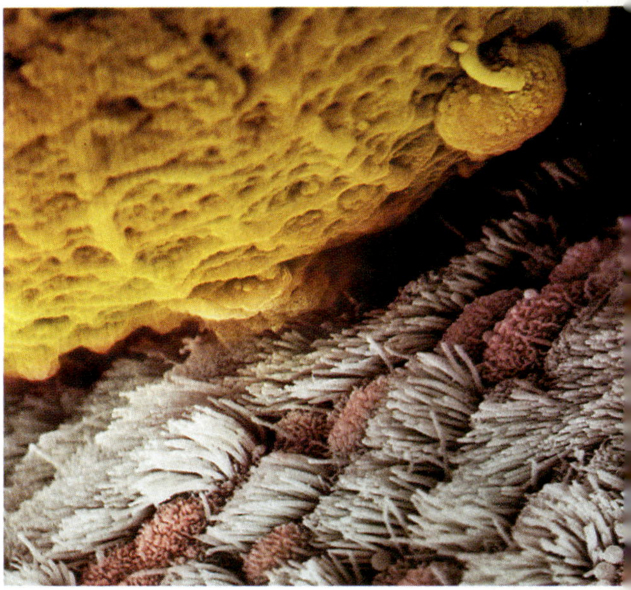

De eicel wordt rijp

De eileider vormt voor de eicel een milieu waar zij even goed gedijt als in het eiblaasje. De eicel rijpt nu verder en maakt zich gereed voor een ontmoeting met de zaadcellen. Zij blijft niet steeds stil op één plaats liggen, maar zij rolt langzaam over het oppervlak van de slijmvliesplooien in afwachting van haar mannelijke partner.

Wanneer we het oppervlak van de eierstok vlak na het losraken bekijken, ziet dat er bijna uit als een krater, maar het genezingsproces verloopt snel en het lege blaasje heeft nog lang niet zijn betekenis verloren. De cellen die bij de eisprong niet uit het blaasje gestroomd zijn, beginnen in grootte toe te nemen en hun hormoonproduktie te veranderen. Daarvóór werd in het eiblaasje bijna alleen oestro-

De eicel op weg door de nauwe eileider, een buis van ongeveer vijftien centimeter lengte. Op de voorgrond trilhaar dat behoedzaam de eicel voortstuwt. Het vocht in de eileider spoelt de proviand, de voedingscellen die de eicel omgeven, weg. Ze zijn zichtbaar als een stralenkrans, in het Latijn corona radiata. Nu is de eicel klaar om bevrucht te worden en de aanstormende zaadcellen op te vangen. In de uren die volgen is de bevruchtingskans maximaal.

De helft van de chromosomen wordt uitgestoten en verzameld buiten de eicelwand in een poollichaampje.

geen hormoon gevormd, nu wordt de produktie daarvan sterk verminderd en in plaats daarvan maakt het gele lichaampje het hormoon progesteron aan.

Als de eierstok vanuit de hersenen en de hypofyse afwijkende informatie heeft ontvangen, kan bij de eisprong meer dan één eicel losraken: ofwel uit elke eierstok een eicel, ofwel twee (of meer) eicellen uit dezelfde eierstok. Een vrouw kan dan een tweeling of drieling krijgen. Als dat gebeurt worden het altijd tweeëiige tweelingen, die zelfs van verschillend geslacht kunnen zijn. Ze lijken niet meer op elkaar dan andere kinderen van dezelfde ouders. Eéneiige tweelingen ontstaan op een andere manier. Hier deelt na de bevruchting de eicel zich in twee gelijke delen, en daarmee krijgt de tweeling hetzelfde geslacht.

5
4
3
1
2

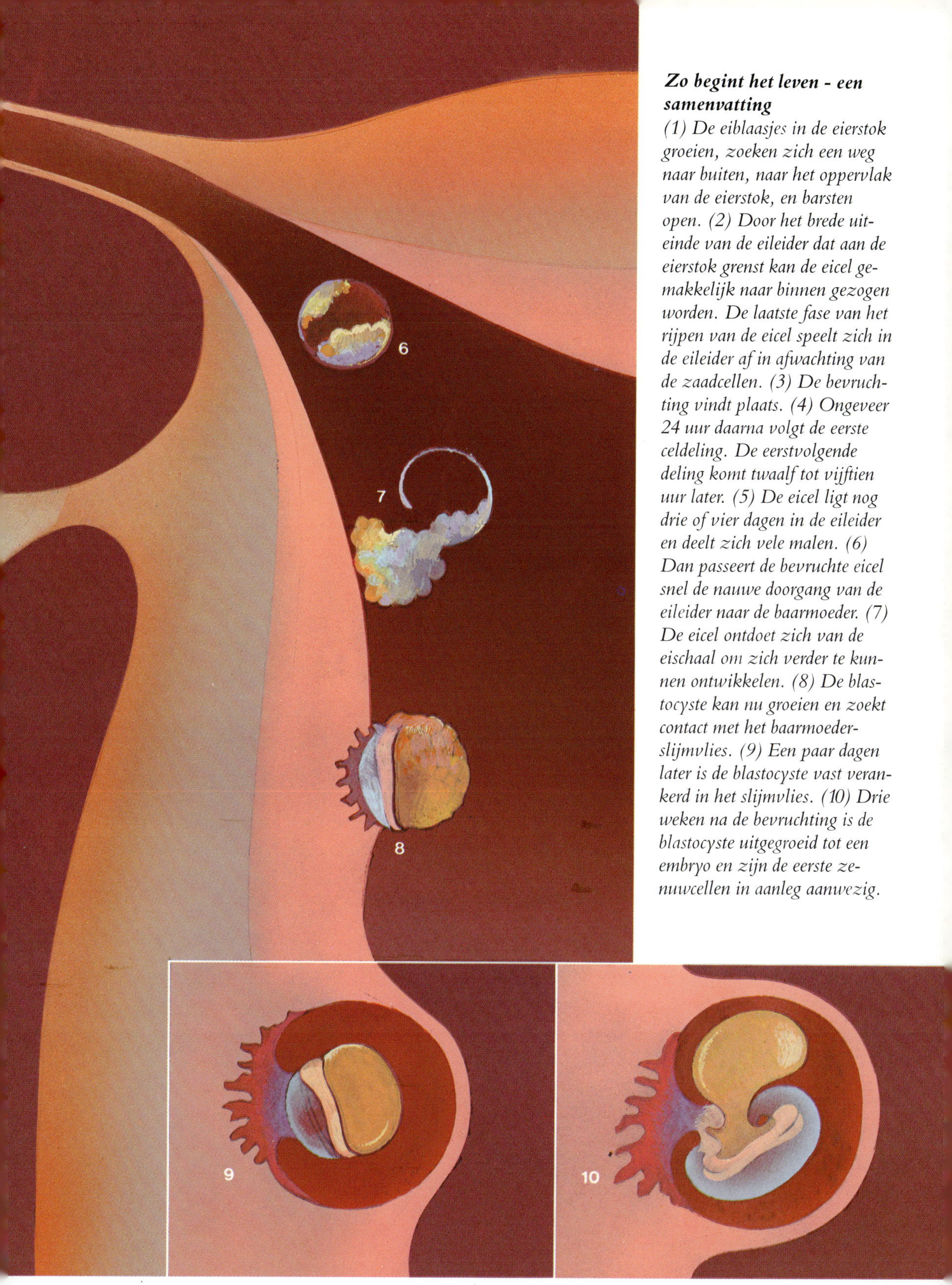

Zo begint het leven - een samenvatting

(1) De eiblaasjes in de eierstok groeien, zoeken zich een weg naar buiten, naar het oppervlak van de eierstok, en barsten open. (2) Door het brede uiteinde van de eileider dat aan de eierstok grenst kan de eicel gemakkelijk naar binnen gezogen worden. De laatste fase van het rijpen van de eicel speelt zich in de eileider af in afwachting van de zaadcellen. (3) De bevruchting vindt plaats. (4) Ongeveer 24 uur daarna volgt de eerste celdeling. De eerstvolgende deling komt twaalf tot vijftien uur later. (5) De eicel ligt nog drie of vier dagen in de eileider en deelt zich vele malen. (6) Dan passeert de bevruchte eicel snel de nauwe doorgang van de eileider naar de baarmoeder. (7) De eicel ontdoet zich van de eischaal om zich verder te kunnen ontwikkelen. (8) De blastocyste kan nu groeien en zoekt contact met het baarmoederslijmvlies. (9) Een paar dagen later is de blastocyste vast verankerd in het slijmvlies. (10) Drie weken na de bevruchting is de blastocyste uitgegroeid tot een embryo en zijn de eerste zenuwcellen in aanleg aanwezig.

De bevruchting

De bevruchting, de ontmoeting tussen zaadcel en eicel, de basisvoorwaarde voor de ontwikkeling van een nieuw individu, is een gebeuren dat tot voor kort in het duister gehuld was. Men wist dat het in de eileider diep in het lichaam van een vrouw plaatsvond, maar het oog of de camera waren nooit eerder in deze schuilhoek doorgedrongen. We weten nog lang niet alles over dit fascinerende gebeuren, maar hier zullen we in beelden het verhaal van het ontstaan van het leven vertellen.
Wanneer de eicel losraakt uit de eierstok, wordt zij door de eileidertrechter opgevangen. Eenmaal binnen, legt de eicel zich te ruste in het buitenste, wijde gedeelte van de eileider. Zij is omgeven door een kleverig omhulsel van voedingscellen en in deze celmassa kan men de kleine eicel vermoeden. Misschien bevinden zich al zaadcellen in de eileider, misschien komen ze daar later pas. Dat mag echter niet te lang op zich laten wachten, want de eicel kan maar gedurende maximaal één etmaal bevrucht worden. Als de eicel niet met een zaadcel in aanraking komt, gaat zij te gronde en krijgt de vrouw twee weken later haar menstruatie.
Veel vrouwen hebben een sterker seksueel verlangen in de tijd van de eisprong. Dat is te vergelijken met de bronst en de paartijd bij dieren, wat met de lengte van dag en nacht te maken heeft. De mensen die nu leven hebben nog steeds iets over van die koppeling aan het licht. Dat is onder andere te zien aan het uiteenlopend aantal geboorten in de verschillende jaargetijden (het grootste aantal in het voorjaar).

Oneindig ver weg is de grote wereld. In hun eigen wereld bevinden zich op dit ogenblik twee mensen, verenigd in een vurig, bovenaards gevoel. Maar op een ander niveau in hun miniwereld gebeurt iets dat hun leven zal veranderen en verrijken. Op de foto rechts: de zaadcellen die zich een weg proberen te zoeken door de slijmprop in de baarmoederhals. Bij de eisprong vormen zich in het slijm haarfijne kanaaltjes waardoor de zaadcellen kunnen binnendringen.

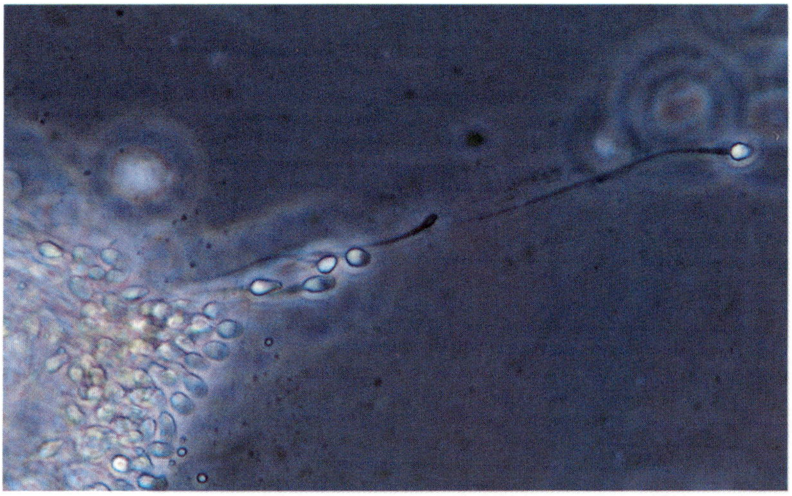

Vijfhonderd miljoen zaadcellen gaan van start

Bij de geslachtsgemeenschap worden de zaadcellen in de richting van de opening in de baarmoederhals achter in de vagina geslingerd. Het milieu in de vagina activeert ongeveer een half uur de zaadcellen voordat die zich een weg gaan zoeken naar de baarmoeder. In het algemeen doen de zaadcellen er een paar uur over om naar de eileider te zwemmen en daarbij leggen ze een afstand van vijftien tot achttien centimeter af. Er zijn zaadcellen die heel snel zwemmen en die als de omstandigheden gunstig zijn maar een half uur nodig hebben om de eileider te bereiken. Andere zaadcellen pauzeren onderweg een paar keer, raken vast in groeven en kuilen, maar maken zich weer los en zwoegen voort. Zij zwemmen vele uren, misschien enkele dagen. Tijdens de tocht veranderen geleidelijk de eigenschappen van de zaadcellen. Dat gebeurt onder invloed van stoffen in de baarmoederhals, de baarmoeder en de eileiders. Ze hebben dan het vermogen gekregen om de eicel te bevruchten.

Het is net als de start van een marathon - vijfhonderd miljoen zaadcellen begeven zich op weg naar het verlokkelijke doel: een eicel die in de eileider verscholen ligt. Een gedrang en een geduw zonder weerga. Slechts één ervan kan de eicel binnenkomen - vijfhonderd miljoen loten en maar één prijs. Maar wat voor een prijs!

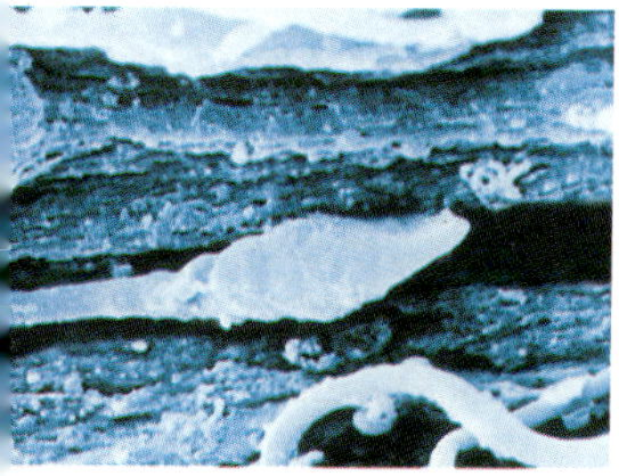

De eerste krachtproef, overleven in het zure milieu van de vagina, is met goed gevolg afgelegd. Nu gaat het erom door een van de nauwe gangetjes in de afscheiding uit de baarmoederhals heen te komen. Alleen de beste zaadcellen lukt dat.

Maar misschien is er in de eileider nog geen eicel aanwezig. De zaadcellen kunnen zich dan heen en weer bewegen in het wijde gedeelte van de eileider en afwachten, soms een paar dagen. Een aantal zaadcellen komt meteen door de eileidertrechter naar buiten en zwemt in het onderste deel van de buikholte rond. Wanneer de eisprong plaatsvindt en de eicel in de eileider komt, oefent zij geen bijzondere chemische aantrekkingskracht op de zaadcellen uit. Door een microscoop is te zien hoe de zaadcellen de eicel gewoon voorbijzwemmen met maar een millimeter tussenruimte, en rechtdoor gaan tot ze een obstakel ontmoeten. Doordat zaadcellen zo lang in leven kunnen blijven, vooral in de plooien van de eileider, kan geslachtsgemeenschap vier of vijf dagen voor de eisprong tot bevruchting leiden. Maar de kans op zwangerschap is natuurlijk groter als de gemeenschap met de eisprong samenvalt. Het slijm van baarmoederhals en baarmoeder is dan extra vloeibaar, zodat de zaadcellen zich gemakkelijk omhoog naar de eicel kunnen bewegen.

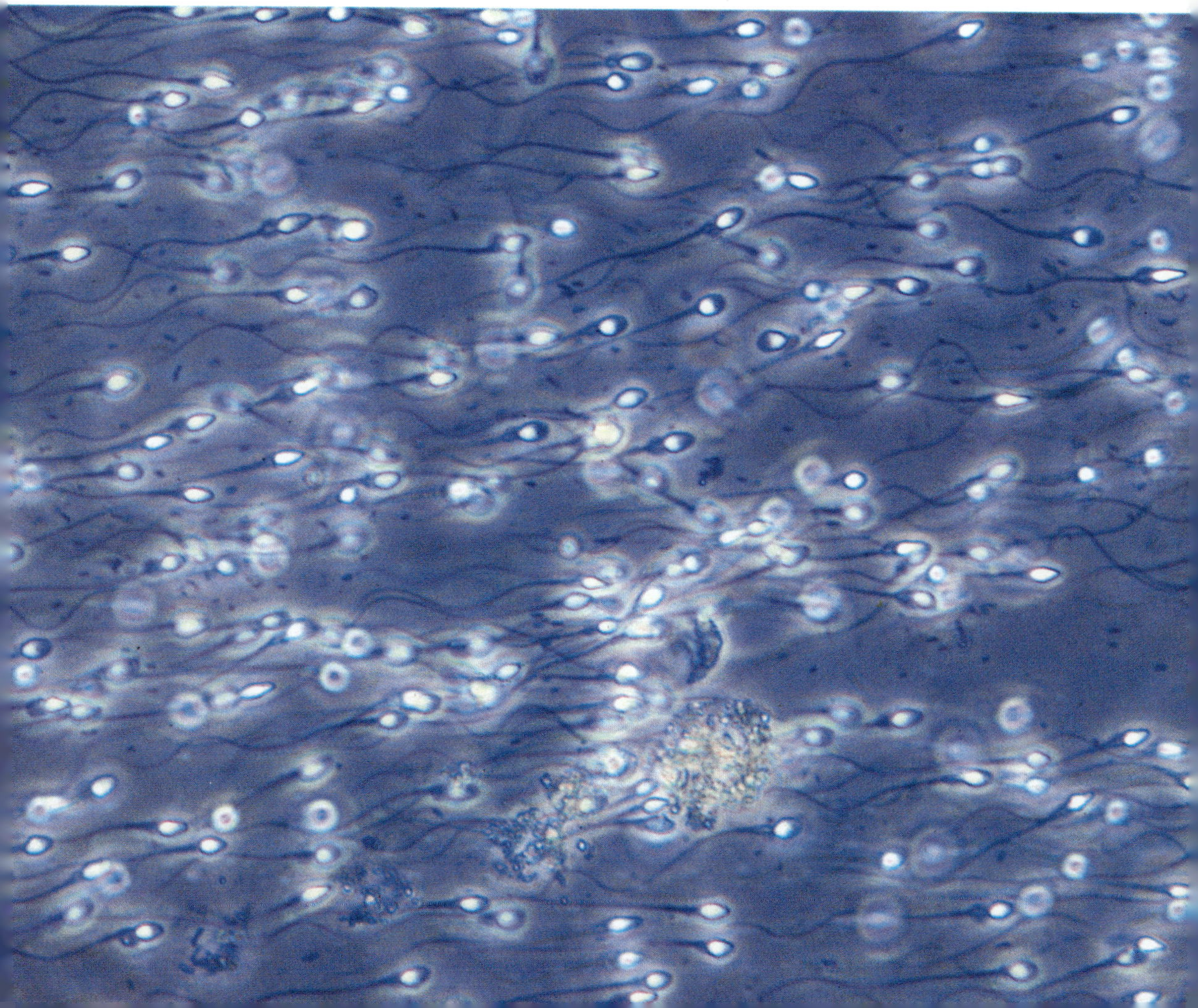

Veel hindernissen onderweg

Alsof het nog niet genoeg is dat de baarmoederhals met een moeilijk te forceren slijmprop is afgesloten, bevinden zich ook in de wand nog inhammen en doodlopende gangen. Veel zaadcellen blijven hier steken. Andere zijn in slechtere staat en worden snel moe. Het grootste deel van het leger komt nooit verder dan hier. Rechts vier zaadcellen die doorzwoegen.

De paar miljoen die doorgaan komen spoedig voor andere problemen te staan. Eén daarvan vormen de witte bloedlichaampjes, zwaar geschut in het immuunsysteem van een vrouw. Vooral als een vrouw een lichte slijmvliesontsteking heeft wemelt het ervan op de slijmvliezen. De witte bloedlichaampjes doden alles wat vreemd is voor het eigen lichaam - en daar horen ook de zaadcellen van een man bij. De witte bloedlichaampjes - macrofagen en granulocyten - zijn op de foto onder geelwit.

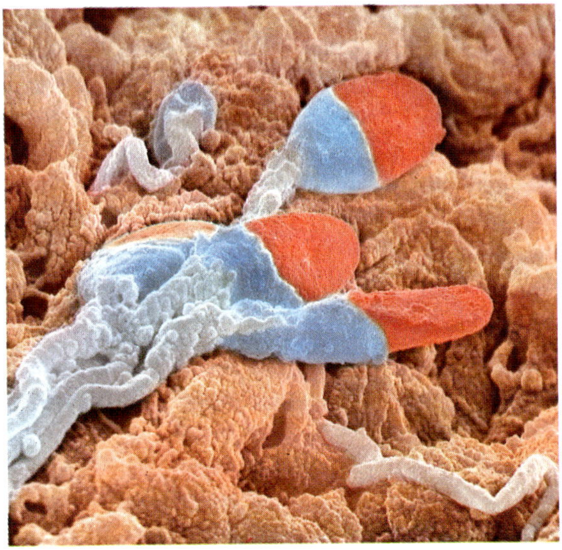

Het energiepakket van de zaadcellen

Vlak achter de kop van een zaadcel ligt een hoeveelheid mitochondriën, de krachtbundels van de zaadcel. De energie is voldoende voor urenlange voortbeweging van de zaadcel zonder brandstoftoevoer. Meestal vindt de bevruchting van een eicel binnen een etmaal plaats. Zonodig neemt de zaadcel uit de afscheiding van de eileider meer brandstof op. Ongeveer duizend slagen met de staart brengen een zaadcel een centimeter vooruit, elke decimeter voortbewegen duurt ruim een half uur.

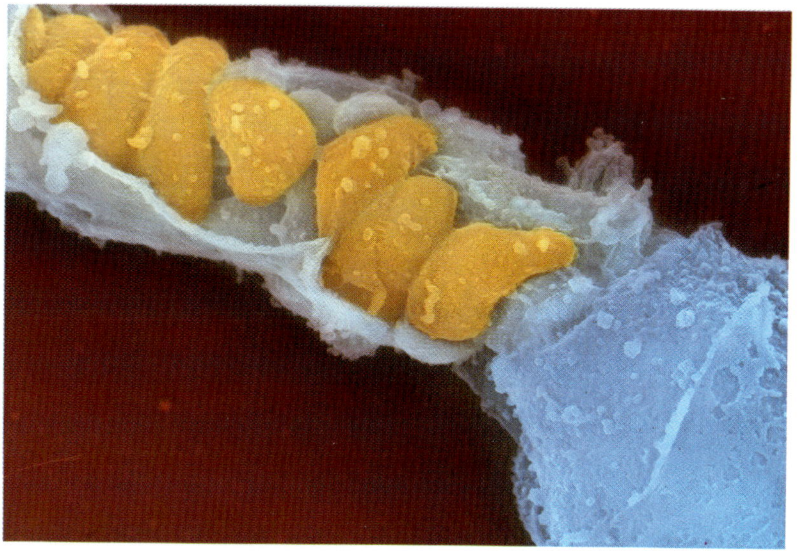

Een woud van trilharen

De zaadcel rechts bevindt zich in het kreupelbos van trilharen dat de wanden van baarmoederhals, baarmoeder en eileider bedekt. Tussen de dichte bossen trilharen zitten klieren. Die produceren een afscheiding die bijdraagt aan het rijpen van de zaadcellen. De zaadcellen bewegen zich de hele tijd stroomopwaarts, aangezien de trilharen altijd in de richting van de baarmoeder wuiven.
In de kop van een zaadcel bevindt zich niet veel meer dan het erfelijk materiaal van een man, 23 chromosomen met de helft van de erfelijke eigenschappen waarmee het kind wordt uitgerust. Daarbij zit het X- of het Y-chromosoom dat het geslacht bepaalt.

Twee uur

De eerste ontmoeting
Als een planeet in het zonnestelsel, omgeven door de corona radiata, de stralenkrans van voedingscellen, zweeft de eicel in haar ruimte. Kijk hoe enorm zij is in vergelijking met de kleine zaadcellen rechtsboven die aan de buitenkant ervan zwermen. Dit is de eerste ontmoeting tussen de eicel en de honderd zaadcellen die erin geslaagd zijn om alle hindernissen te nemen. Honderd van een leger dat oorspronkelijk uit vijfhonderd miljoen bestond!
Nu boren ze de koppen in de eicelwand, slaan met de staarten - en laten zo de eicel zachtjes tegen de klok in roteren.

De eicel wordt ontkleed

Wanneer de zaadcellen de eicel bereiken, heeft deze nog steeds een omhulsel van voedingscellen (inzet). Een deel van de voedingscellen heeft zijn taak volbracht en is tijdens de passage door de eileider afgevallen, maar er zijn er nog zoveel over dat een zaadcel er niet doorheen kan. Daarom begint nu een strip-tease (grote foto). De kopkap van de zaadcel, het acrosoom, verdwijnt geleidelijk en er komen enzymen vrij. Die helpen de zaadcel om de eicel te ontkleden. De foto's onder tonen borende zaadcellen, in verschillende trappen van vergroting.

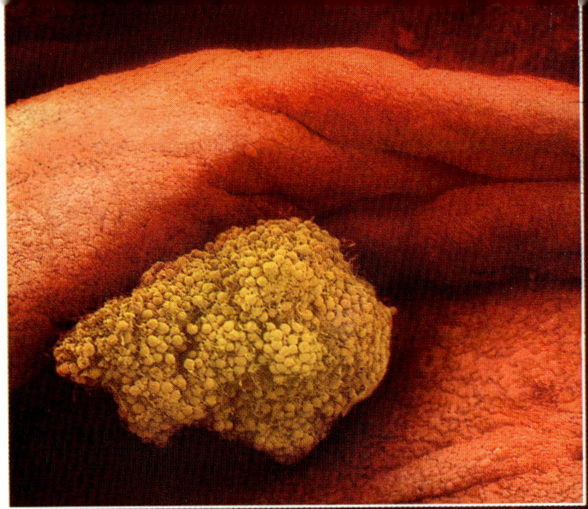

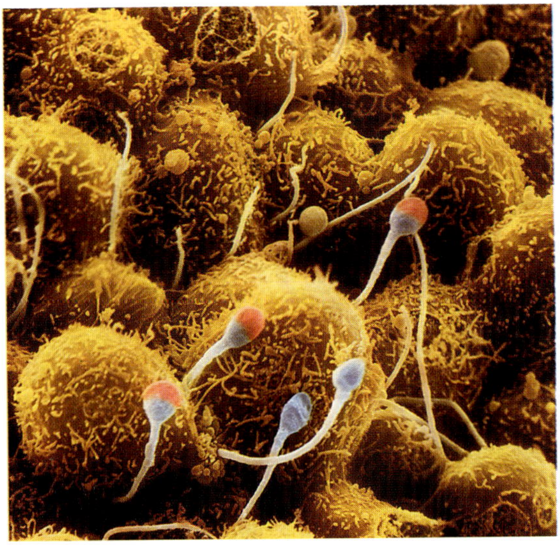

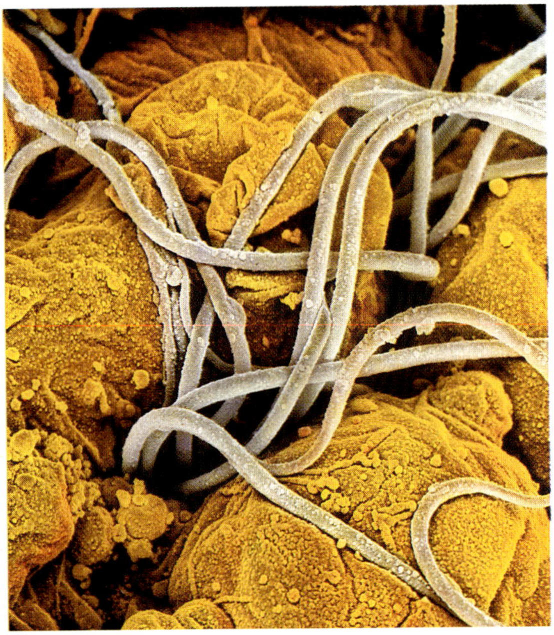

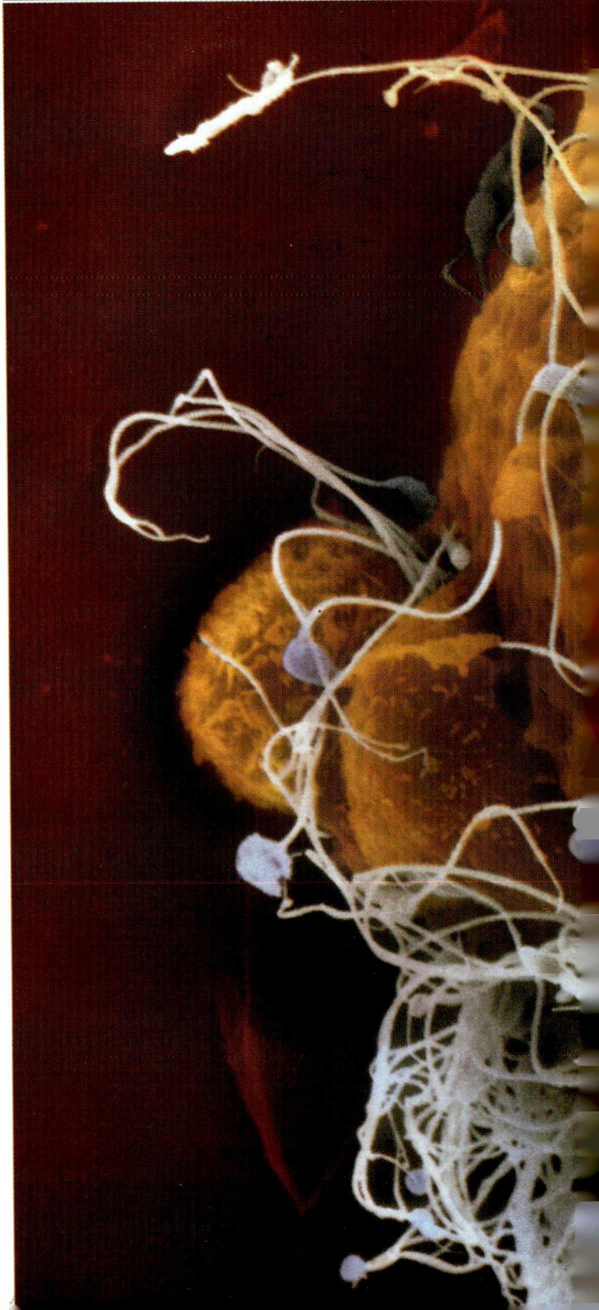

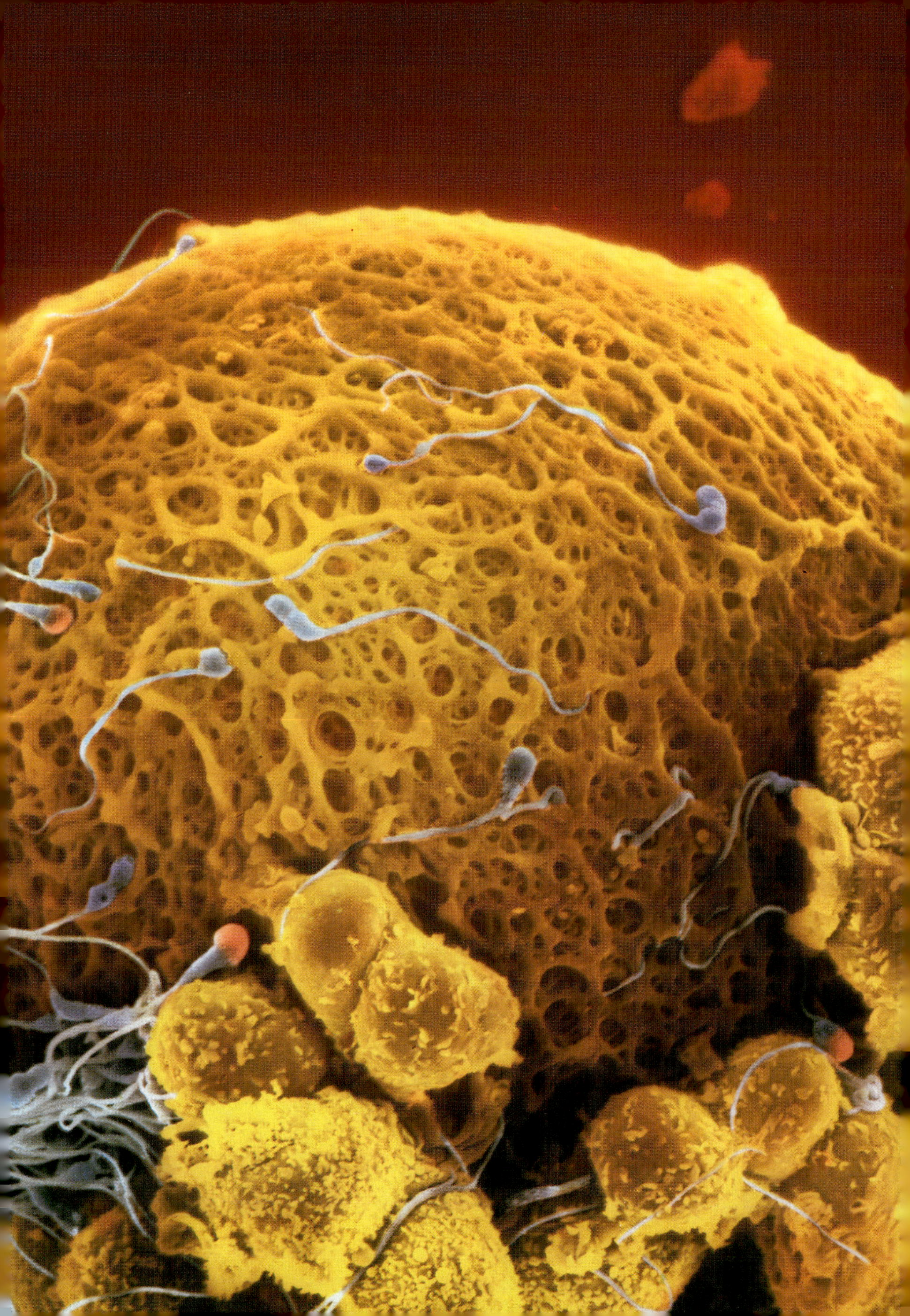

De ontmoeting

De keurtroepen, misschien een paar honderd zaadcellen, zijn nu bij de eicel gekomen en vinden die omgeven door een poreus omhulsel van voedingscellen. Als een rugbyteam gaan ze gezamenlijk de ene laag cellen na de andere te lijf. Bij dit werk bezwijken veel zaadcellen; andere krijgen nooit het volledige vermogen tot bevruchten maar maken wel deel uit van de ploeg. Na verloop van een aantal uren is ten minste een deel van de cellagen afgevallen en begint de wand van de eicel zichtbaar te worden. Menselijke eicellen hebben net als vogeleieren een soort eischaal, die taai en elastisch is. Maar ook deze hindernis kan door levenskrachtige zaadcellen genomen worden.

Doorgaans zijn een stuk of tien zaadcellen op weg om door de schaal te komen, wanneer plotseling één ervan - de winnaar - in zijn geheel erdoorheen komt en het celplasma in het binnenste van de eicel binnendringt. Op dat moment gebeurt er iets opmerkelijks. Binnen enkele minuten verandert de chemische samenstelling van de schaal zo dat de overige zaadcellen buitengesloten worden, zelfs als ze al bijna door de schaal heen zijn. Dat gebeurt om te voorkomen dat meerdere zaadcellen de eicel zullen bevruchten, waardoor de verdere ontwikkeling stopgezet zou worden.

De zaadcellen die buiten blijven, zwermen nog dagen met onverminderde energie en beweeglijkheid om de eicel heen. Misschien helemaal zonder taak, maar misschien ook dragen ze bij aan de vorming van het speciale chemische milieu dat zo belangrijk is voor de eicel op haar weg door de eileider.

De zaadcellen hebben een kap op (het acrosoom) wanneer ze zich een weg banen naar de eicel (linksonder). Binnen die kopkap bevinden zich eiwitten, enzymen genaamd, met behulp waarvan de zaadcellen de voedingscellen rond de eicel afbreken. Met de kap op komt een zaadcel de eicel niet binnen. Onder zien we hoe die kap geleidelijk oplost.

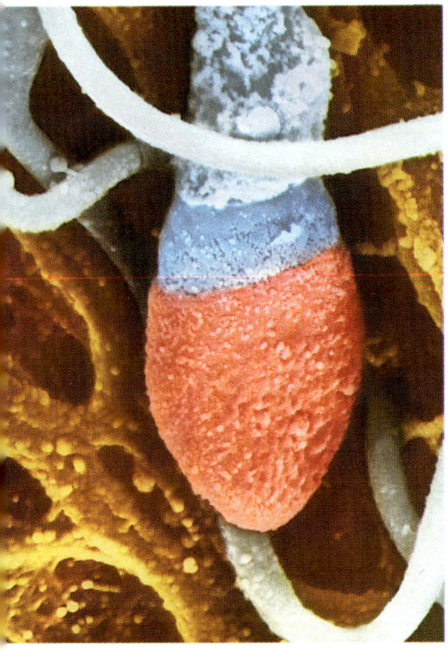

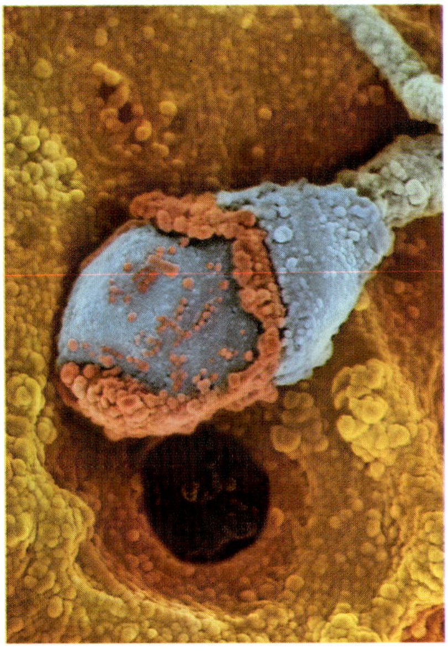

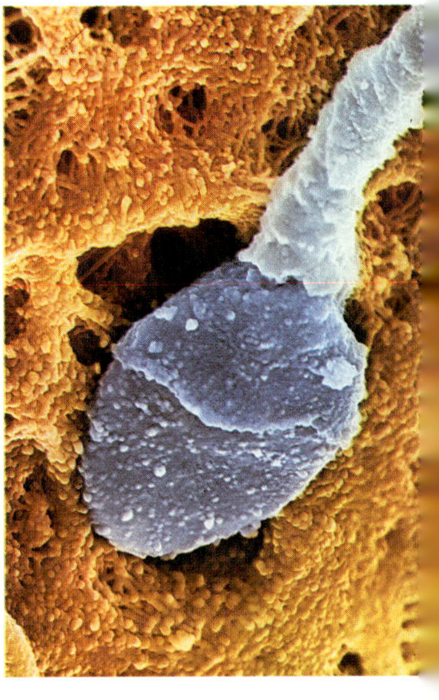

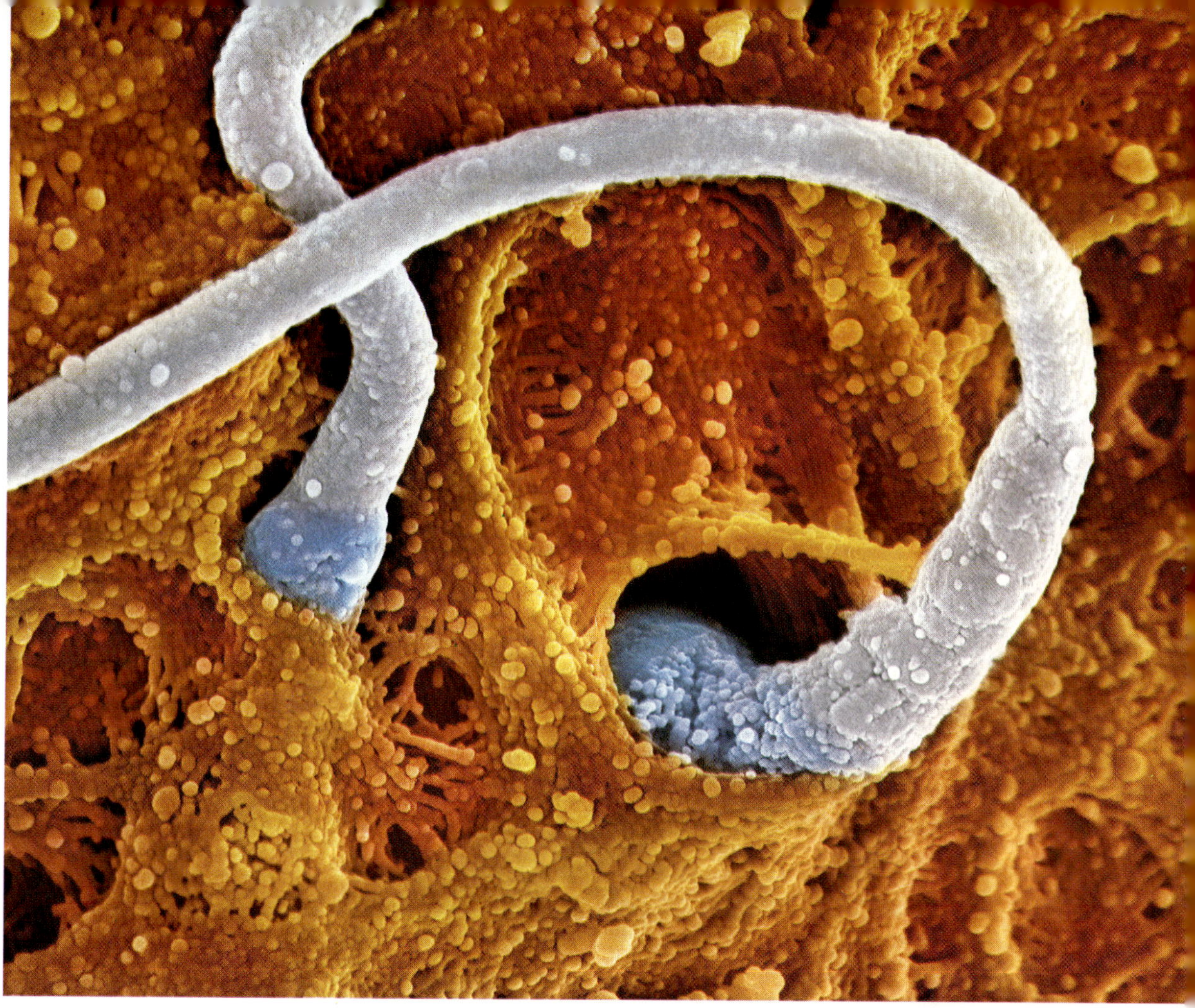

Door de vele kraters in de schaal van de eicel kunnen meerdere zaadcellen op weg zijn. Van één van de zaadcellen is vaag de kop te zien maar van de andere is alleen de staart zichtbaar. Voor de zaadcel die aan kop ligt zal het bereiken van het doel misschien een kwestie van enkele minuten zijn.

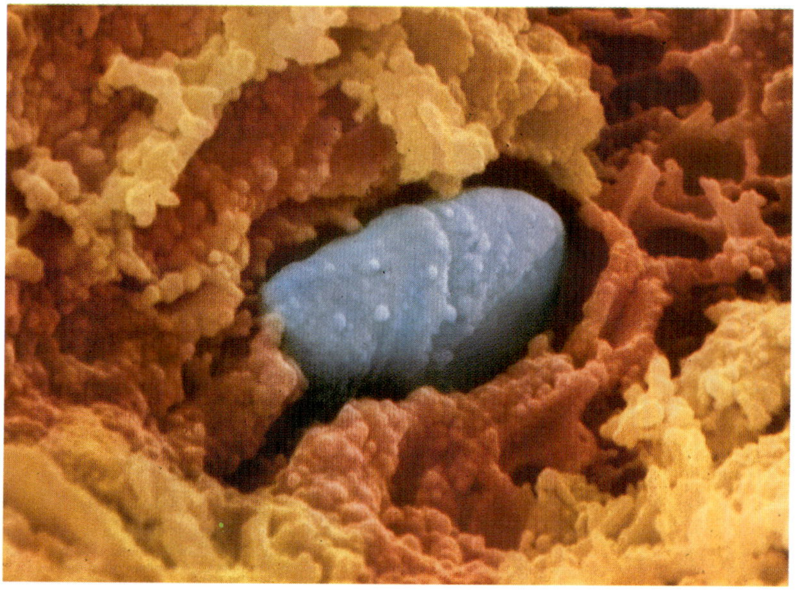

Rechts zien we de kop van de winnende zaadcel, zichtbaar in het binnenste van de eicel. En nu gebeurt er iets heel opmerkelijks: de eicel grendelt zich af en sluit de deur voor alle andere zaadcellen.

De winnaar

Misschien is dit de winnaar - de zaadcel die eindelijk, na twintigduizend slagen met de staart, de eicel bereikt en door het omhulsel daarvan heendringt. Nog heeft de zaadcel niet het allerheiligste - het binnenste van de eicel - bereikt. De kop van de zaadcel is naar binnen gedrongen en we zien de staart en het middenstuk met zijn krachtbundels. De zaadcel werkt als een slingerboor: de bewegingen van de staart laten de kop ronddraaien, net als een boorijzer. De zaadcel is door de wand van de eicel heen en zal nu de kern van de eicel binnendringen.

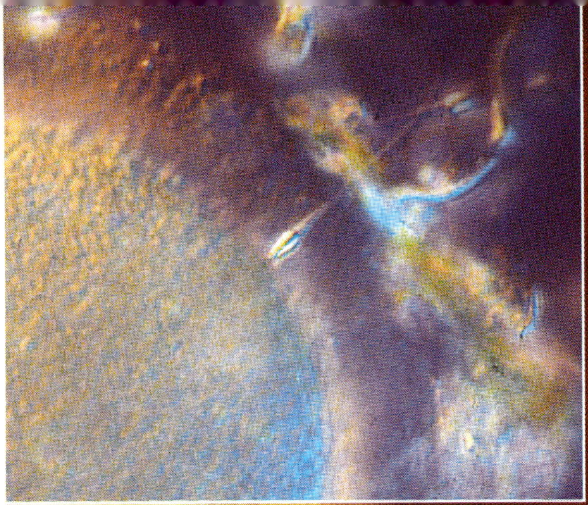

Het zwemmen van de zaadcellen, de dans van de eicel - al dat geheimzinnige dat van binnen bij een vrouw gebeurt… Daar hebben die twee, de man en de vrouw die van elkaar houden, geen idee van.

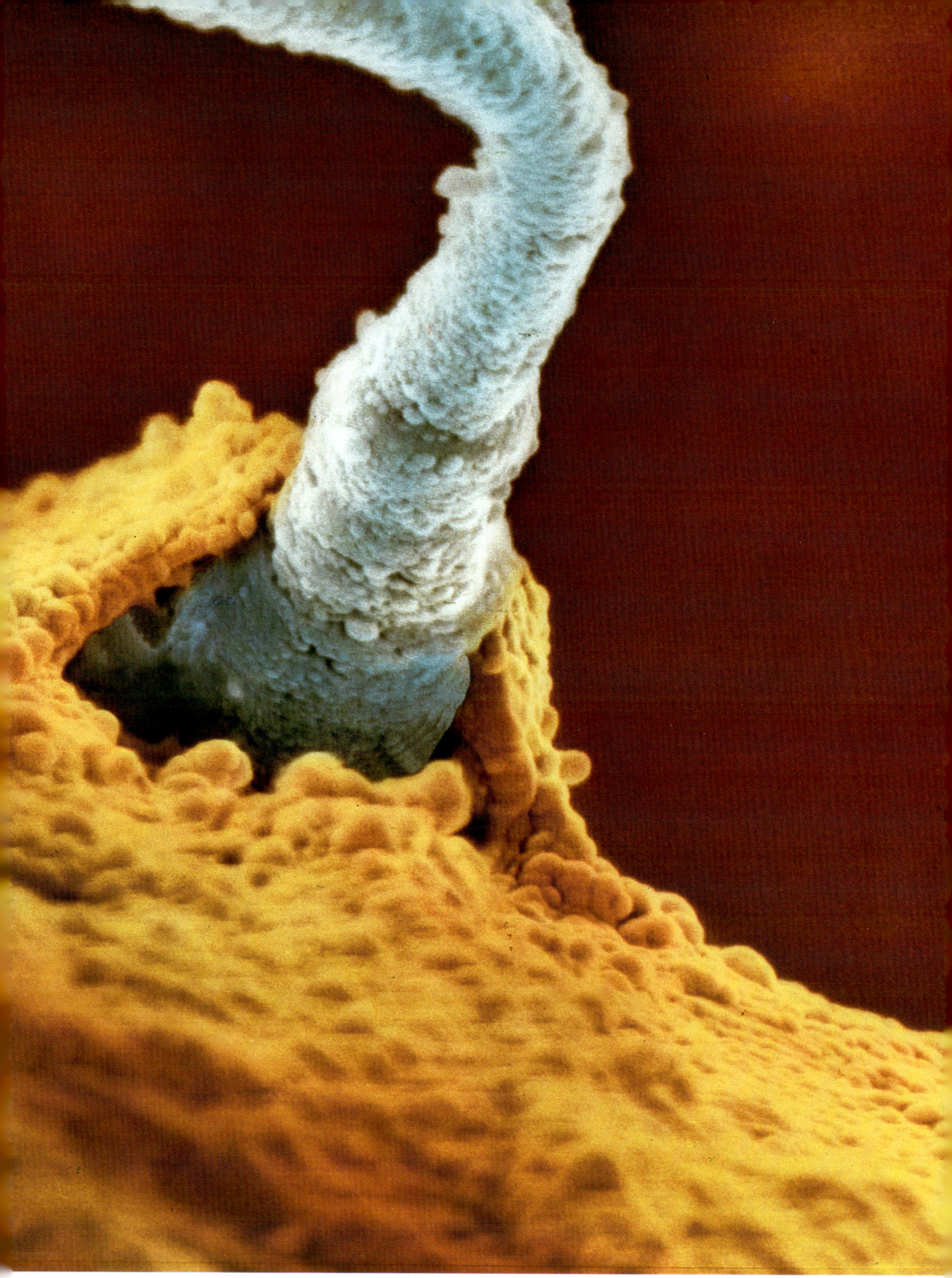

Afscheid van de staart
Bij de eindstreep zijn er misschien tien zaadcellen bezig door de schaal heen te dringen. Zodra de winnaar daarin geslaagd is, gaat er een chemisch signaal vanuit de celwand van de eicel naar de schaal, die voor verdere zaadcellen ondoordringbaar wordt. Zelfs degene die al half binnen was wordt buitengesloten. De reden is duidelijk: meer dan één set chromosomen zou rampzalig zijn voor de eicel. Wanneer de winnaar binnengekomen is, is de staart niet meer nodig en breekt van de kop af (onder).

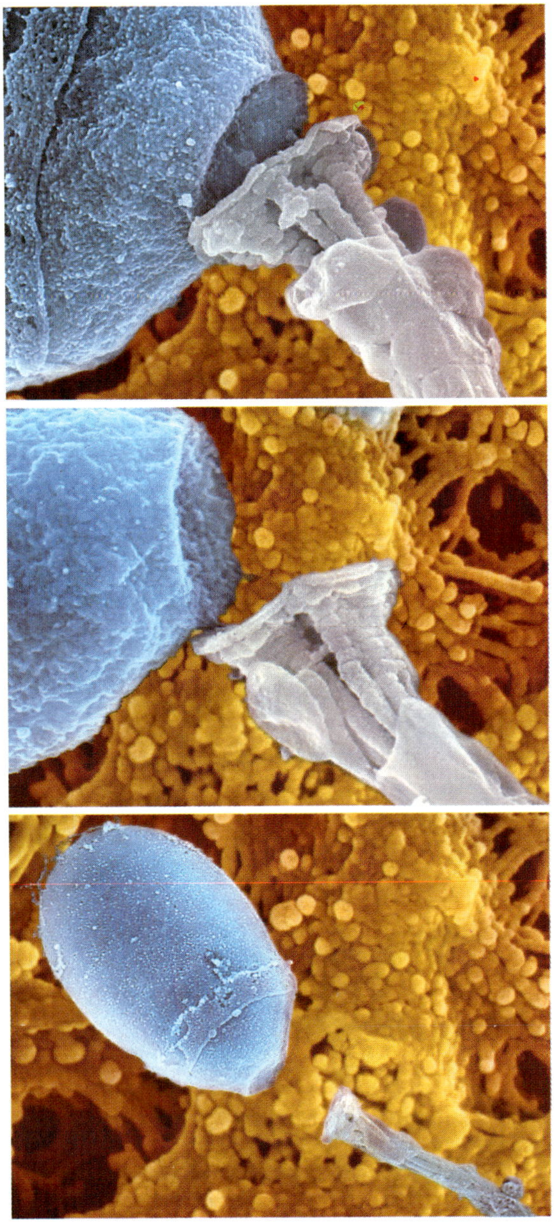

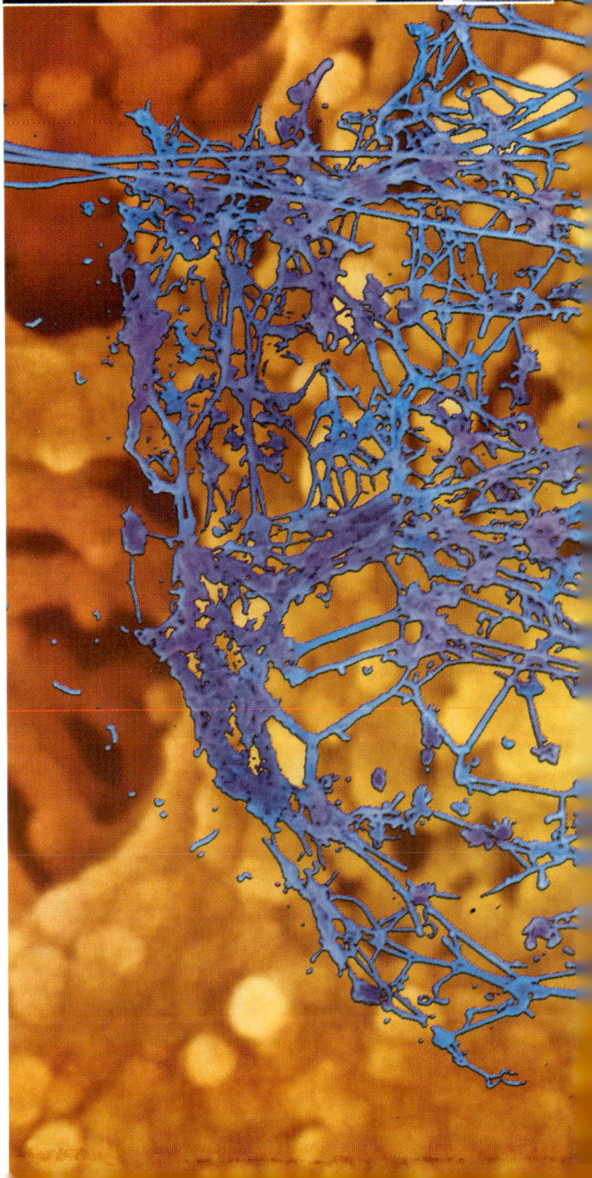

De zaadcel, een pakket erfelijke eigenschappen

Op de grote foto zien we wat er in de kop van een 0,06 millimeter lange zaadcel zit. De erfelijke eigenschappen, die eerst dicht opeengepakt lagen, liggen verspreid. Het geheel ziet eruit als een close-up van een chaos, maar er heerst volledige orde. De moleculen zijn in een touwladderpatroon uit het nucleïnezuur DNA en eiwitten opgebouwd (inzet).

De DNA-spiraal van de zaadcel is de bijdrage van een man aan de erfelijke uitrusting van een kind in wording. Hierin bevindt zich het X-chromosoom, dat bepaalt dat het kind een meisje zal zijn, of het Y-chromosoom, dat maakt dat het een jongen wordt. Andere eigenschappen die in gecodeerde vorm opgeslagen liggen, zijn onder meer lichaamslengte, huidkleur, kleur van het haar - en andere kenmerken van het haar: steil of krullend - kleur van de ogen en speciale gelaatskenmerken.

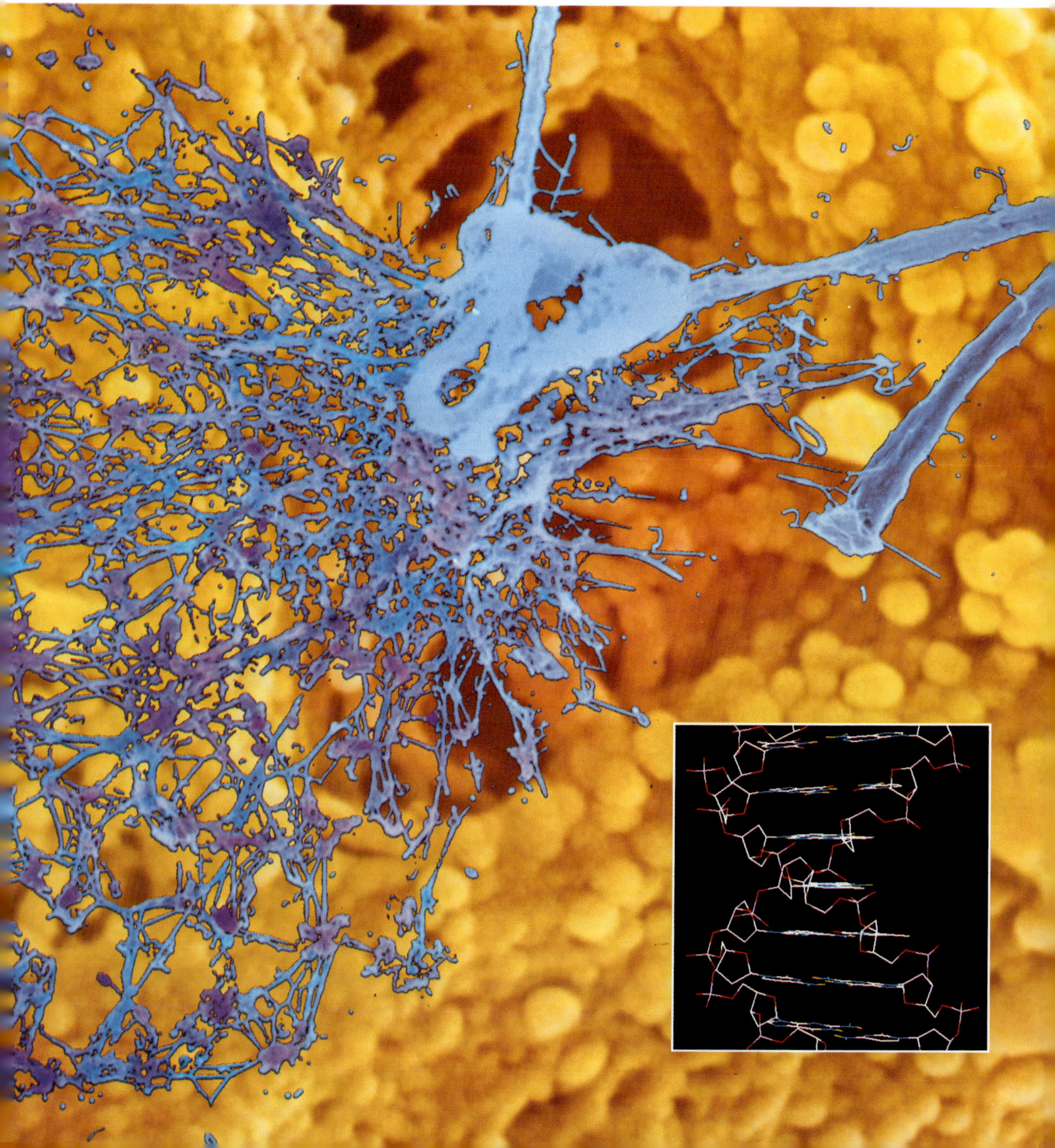

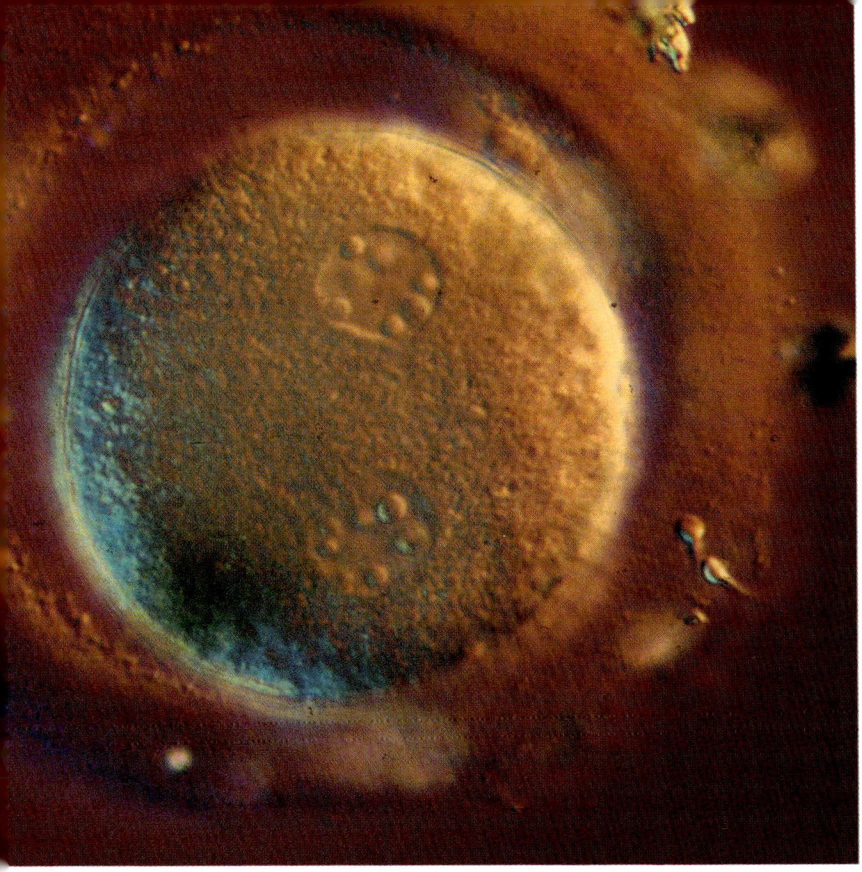

Twintig uur

Dit is het startsein voor een nieuw individu. De kop van de zaadcel met zijn erfelijk materiaal is in het celplasma van de eicel binnengedrongen en komt steeds dichter bij het erfelijk materiaal van de vrouw, dat in een kern diep in de eicel bijeenligt. De beide kernen worden onverbiddelijk naar elkaar toegetrokken en zullen nu spoedig versmelten. Hiermee wordt een groot aantal erfelijke eigenschappen bij het nieuwe individu bepaald - zelfs gezondheid en erfelijke ziekten.

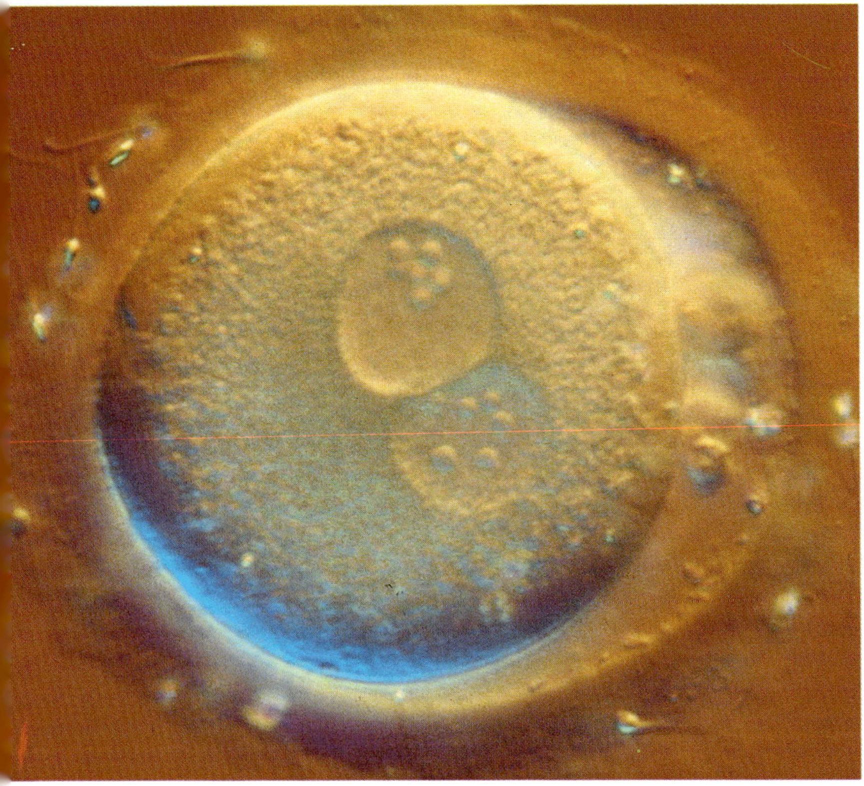

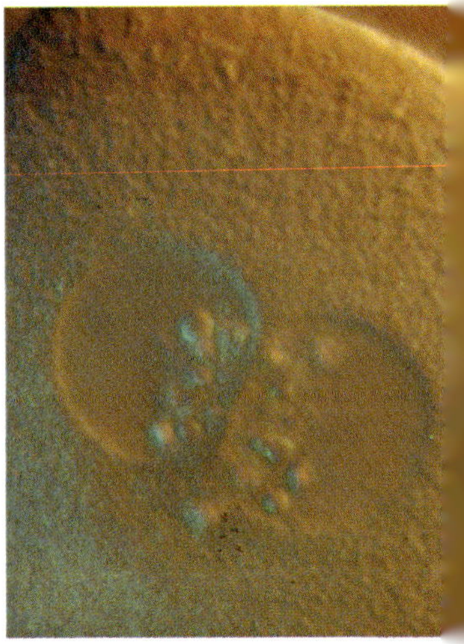

Het begin van een nieuw leven

De kop van de winnende zaadcel met zijn genetische boodschap ligt nu geconcentreerd in een kleine kern in de eicel. Ook het erfelijk materiaal van de eicel ligt bijeen in een overeenkomstige kleine kern. Binnen in deze kernen bevinden zich ronde structuren waar de DNA-informatie wordt gekopieerd. Er vindt ook een zekere mate van herstel plaats van genen die onderweg beschadigd zijn geraakt. De inwendige celmassa is heftig in beweging, om als het ware het erfelijk materiaal voor de nieuwe mens bijeen te drijven. Eerst liggen de kernen ver van elkaar af, de zaadcelkop aan de buitenkant en de eicelkern in het midden, maar ze komen langzaam naar elkaar toe en versmelten met elkaar. Daarna lost de buitenwand van de kernen op en verdwijnt alles in het celplasma van de eicel.

Slechts enkele uren na de vereniging van het erfelijk materiaal vindt de allereerste celdeling plaats en daarna gaat het delen verder met tussenpozen van twaalf tot vijftien uur.

Nog lang na de bevruchting kan men zaadcellen met zweepstaarten zien die vergeefs proberen in het binnenste van de eicel te komen. Het kan dagen duren voor ze het opgeven en bezwijken. Bij bevruchting in een weefselkweek bevindt zich soms een honderdtal zaadcellen op het oppervlak van de eicel en kan men zien hoe de staartbewegingen van de zaadcellen de eicel tegen de klok in laten draaien. Mogelijk hebben de buitengesloten zaadcellen betekenis als krachten die de eicel langs het slijmvliesoppervlak van de eileider rollen op weg naar de baarmoeder.

In dit stadium krijgt een vrouw nog geen signaal van chemische stoffen of andere mechanismen over wat er op dat moment in haar lichaam gaande is.

Onkundig van wat zich in de diepte afspeelt zijn de man en de vrouw gelukkig in hun liefde.

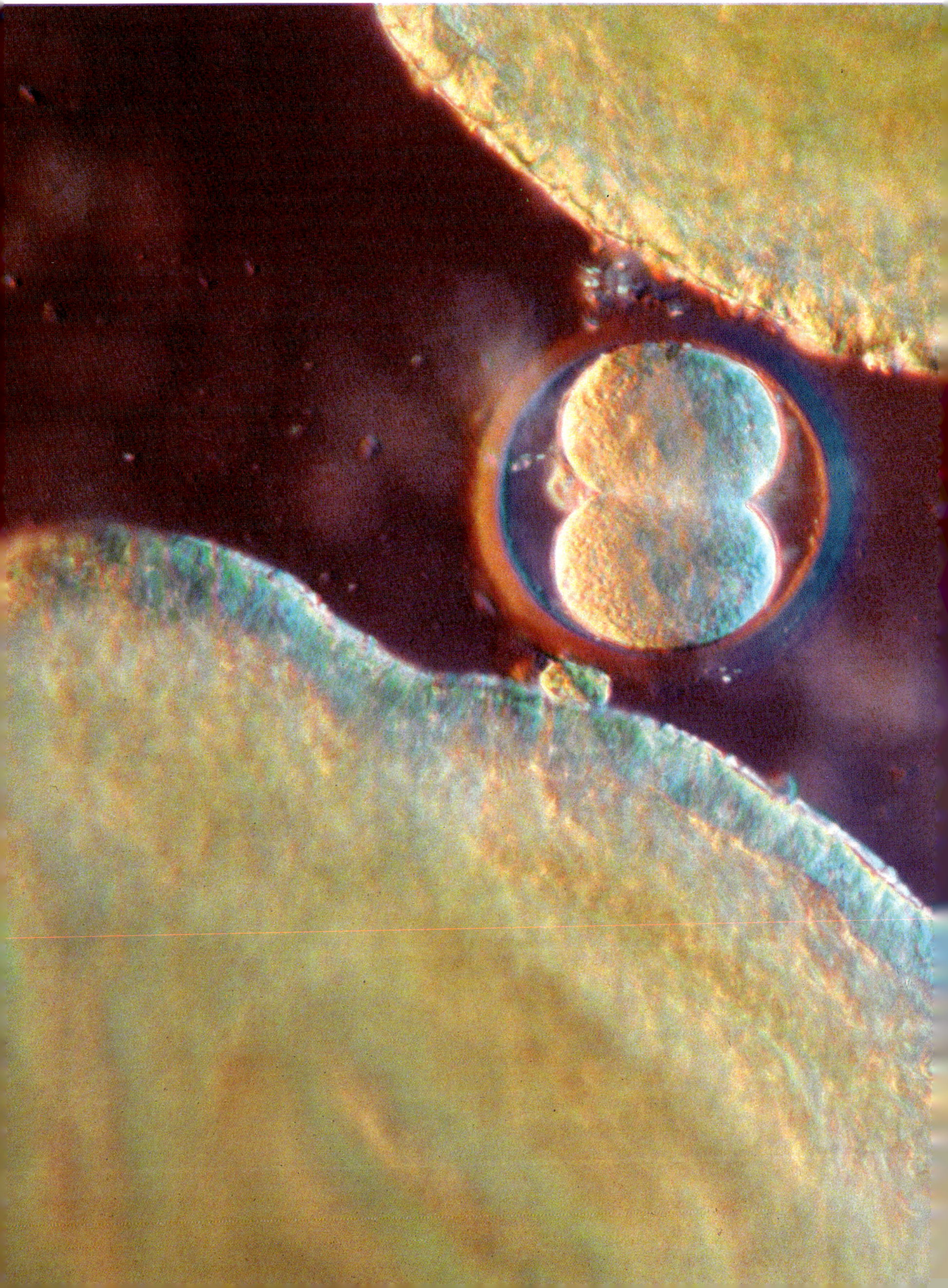

Dertig uur

Het eerste portret
Een paar uur nadat de kernen versmolten zijn deelt de eicel zich met een geweldige kracht voor de eerste maal. De eicel heeft nu twee cellen, elk met de erfelijke eigenschappen van zowel de moeder als de vader. De eicel gaat nu langzaam in de richting van de baarmoeder, voortbewogen door miljoenen trilharen in de eileider. Om de twaalf tot vijftien uur delen de cellen zich opnieuw. De dagen in de eileider behoren tot de meest kritische voor de groeiende cellen. Ze kunnen bijvoorbeeld in een van de talloze inhammen van het slijmvlies blijven steken.

Twee etmalen

De delingen gaan verder: vier zichtbare cellen, misschien acht in het totaal, zijn via de mat van trilharen op weg van de eileider naar de baarmoeder. Het klompje cellen is ingebed in voedingscellen die de hongerige eicel van voedsel voorzien. Inzet: de ontwikkeling is tot zestien cellen gevorderd. De volgende foto laat het morula-stadium zien (morula betekent moerbei) en de uiterst rechtse toont de blastocyste met zo'n honderd cellen. Zij passeert juist het nauwste gedeelte van de eileider, vlak voor de uitmonding in de baarmoeder. Hier is het nauw, en de blastocyste moet dringen om tussen de inhammen door vooruit te komen.

De tocht begint

De eicel blijft na de bevruchting ongeveer drie etmalen in de eileider liggen, en deelt zich voortdurend terwijl zij langzaam naar de baarmoeder afdaalt. De bevruchte eicel heeft normaal gesproken geen direct contact met het slijmvlies van de eileider, maar via dat slijmvlies stromen stoffen in de richting van het klompje cellen, om voor de bevruchte eicel een milieu te creëren waarin zij kan gedijen. Op het oppervlak van het eileiderslijmvlies bevinden zich miljoenen kleine trilharen die allemaal in dezelfde richting naar de baarmoeder toe wuiven en die waarschijnlijk helpen om de eicel de goede kant op te stuwen. De spieren van de eileider trekken zich nu en dan samen om de eicel voorzichtig verder door de eileider te voeren.

In de overgang tussen het wijdere en het nauwere deel van de eileider bevindt zich een versperring in de vorm van een kringspier en ondanks dat zij klein is, kan de eicel daar niet langs. Plotseling ontspant de kringspier zich en ligt de weg naar de baarmoeder open. Tegenwoordig is bekend dat het ontspannen van de spier vooral komt door het hormoon progesteron, waarvan de produktie goed op gang aan het komen is in het gele lichaampje dat na de eisprong uit het eiblaasje is ontstaan. De doortocht door het nauwe deel van de eileider duurt doorgaans maar een paar uur. Maar de ruimte is zo nauw dat de bevruchte eicel zich met moeite een weg tussen de slijmvliesinhammen door moet banen en het is van belang dat zij niet blijft steken.

Eenmaal in de baarmoeder is een van de meest kritieke fasen in het eerste etmaal van de ontwikkeling achter de rug. Nu wachten de bevruchte eicel, die nu een zogenaamde blastocyste geworden is, nieuwe taken: een plaats voor innesteling in de baarmoeder vinden en haar aanwezigheid aan de moeder kenbaar maken. Er is veel ruimte in de baarmoeder en de eicel kan zonder beperkingen flink in grootte toenemen. Men spreekt gewoonlijk van expansie vlak voor het openbarsten van het schaalvormig omhulsel.

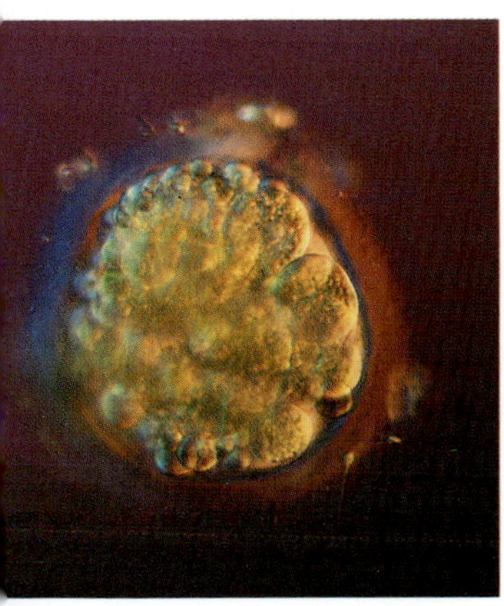

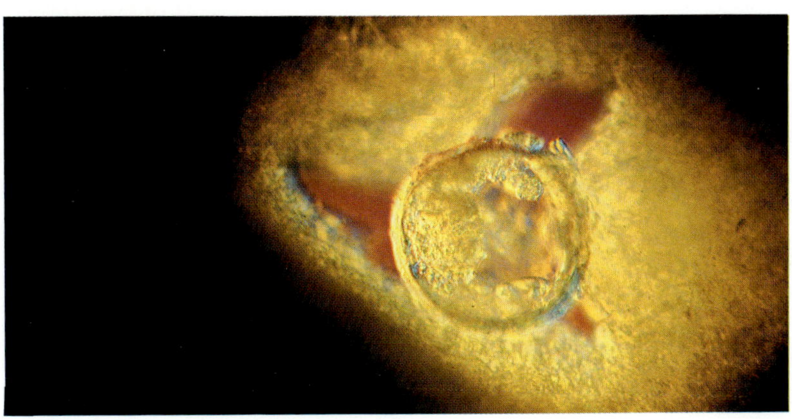

Vier dagen

Omgeven door de doorschijnende schaal, de zona pellucida, glijdt de bevruchte eicel (blastocyste) de baarmoeder binnen. Nog is de reis niet ten einde: nu moet er een plaats gevonden worden om zich te nestelen. De serie foto's onder laat deze 'maanlanding' zien. De blastocyste zoekt zijn weg over het slijmvlies van de baarmoeder, maar zijn schaalvormig omhulsel verhindert dat het zich direct kan implanteren (vastgroeien). De laatste foto in de serie laat zien hoe de blastocyste zich daarvan bevrijdt. Nu pas kan de celmassa uitdijen alvorens zich in het gastvrije, zachte en verdikte slijmvlies neer te vleien. Let wel: de blastocyste is nu groter dan de schaal.
In dit stadium beginnen ook de cellen in de blastocyste zich te differentiëren, zoals op de grote foto rechts te zien is. De bovenste, lichte helft is het embryo in wording, daaronder de moederkoek (placenta) in wording.

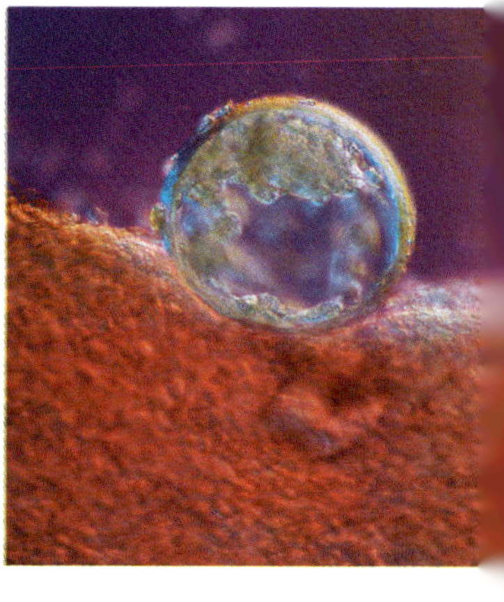

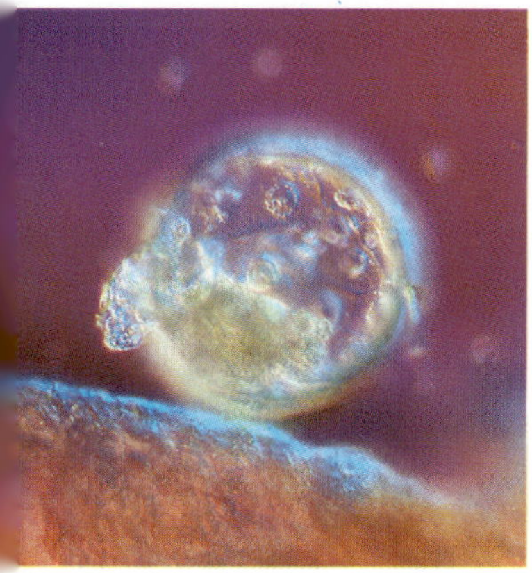

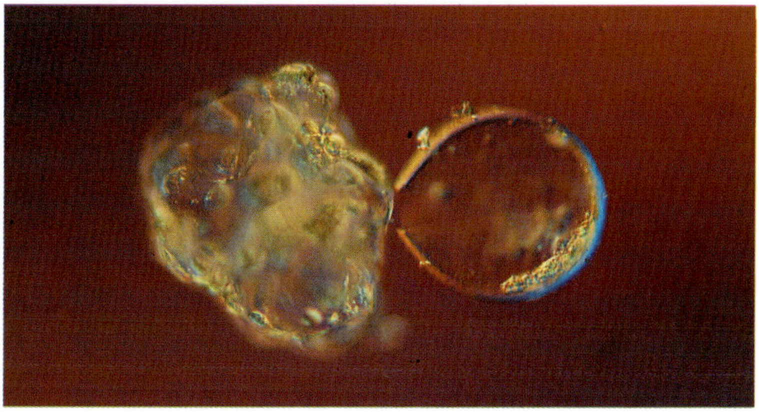

Op haar plaats in de baarmoeder

Het slijmvlies in de baarmoeder is door middel van hormonen uit de eierstok erop voorbereid om de bevruchte eicel te ontvangen. De eicel is echter veeleisend en doet er vaak enkele dagen over om een geschikte plaats voor aanhechting en innesteling te vinden. Meestal zet de bevruchte eicel zich in het 'plafond' van de baarmoeder vast. Wanneer de eicel tenslotte geland is en met het baarmoederslijmvlies in contact is gekomen, begint tussen de blastocyste en de moeder een intensieve uitwisseling van chemische informatie. Eiwitten, bijvoorbeeld hormonen, die in de blastocyste gevormd worden, komen in de bloedsomloop van de moeder. Met behulp van bloedproeven kunnen die opgespoord worden, zodat een zwangerschap met behulp van speciale methoden al vóór het uitblijven van de menstruatie vastgesteld kan worden.
Een aantal van de stoffen die in verband met de innesteling in de blastocyste gevormd worden, hebben als taak om het immuunsysteem van de moeder, om te beginnen tenminste plaatselijk, te beïnvloeden. Aangezien de bevruchte eicel voor het grootste deel uit 'vreemde' eiwitten bestaat, zou de moeder de indringer eigenlijk moeten afstoten. Maar dankzij het feit dat bepaalde cellen in de blastocyste chemische stoffen produceren die in de baarmoeder de afweer van de moeder verzwakken, heeft de blastocyste een goede kans om zich tot een nieuwe mens te ontwikkelen.
Hoe meer we over deze wonderlijke mechanismen te weten komen, des te duizelingwekkender komen ons ontstaan en alle opmerkelijke en doelmatige functies van ons lichaam ons voor.
En de vrouw? Wel, als ze gevoelig is voor hormoonveranderingen, kan ze nu al iets merken van wat er aan de hand is.

Acht dagen

De blastocyste is geland. Als een vruchtje op een taart ligt het enigszins weggezakt in de ondergrond. Het celklompje bestaat nu uit enige honderden cellen. De landing wordt voorbereid doordat op het oppervlak van de blastocyste kleine uitsteeksels van suikermoleculen worden gevormd (linksonder). Deze 'landingsgestellen' komen overeen met soortgelijke moleculen op het slijmvlies van de baarmoeder. Het zich vastzetten moet goed gebeuren. Nu wordt over het beginnende leven ook een hormoonparaplu ontvouwd. Vanuit de eierstok, waar de eicel uitgeslingerd is, komt het geellichaampjeshormoon progesteron (onder in kristalvorm). Dat heeft tot taak om een signaal naar de hypofyse in de hersenen te zenden: 'Zwangerschap - geen menstruatie meer!'

Acht dagen oud

De landingsplaats in de baarmoeder wordt om te beginnen plaatselijk door de signalen van de blastocyste beïnvloed. In de hele baarmoeder verandert daarna het slijmvlies en wordt dikker. De doorgang naar de baarmoederhals wordt door een slijmprop afgesloten, en de spieren van de baarmoederwand worden zachter en elastischer. Al deze snelle veranderingen geschieden om een zo prettig en zo beschermd mogelijk milieu voor het groeiende embryo te scheppen. Onder het slijmvlies beginnen bloedvaten naar het oppervlak te komen om de uitwisseling van voedingsstoffen te vergemakkelijken. Het is nu van belang dat de hormonale veranderingen in het lichaam van de vrouw, die door de signalen van de blastocyste op gang zijn gebracht, in de juiste volgorde en volledig plaatsvinden, anders worden de buitenste gedeelten van het baarmoederslijmvlies net als bij een gewone menstruatie afgestoten en krijgt de vrouw een zeer vroege miskraam.

Bij een nauwkeurige bestudering van het oppervlak van het klompje cellen valt op dat bijna geen twee cellen hetzelfde zijn. Een deel ervan heeft lange uitsteeksels, een ander deel heeft korte uitsteeksels en sommige cellen hebben er helemaal geen. Dit verschil wordt celdifferentiatie genoemd. Tot aan het stadium dat er acht cellen waren, zagen alle cellen er hetzelfde uit en deden ze precies hetzelfde. Hoe kan elke cel nu weten wat hij moet worden, van welk orgaan in het lichaam hij deel zal gaan uitmaken?

Een unieke foto: 8 dagen na de bevruchting van de eicel scheidt de blastocyste een stof af die de aanwezigheid ervan in de baarmoeder kenbaar maakt. En dat is nodig. Het nieuwe individu in wording heeft een ander genetisch signalement dan de moeder, in wier lichaam het leeft. Als het immuunsysteem van de moeder het vreemde weefsel ontdekt, dreigt het afgestoten te worden - net als wanneer een orgaan van de ene mens naar de andere getransplanteerd wordt. Het slijm van de blastocyste brengt langs chemische weg een vrije zone voor het embryo in de baarmoeder tot stand - een niet-aanvalsverdrag op celniveau.

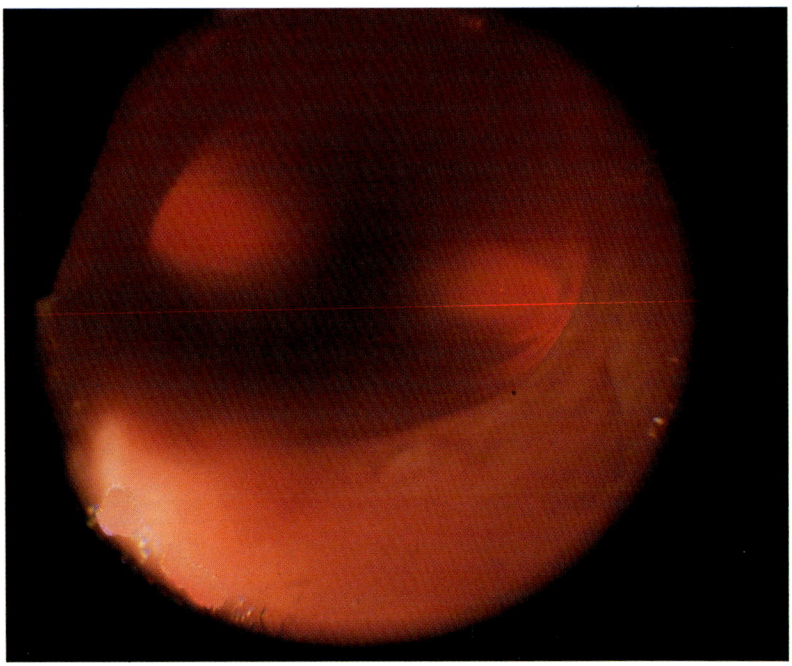

Ons eerste thuis
Het inwendige van het bovenste deel van de baarmoeder, waar de eileiders in uitmonden (lichtere gedeelten). Hier nestelt zich een groot deel van de blastocysten. Op de tekening wordt aangegeven waar in de baarmoeder de innesteling vaak plaatsvindt.

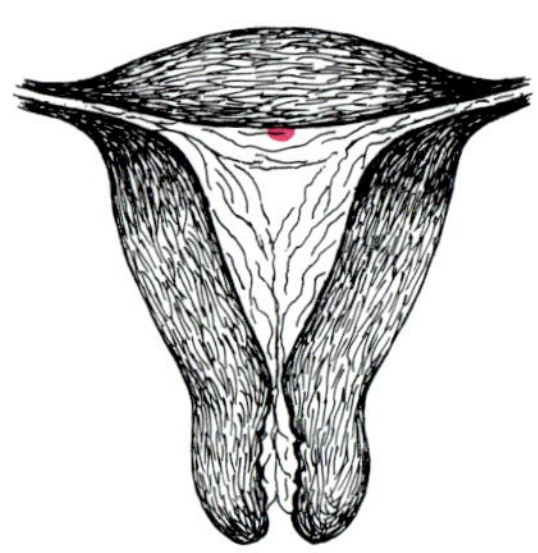

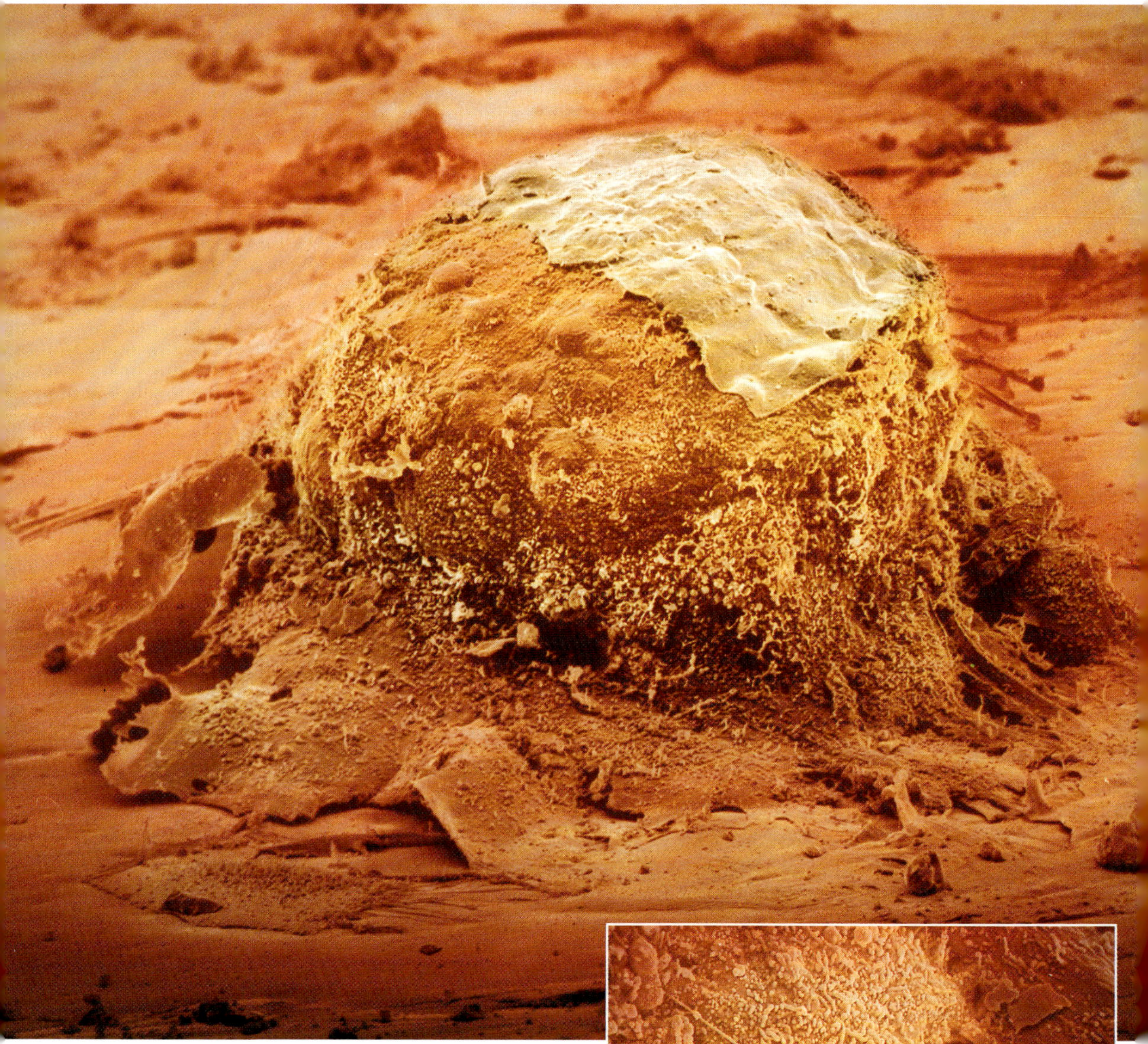

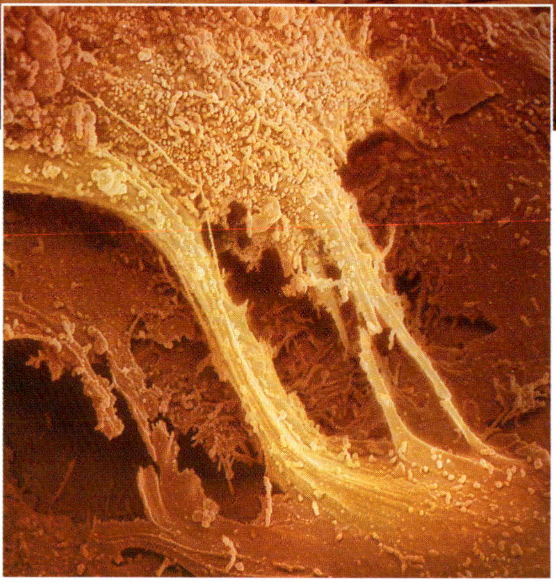

Elf dagen

De blastocyste zwelt, de cellen delen zich een paar keer per etmaal en nu - in het twaalfde etmaal - zijn het er alles bij elkaar een paar duizend. De blastocyste ligt stevig verankerd in het baarmoederslijmvlies. Inzet: hier en daar zijn kabelachtige vormen te zien. Uitsteeksels zoals deze ontwikkelen zich vermoedelijk tot vruchtwaterzak, navelstreng en moederkoek (placenta).
Geleidelijk ontstaat een meer georganiseerde uitwisseling van voedingsstoffen en afvalstoffen. Het is nauwelijks voor te stellen dat deze celmassa over negen maanden op zijn ouders zal lijken.

Soms gaat het mis

Het gebeurt vaak dat vrouwen een vroege miskraam krijgen, zo vroeg dat ze niet eens wisten dat ze zwanger waren. De oorzaak is meestal een afwijking in het chromosoompatroon. De versperring die in de eicelschaal ingebouwd is, zodat niet meer dan één zaadcel de eicel kan bevruchten, dient om te voorkomen dat de verdere ontwikkeling misgaat. Eicellen die gelijktijdig door twee of meer zaadcellen bevrucht zijn, kunnen zich betrekkelijk lange tijd ontwikkelen, maar aangezien er te veel genetisch materiaal in de eicel aanwezig is, gaat die ontwikkeling op den duur de verkeerde kant uit. Dat leidt tot een vroege miskraam. Een andere vrij gewone oorzaak van een miskraam is, dat de zaadcel die de eicel bevrucht heeft slecht van kwaliteit is en een fout in de samenstelling van zijn chromosomen heeft. Een miskraam is dus vaak een manier waarop de natuur zich tegen genetische afwijkingen beschermt, en de fout ligt in feite vaker bij de zaadcellen dan bij de eicel.

Soms gebeurt het dat de bevruchte eicel in de eileider blijft steken en niet verder kan komen. Dat komt vaak doordat de eileider beschadigd is. Misschien zit daar een litteken van een ontsteking of een vroegere operatie. Als het echt verkeerd gaat, hecht de eicel zich in de wand van de eileider vast en ontstaat een zogenaamde buitenbaarmoederlijke zwangerschap. Eerst ontwikkelt alles zich normaal, het kleine embryo groeit en wordt groter. De vrouw krijgt normale zwangerschapsverschijnselen en een zwangerschapstest in de urine geeft meestal een positieve uitslag. Aangezien de eileider nauw is, ontstaan spoedig ruimteproblemen. Het embryo heeft een enorme groeikracht waardoor na verloop van tijd de eileider scheurt. Er ontstaat een bloeding en de vrouw moet snel naar het ziekenhuis waar het embryo en vaak ook een deel van de eileider weggenomen moeten worden.

Door oorzaken die ten dele onbekend zijn komt de laatste tien jaar in West-Europa buitenbaarmoederlijke zwangerschap steeds vaker voor. Men neemt aan dat het toenemend aantal infecties van de genitaliën hier sterk toe bijdraagt, maar lang niet voor alle buitenbaarmoederlijke zwangerschappen kan een voor de hand liggende verklaring gevonden worden. In ons land is ongeveer een op de honderd zwangerschappen een buitenbaarmoederlijke. In ontwikkelingslanden kosten niet ontdekte en onbehandelde buitenbaarmoederlijke zwangerschappen veel jonge vrouwen het leven.

Een enkele maal kan de eicel zich op afwijkende plaatsen innestelen en dat kan later in de zwangerschap tot problemen leiden. Dat wordt vooral zorgwekkend als de moederkoek (placenta) groter wordt en de baarmoederhals afdekt (de zogenaamde voorliggende moederkoek). Dan kan het kind als het tijd is voor de bevalling niet naar buiten komen en moet het met een keizersnede verlost worden.

Hormonale veranderingen bij een vrouw

Zwanger worden is een dramatische verandering die een enorm effect op een vrouw heeft, zowel lichamelijk als geestelijk. Vaak weet een vrouw al ruim een week na de eisprong, dus lang voordat de menstruatie uitblijft, instinctief dat er binnen in haar iets gebeurd is, en de zwangerschapstest komt alleen als een vanzelfsprekende bevestiging van wat ze al wist. Vaak begint het ermee dat haar borsten zwellen en gevoelig worden, ze voelt zich een beetje misselijk en wordt extra gevoelig voor geuren en smaken. Veel vrouwen worden erg moe en hebben moeite om zich op hun werk te concentreren, hoewel er tot dusverre eigenlijk niet meer is gebeurd dan dat een klompje cellen van nauwelijks een millimeter groot zich in de wand van de baarmoeder heeft ingegraven en zijn aanwezigheid en zijn behoeften kenbaar begint te maken.
Het klompje cellen deelt zich in tweeën: in het eigenlijke embryo en een deel dat het begin van de moederkoek (de placenta) vormt. De cellen van de placenta beginnen bijna meteen een hormoon te vormen dat humaan choriongonadotropine (HCG) genoemd wordt. Een van de eerste taken van dit hormoon is: doorgeven aan de eierstokken dat de vrouw nu zwanger is en dat er voorlopig geen eisprong meer nodig is. Maar het signaal aan de eierstokken is ook een oproep om het baarmoederslijmvlies in stand te houden en een nieuwe menstruatie tegen te houden opdat niet de vrucht uit de baarmoeder weggespoeld wordt. De eierstok voert deze opdracht uit door meer van het hormoon progesteron te produceren dat via

Moe en prikkelbaar
Nu begint de vrouw zelf te merken dat er iets ongewoons in haar lichaam aan de gang is. Haar borsten zwellen en worden gevoelig, ze wordt misschien gauw moe en prikkelbaar. De man begrijpt niet altijd wat er aan de hand is en denkt misschien dat hij iets verkeerds gezegd of gedaan heeft.
De oorzaak ligt in het baarmoederslijmvlies: een groep cellen van nauwelijks één millimeter. Ze brengen bij de vrouw een verandering teweeg, zowel haar lichaam als haar geest raken uit hun gewone doen. Een van deze hormonen is het progesteron, dat eerst uit de eierstok komt en daarna door de placenta wordt aangemaakt (hieronder in de vorm van kristallen).

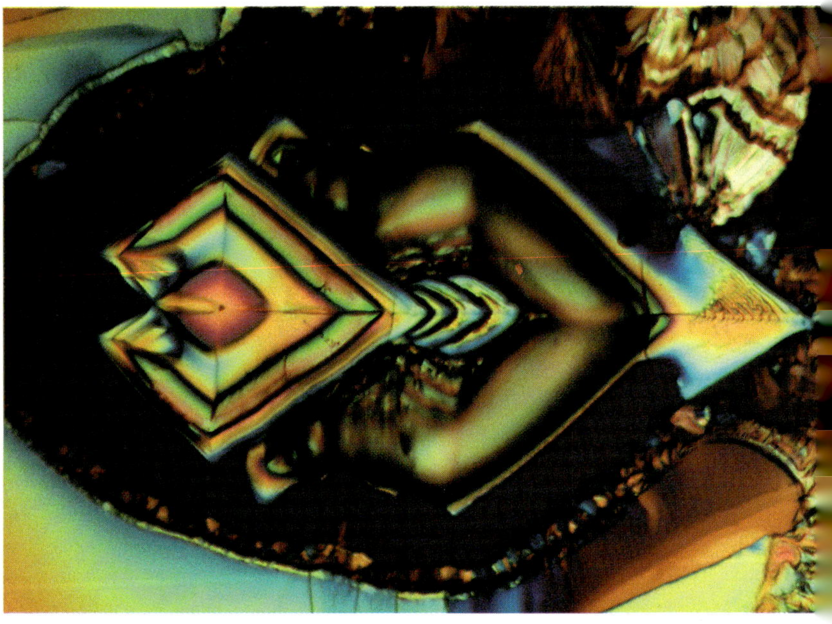

Soms overheersen de geluksgevoelens. Geen misselijkheid, geen vermoeidheid. Stel je voor, al over acht maanden komt het kind.

de bloedbaan naar de baarmoeder gaat, want juist dit hormoon zet het baarmoederslijmvlies aan tot groeien.

Een vrouw krijgt haar zwangerschapsverschijnselen dus door een wisselwerking tussen vooral deze twee hormonen, een zwangerschapstest is gebaseerd op de aanwezigheid van HCG in bloed of urine. Het progesteron komt in kleine hoeveelheden voor, of de vrouw nu zwanger is of niet, terwijl het placentahormoon HCG alleen bij zwangerschap voorkomt. De meest gevoelige zwangerschapstest wordt door middel van bloedproeven gedaan, maar al snel wordt een grote hoeveelheid HCG in de urine uitgescheiden en daarom is het meestal voldoende om een zwangerschapstest met een urineproef te doen. Tegenwoordig is het mogelijk om met een eenvoudige en snelle test van HCG in de urine al twee weken na de eisprong een zwangerschap vast te stellen, dat wil zeggen omstreeks de tijd waarop de vrouw normaal ongesteld geworden zou zijn.

Heel vroeg in de zwangerschap begint de placenta zelf de eierstokken te helpen met de produktie van progesteron aangezien het een zeer belangrijk hormoon is dat gedurende de hele zwangerschap nodig is. Al na zeven tot acht weken, vanaf de laatste menstruatie gerekend, zijn de eierstokken eigenlijk niet meer nodig. De placenta kan dan de hele hormoonproduktie die voor een normale ontwikkeling van de vrucht nodig is, zelf aan.

Hoera, we zijn in verwachting!

Nu moet er duidelijkheid komen: ben ik in verwachting of niet? Tegenwoordig is het gemakkelijk om daar achter te komen. Ze gaan naar de apotheek of de drogist, hij en zij, en kopen een zwangerschapstest. Zo'n test is gebaseerd op een reactie in de urine tussen het zwangerschapshormoon HCG (humaan choriongonadotropine) en een reageermiddel. Het hormoon wordt in de placenta gevormd, via het bloed naar de eierstokken gevoerd en bevordert de produktie van het hormoon progesteron. HCG is dus een deel van de hormoonparaplu die het embryo tegen een nieuwe menstruatie beschermt. Een

bloeding zou het baarmoederslijmvlies en het embryo losscheuren. De zwangerschapstest kan inhouden dat een strookje papier in de urine van de vrouw gedoopt wordt en afgelezen. Het is rood - we zijn in verwachting! De test is zeer gevoelig, hij geeft al ongeveer een week na het uitblijven van de menstruatie een betrouwbare uitslag.

Een andere mogelijkheid is om een flesje ochtendurine bij een verloskundige praktijk of bij de huisarts in te leveren. Ook dan krijgt de vrouw snel antwoord, en velen vinden het een veilig gevoel dat ze meteen met een verloskundige kunnen praten. Er is immers zoveel te vragen.

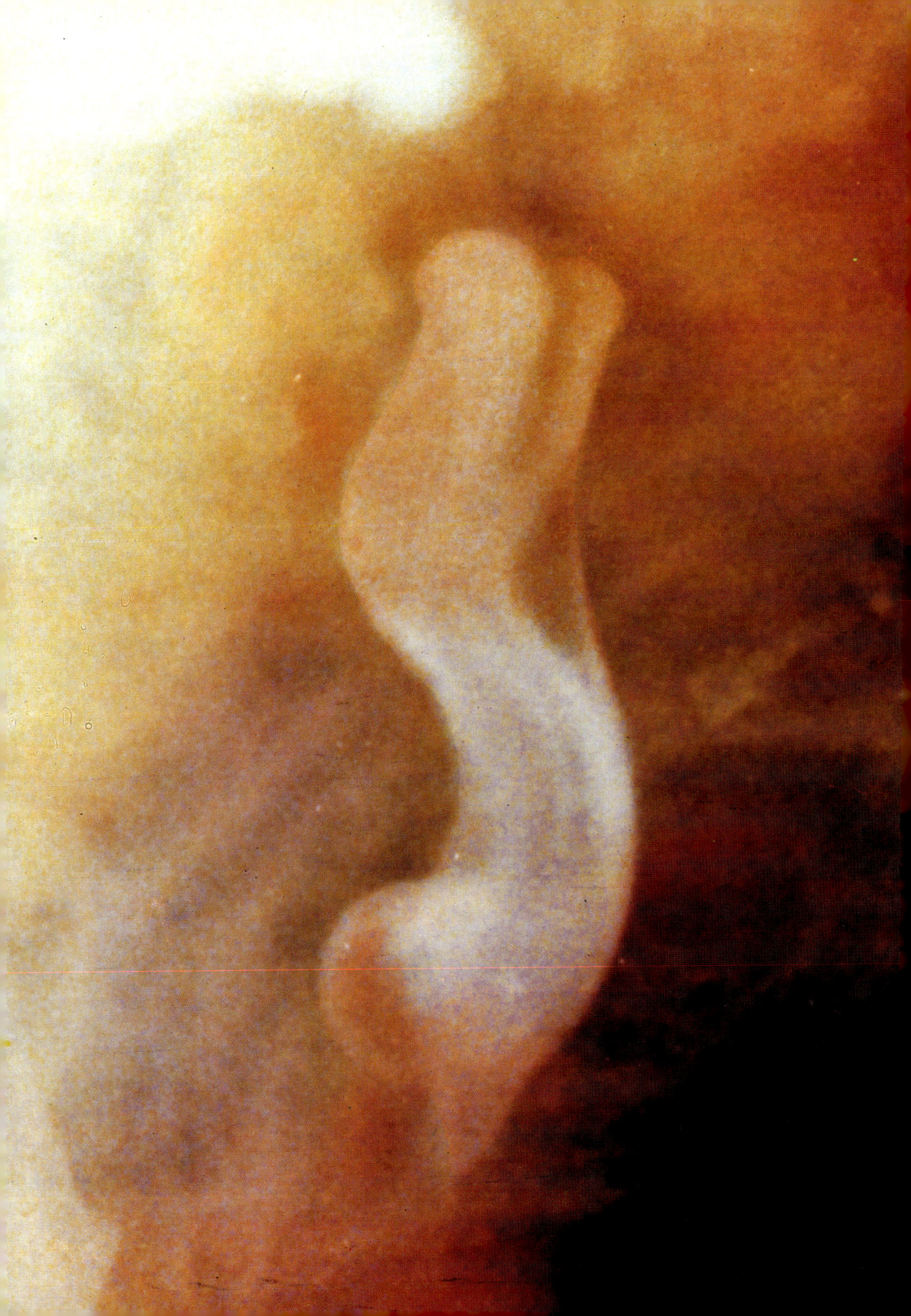

De eerste weken

Door de mogelijkheden van de moderne biologie is de vraag: 'wanneer begint het leven?' op de spits gedreven. De vraag kan op verschillende manieren beantwoord worden, naar gelang het uitgangspunt religieus, juridisch of biologisch is. Veel mensen zijn van mening dat het leven begint op het moment van de bevruchting, dus wanneer de zaadcel de eicel binnendringt. Daar kan tegenin gebracht worden dat de bevruchting van een eicel niet noodzakelijk tot de ontwikkeling van een kind leidt. Anderen vinden dat het leven begint wanneer het kleine embryo zich vasthecht aan het baarmoederslijmvlies, dus ruim een week na de bevruchting. Weer anderen zijn van oordeel dat niet van leven gesproken kan worden zolang het embryo nog geen zenuwstelsel heeft en daarmee iets in zich op kan nemen. Bij een dergelijke zienswijze begint het leven ongeveer drie weken na de bevruchting.

Op dat tijdstip is duidelijk te zien hoe het buitenste kiemblad - de huid van het embryo - zich langs de middellijn van het lichaam verdikt en aan weerszijden een lengteplooi vormt. Tussen de plooien ontstaat een sleuf die zich aaneensluit zodat er een buis ontstaat. Aan het ene uiteinde van de buis zwelt de eerste aanleg van de hersenen op en uit de hersenstam en het primitieve ruggemerg beginnen zenuwdraden te groeien. Het is te zien hoe het kleine lichaam drie verschillende lagen cellen gekregen heeft. Tussen de twee oorspronkelijke kiembladen is nog een laag cellen ontstaan. En uit deze drie lagen worden nu alle verschillende organen van het lichaam opgebouwd. Nu bestaat er geen twijfel meer dat het leven begonnen is, het gekromde klompje cellen is de vorm en de kenmerken van een zoogdier gaan aannemen. Dat het een mens zal worden is nog moeilijk te raden. Ruim een week na het uitblijven van de menstruatie begint iets van een hoofd rond de hersenen zichtbaar te worden en een grote gapende mondopening. Vlak onder het hoofd is de eerste aanleg van het hart van de vrucht voltooid en begint het te werken. Het onderste deel van het lichaam ziet er tot nog toe slechts uit als een spitse staart. Nu zijn de cellen in het lichaam zich steeds meer gaan specialiseren.

Dit is een heel gevoelige periode en het kleinste foutje in het programma kan tot misvormingen leiden, die de mens in wording zijn hele leven blijft behouden. Maar als er te grote fouten optreden, beschermt de natuur zich zelf. Dan komt de ontwikkeling tot stilstand en krijgt de vrouw meestal een miskraam.

Wie zou kunnen denken dat dit wezentje, dat nauwelijks twee millimeter lang is, een kans heeft om binnen acht maanden als een klein mensje ter wereld te komen? En de ouders? Die weten niet hoe het er in de buik van de moeder uitziet. Zij stellen zich tevreden met het feit dat het wonder geschied is en ze een kind verwachten.

Drie weken

3 weken na de bevruchting is het menselijk embryo nauwelijks 2 millimeter lang. Zijn erfelijke eigenschappen hebben zojuist de ontwikkeling van de drie kiembladen waaruit alle organen ontstaan, bewerkstelligd.
Links zien we hoe het buitenste kiemblad, de huid van het embryo, door de sleuf van de zenuwbuis gespleten wordt. De zwelling bovenaan is het begin van de voorhersenen. Daaronder is het begin van het hart, de kieuwbogen en het binnenoor te zien. De zenuwbuis is van boven en van beneden open maar heeft zich in het midden, waar de romp zich bevindt, gesloten.

Onder een detail van het bovenste deel van het embryo, waar de lichtere gebieden de eerste primitieve zenuwcellen van een mens zijn, rechts daarvan de zenuwcellen sterk vergroot.

Het hart begint te kloppen

Velen vragen zich ongetwijfeld af hoe een cel weet wat hij moet worden. Alle cellen hebben immers vanaf het begin en hun hele leven lang dezelfde code in de celkern ingebouwd, maar toch komen verschillende delen van die boodschap tot uiting in verschillende cellen en het hoe en waarom daarvan weet nog niemand.
Uit het buitenste kiemblad worden dus het ruggemerg, de hersenen en de zenuwen gevormd. De primitieve zenuwcellen die wij drie weken na de bevruchting duidelijk beginnen te onderscheiden, hebben alleen maar een begin van uitlopers die zich naar de aangrenzende zenuwcellen uitstrekken. De geleiding van zenuwimpulsen die tot een beweging van het lichaam of tot een andere van de zenuwen uitgaande activiteit leiden, komt pas veel later. Enig bewustzijn heeft het kleine embryo beslist niet. Uit het buitenste kiemblad ontwikkelt zich ook de opperhuid met haren, talgklieren en zweetklieren.
De tussenlaag dient voor andere organen en vormt de onderhuid, het skelet en de spieren. De tussenlaag bouwt ook bloedvaten en lymfvaten op, maakt bloedlichaampjes aan en ontwikkelt met behulp van het hart een primitieve bloedsomloop. Ook eierstokken, teelballen en nieren komen uit de tussenlaag voort.
Het binnenste kiemblad is inmiddels begonnen met de opbouw van een eenvoudig darmkanaal met slijmvliezen, en vanuit dit darmkanaal ontwikkelen zich merkwaardig genoeg ook de longen en de urinewegen. Alle organen uit de verschillende cellagen moeten nu ook één geheel gaan vormen zodat het hele orgaansysteem kan gaan functioneren. Tijdens deze periode 'beproeft' het embryo nieuwe gekoppelde systemen en constateert of alles volgens plan functioneert.

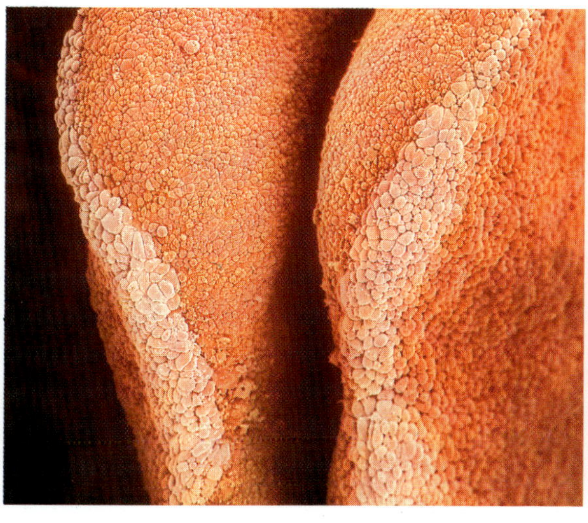

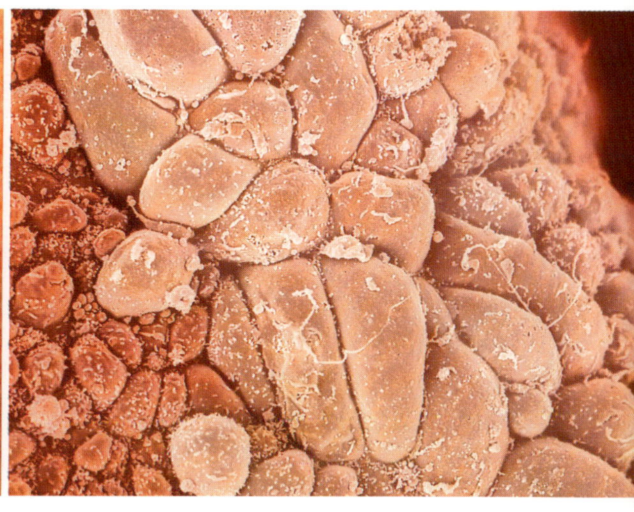

Geen vogel en geen vis

Dat de mens een gewerveld dier is, wordt nu duidelijker zichtbaar. Aan elke kant van de zenuwsleuf in de rug vormen zich uit de tussenlaag veertig kleine skeletblokjes. 32 of soms 33 daarvan worden wervels, terwijl de staartblokjes geleidelijk degenereren. Vanuit de twaalf borstwervels beginnen de ribben rond de longen in wording uit te groeien. De wervels mogen niet helemaal tegen elkaar aangroeien want dan zou de rug stijf worden, en ze worden door elastisch bindweefsel en spieren bijeengehouden. Tussen de wervels door komen vanuit het ruggemerg ook zenuwbundels naar buiten die zich geleidelijk als een netwerk over het hele lichaam uitbreiden. Tussen de mondopening en het hart groeien zes uitsteeksels uit de halswervelkolom. In dit stadium lijken ze het meest op vissekieuwen. Een van deze uitsteeksels wordt de onderkaak en de andere vormen de hals en het gezicht. De gelaatstrekken kunnen we nog steeds alleen maar raden.
Dag in dag uit heeft in het leven van de eerste vier weken dit ongelooflijke scheppingsproces plaats met behulp van miljoenen cellen als gespecialiseerde bouwstenen. Deze ontwikkelingsfase hangt in hoge mate af van de mogelijkheden van de moeder om in de baarmoeder een aangenaam milieu tot stand te brengen.

Vier weken

De grondtrekken van een mens beginnen duidelijk te worden. Bij het embryo rechts, 4 weken en ongeveer 6 millimeter, zijn duidelijk de aanleg van de hersenen en de ruggegraat te zien. Het hart pompt bloed naar de lever en de lichaamsslagader. De uitstulping boven het hart zijn de kieuwbogen. Linksonder het embryo recht van voren. Daarnaast zien we het van bovenaf. De beide kinderen zijn vanuit dezelfde hoek gefotografeerd.

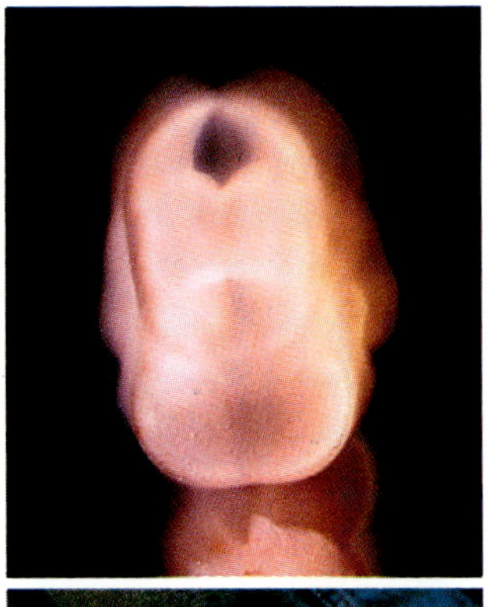

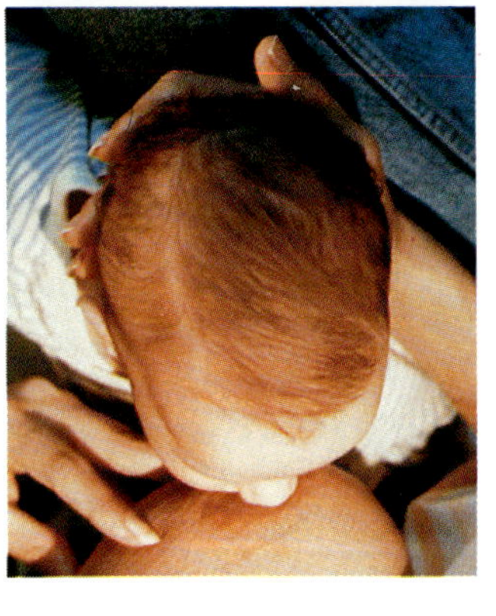

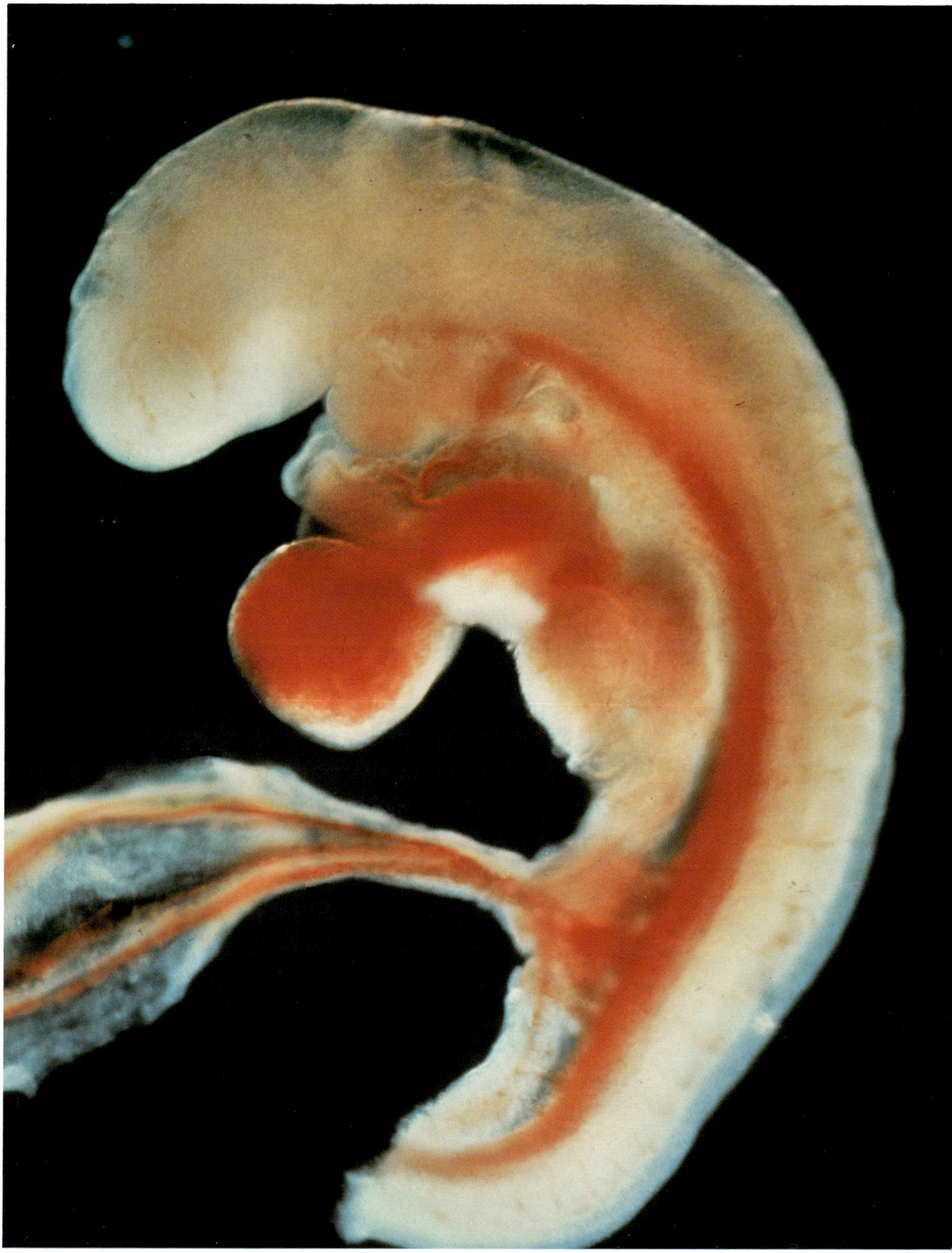

Een diertje uit de oertijd

Met zijn buitensporig grote hoofd en zijn staart - waarin de ruggewervels zich duidelijk aftekenen - lijkt het vierenhalve week oude embryo nog het meest op een prehistorisch dier. Onder de aanleg van de ogen zijn de kieuwbogen en het hart te zien, hier bevinden zich ook de armen en benen in aanleg. Lengte: 6 millimeter.

Onder: vijf dagen later, het embryo heeft zijn lengte bijna verdubbeld, het groeit nu een millimeter per dag. Hier zien we het in zijn eigen omgeving, de vruchtwaterzak, zwevend in zijn zachte schokdemper, het vruchtwater. De ronde bal onder het hoofd is het hart, eronder en links daarvan de aanleg van de ruggewervels en de staart.

De placenta

De placenta (moederkoek) verovert zich snel een plaats in het baarmoederslijmvlies en de bloedvaten daarvan. Zij kan vergeleken worden met een drukke goederenterminal: hier worden voedingsstoffen uit het bloed van de moeder opgenomen, hier ontdoet het embryo zich van de afvalprodukten van zijn eigen stofwisseling. De tekening rechts toont (1) de placenta met de navelstreng, (2) het buitenste vruchtvlies, het chorion, (3) de dooierzak, (4) het binnenste vruchtvlies, het amnion, (5) het hoofd van het embryo met het begin van hersenen en ogen, (6) het hart van de vrucht en (7) het begin van de ruggegraat. Onder: een embryo ruim 5 weken na de bevruchting, 10 millimeter lang. Het hart en de lever zijn in verhouding tot het lichaam opvallend groot. De toekomstige handen en voeten zijn nu nog alleen maar kleine knopjes.

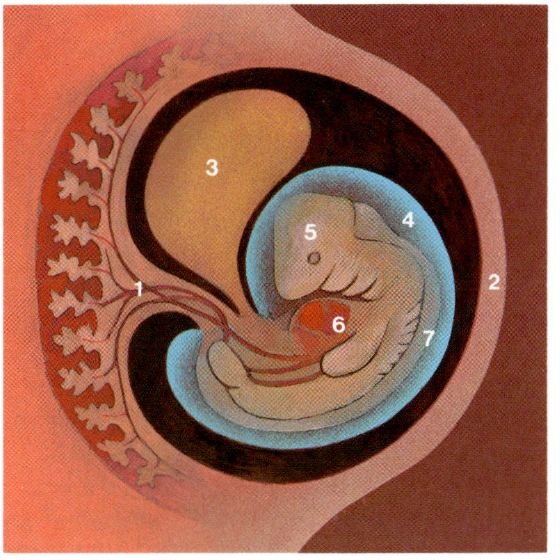

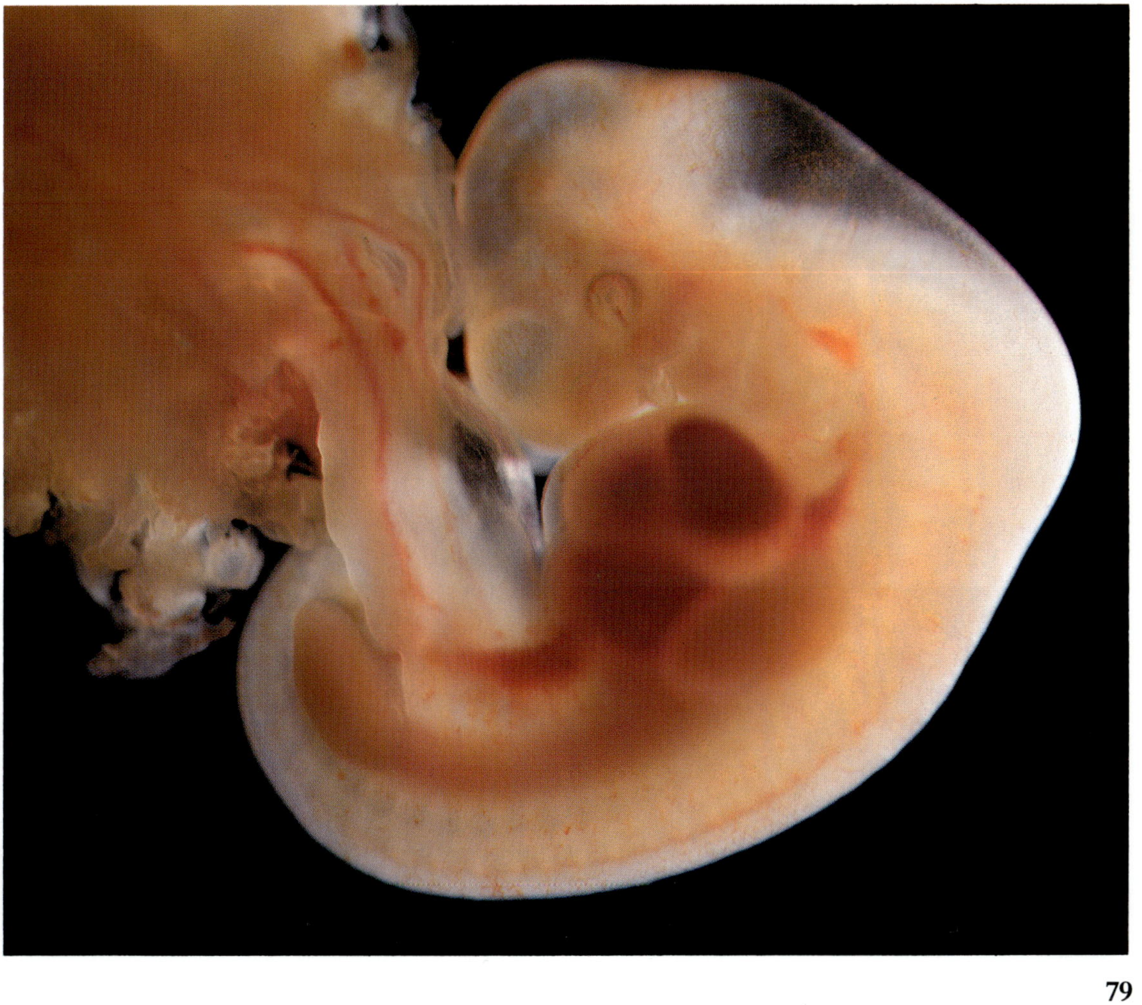

Hoe weten we dat een embryo zich in dit stadium zo ver ontwikkeld heeft? Op grond van grote aantallen onderzoeken bij vrouwen die een miskraam hebben gehad, heeft men nauwkeurige metingen en berekeningen verricht. Daarom kunnen we nu met zekerheid zeggen dat het embryo vijf weken na de bevruchting ongeveer tien millimeter lang is. Tegenwoordig kunnen deze metingen op een eenvoudiger manier gemaakt worden. Zonder enige schade aan de vrucht kunnen we met behulp van ultrageluid (echoscopie) al vijf weken na de laatste menstruatie een beeld van de zwangerschap krijgen. In het begin tonen de ultrageluidsbeelden alleen een vliesdun zakje met een schim van een vrucht, die zich met de dag duidelijker aftekent. Normaal gesproken kan men vanaf zes weken precies de lengte meten, en op bewegende ultrageluidsbeelden is bovendien te zien dat het hart heel snel klopt. De lengtemaat van een embryo wordt in het Engels 'crown rump length' (CRL) genoemd. Men meet dus van het hoofd tot de stuit, en daarom spreekt men van de zithoogte.

In de vijfde en zesde week groeien het gezicht, de romp en de

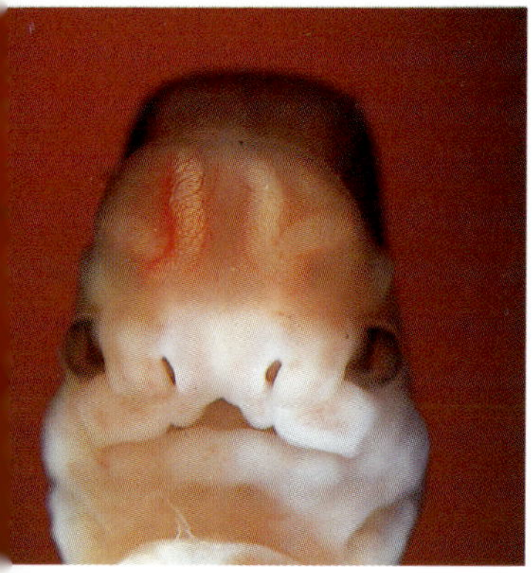

Portret van een embryo 5½ week na de bevruchting, ongeveer 14 millimeter lang. Ogen, neus en mond beginnen zich af te tekenen.

ledematen verder. Het hoofd, dat sterk naar voren gebogen was, richt zich op, het embryo strekt zich. Er is nog geen schedelbeen, dus men kijkt recht op de hersenen in wording. Daar zitten op het voorhoofd twee grote blazen die de zogenaamde grote hersenen zullen worden, en drie kleinere blazen die op den duur andere belangrijke delen van de hersenen gaan opbouwen. Het hoofd is bijna grotesk groot in verhouding tot de rest van het lichaam, maar de groei van het embryo gaat de hele tijd van het hoofd uit naar beneden. Pas veel later in het leven krijgt het lichaam grotere proporties, en bij een pasgeborene maakt het hoofd ongeveer een kwart van de lichaamslengte uit, terwijl dat bij een volwassene slechts een achtste van de lichaamslengte is.

Armen en benen zijn nog steeds erg kort, maar handen en voeten beginnen vorm te krijgen. Het ziet er bijna uit alsof ze rechtstreeks aan de romp vastzitten. De handen ontwikkelen zich beduidend sneller dan de voeten, een verschil dat lange tijd zo blijft. Een klein kind leert lang voordat het kan lopen al grijpen. Het tijdschema voor de ontwikkeling van het lichaam is exact geprogrammeerd en er zijn geen noemenswaardige individuele verschillen, ook al kan de genetische boodschap in andere opzichten heel verschillend zijn.

De aanstaande vader ziet in de zevende week van de zwangerschap met behulp van ultrageluid voor de eerste keer zijn kind. Dan is het embryo vijf weken oud en ziet eruit als een lichtpuntje in zijn vliesdunne zakje. In werkelijkheid ziet het eruit zoals op de rechterfoto: met een hoofd, de ogen, arm en hand in aanleg, zwemmend in de vruchtwaterzak. De dooierzak, die op de voorgrond te zien is, is de aanmaakplaats van bloedlichaampjes.

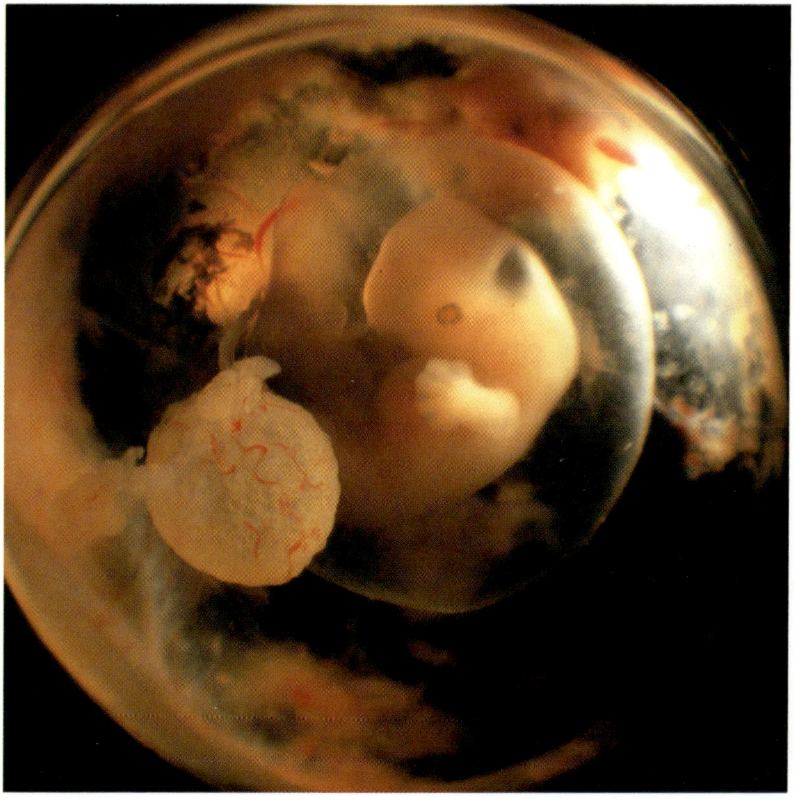

De rug geeft vorm en stevigheid

Zes weken

Hoe de groei van de rug verloopt zien we op een foto van een zes weken oude rug. Het ruggemerg schemert door de dunne huid heen, maar van het skelet zien we nog niet veel. Aan beide zijden van het ruggemerg lopen krachtig ontwikkelde bloedvaten, de wervelslagaderen. Aan de voorkant van het ruggemerg beginnen de wervels zich te ontwikkelen en vanuit de wervels groeien beenbogen naar achteren, die het kwetsbare ruggemerg omsluiten en beschermen. Wat hoger groeien de ribben als twaalf stromen van georganiseerde cellen langs de zijden van de romp uit. Ze komen in het midden bij elkaar en vormen borstkraakbeen dat later verbeent. Tussen de ribben en in de wand van het lichaam onder de borstkas beginnen zich spieren te vormen; deze spieren zijn bedekt met een dunne laag onderhuid. Over deze laag groeit vanaf de rug naar voren nog een omhulsel, de opperhuid. Als openingen naar buiten ontwikkelen zich spoedig zweetklieren en talgklieren, en het omhulsel, de huid, wordt bijna wollig als talloze kleine zachte haartjes uit de haarwortels groeien.

Nauwelijks 6 weken, 15 millimeter. Het embryo is met zijn doorschijnende rug naar ons toegekeerd, zodat de wervelkolom zichtbaar is. Het embryo zit in zijn vruchtwaterzak verpakt, met de rafelige placentavlokken en de navelstreng rechts. De dooierzak zweeft als een ballon die aan zijn steel vastzit.

De borsten voelen zwaar aan, ze doen een beetje pijn. Het lichaam van de moeder past zich steeds meer aan.

Wees voorzichtig met medicijnen

De cellen van de placenta dringen de bloedvaten van de baarmoederwand binnen om aan de voedingsstoffen in het bloed en aan zuurstof te komen waarvan het embryo voor zijn ontwikkeling steeds grotere hoeveelheden nodig heeft. De placenta doet ook dienst als een doeltreffend filter om het embryo tegen mogelijke verontreinigingen in het bloed van de moeder te beschermen. Dit filter noemt men de placentabarrière. Veel geneesmiddelen kunnen niet in het embryo komen doordat ze in de placentabarrière blijven steken, en zulke geneesmiddelen zou men tijdens de zwangerschap eventueel in kunnen nemen. Maar andere kunnen er zonder problemen doorheen komen, in grote hoeveelheden de vrucht bereiken en deze beschadigen.

Het is een goede regel om alleen oude beproefde geneesmiddelen te gebruiken. Het is natuurlijk het allerbeste om helemaal geen geneesmiddelen te gebruiken, vooral in het begin van de zwangerschap wanneer het gevaar voor misvormingen het grootst is.

6 weken na de bevruchting van de eicel wordt de vorm van een menselijk wezen herkenbaar. De cellen bruisen van leven, bloed wordt door de navelstreng gepompt, het hele embryo is voortdurend in beweging. Het hart van het embryo klopt 140 tot 150 slagen per minuut, tweemaal zo snel als dat van de moeder.

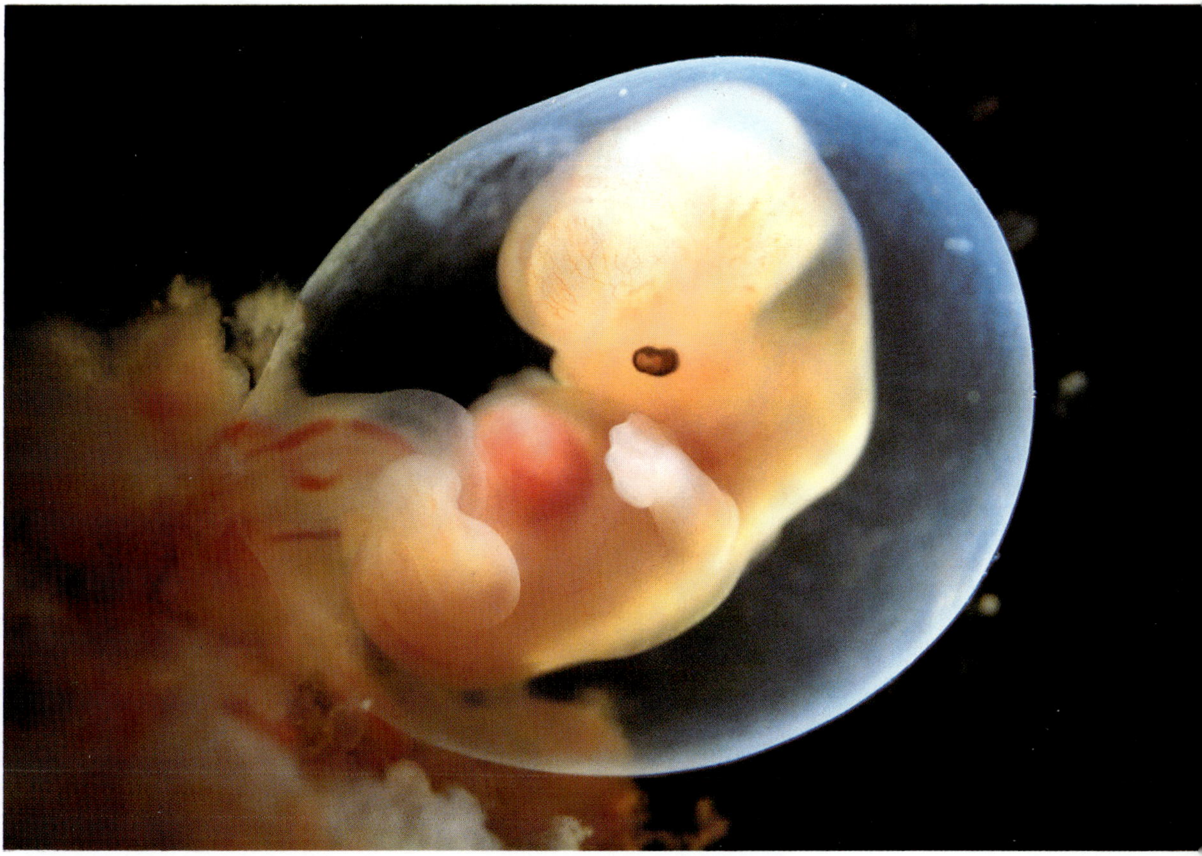

De gedachten van de moeder draaien om het kind

Het eerste waar de moeder aan denkt wanneer ze wakker wordt en het laatste voor ze inslaapt, is het kind dat ze draagt.
Als de moeder in de achtste week is - de zesde week van het embryo - ziet het embryo er zo uit. Een kromgebogen wezentje, met donkere ogen als kuiltjes in de schedel, met armen, handen en benen die met de dag verder groeien en zich ontwikkelen. En met een hoofd dat bijna net zo groot is als het lichaam.
De bal onder wat de voet zal worden, is de dooierzak. Hier worden zowel rode bloedlichaampjes als stamcellen voor de witte bloedlichaampjes van het immuunsysteem aangemaakt. Het embryo heeft zijn eigen bloed, gescheiden van dat van de moeder.

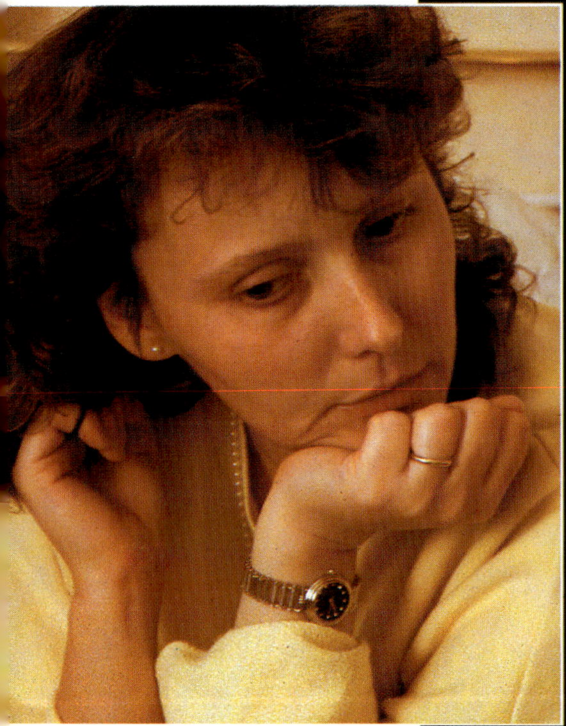

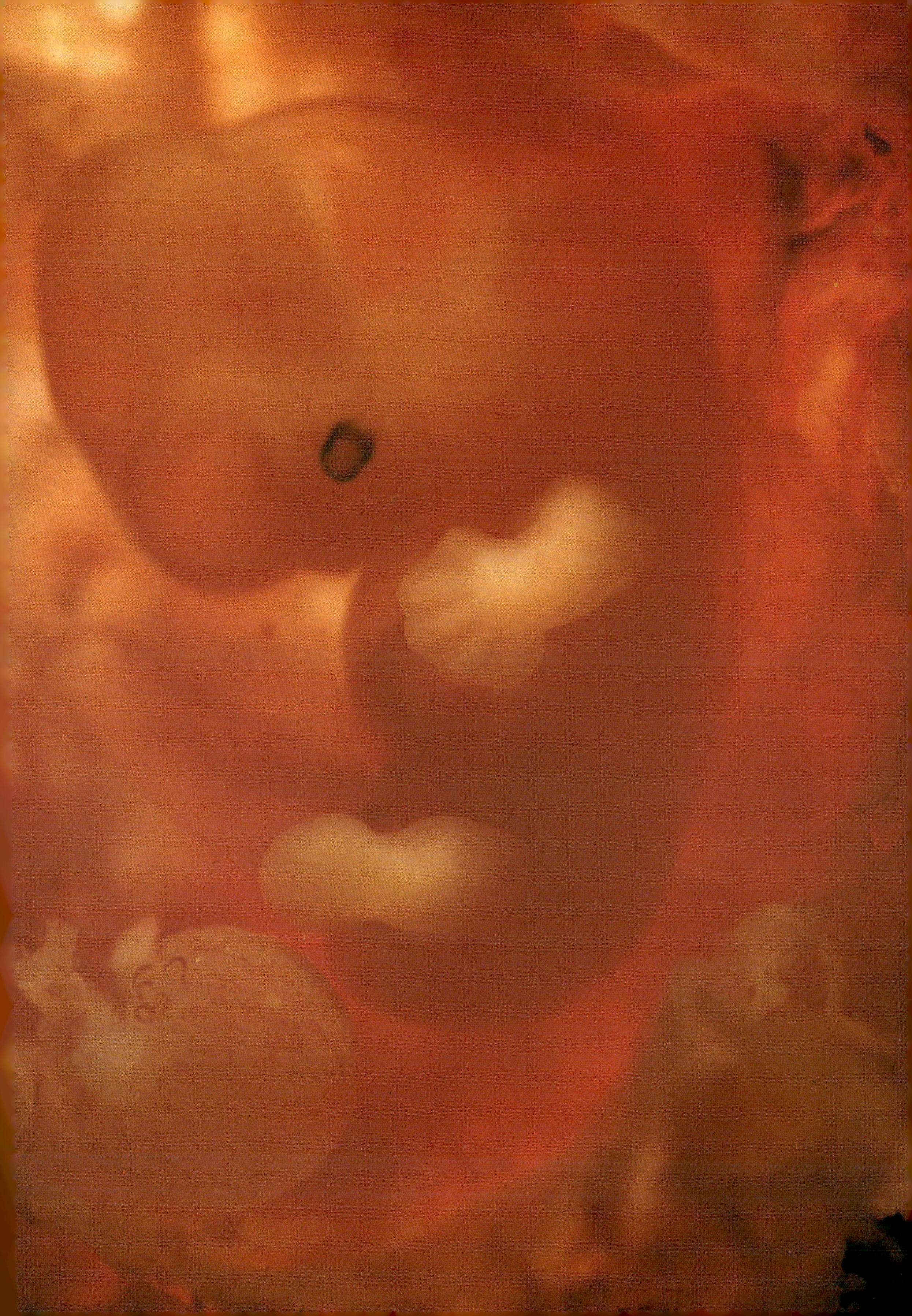

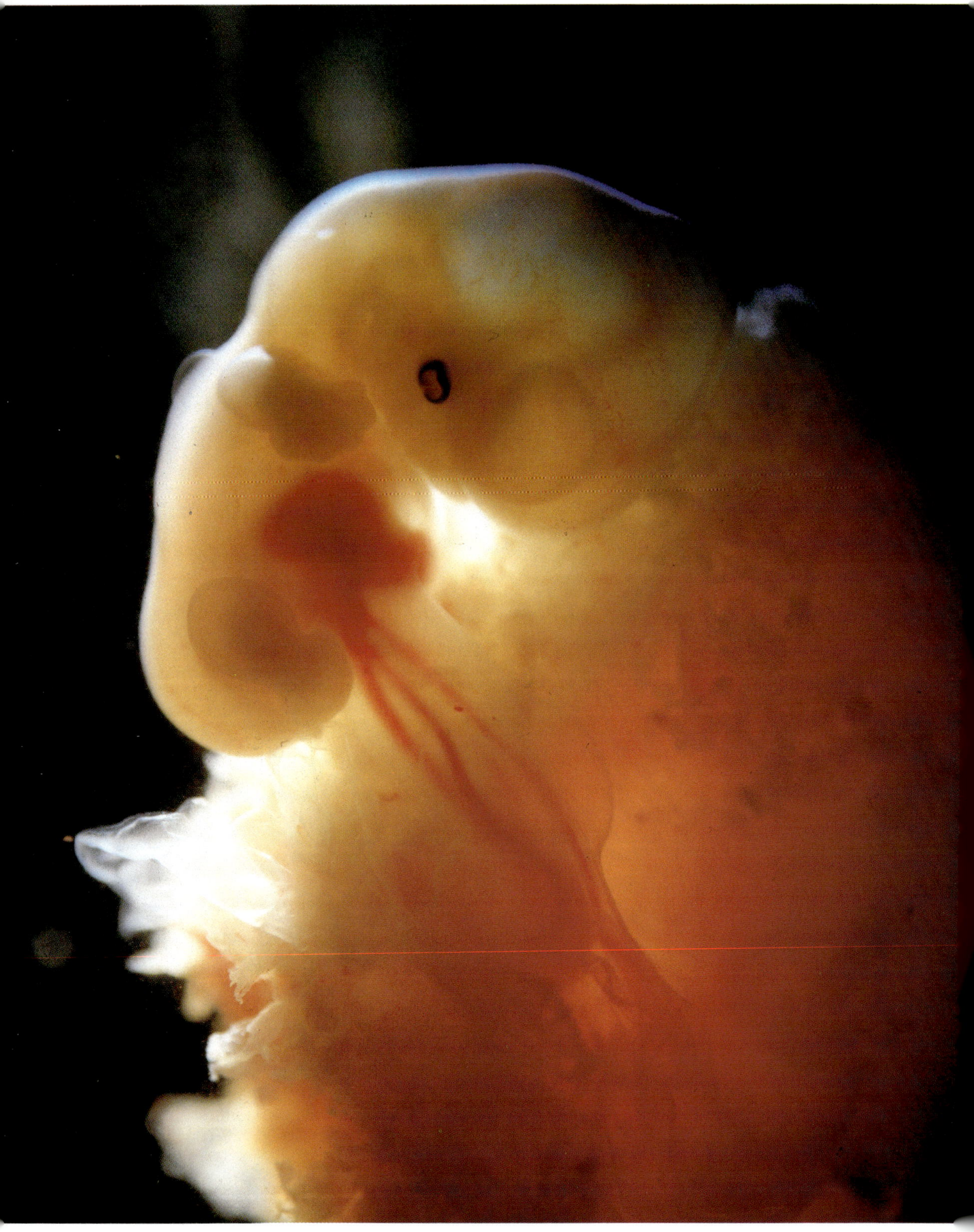

Moeder en kind in voortdurend samenspel

De schakel tussen placenta en embryo wordt gevormd door de navelstreng, die in hoofdzaak bestaat uit een groot bloedvat dat zuurstofrijk bloed en voedingsstoffen naar het embryo toevoert, en twee bloedvaten die zuurstofarm bloed met afvalstoffen van het embryo naar de placenta afvoeren. In de placenta worden de voedingsstoffen snel en zonder dat de leveranties geblokkeerd mogen worden, uitgewisseld.

De bloedsomloop in de vrucht en het bloed van de vrucht van en naar de placenta wordt rondgestuwd door het hart van de vrucht, dat op volle toeren werkt en ongeveer tweemaal zo snel klopt als dat van de vrouw. De moeder heeft haar eigen bloedsomloop tot en met de placenta. Een deel van de zuurstof bevindt zich in opgeloste vorm in het bloed en kan vrij het embryo ten goede komen, maar zonder hulp van hemoglobine zou zuurstoftransport niet mogelijk zijn. Hemoglobine transporteert het grootste deel van de zuurstof in het bloed en bevindt zich in de rode bloedlichaampjes. Vandaar dat gedurende de hele zwangerschap de concentratie van hemoglobine nauwkeurig wordt gecontroleerd.

Elke dag gebeurt er veel in de ontwikkeling van het embryo. 5½ week na de bevruchting ziet de hand er nog steeds uit als een vormeloos plat schijfje (links). Drie dagen later zijn de vingers al vaag te zien (rechts).

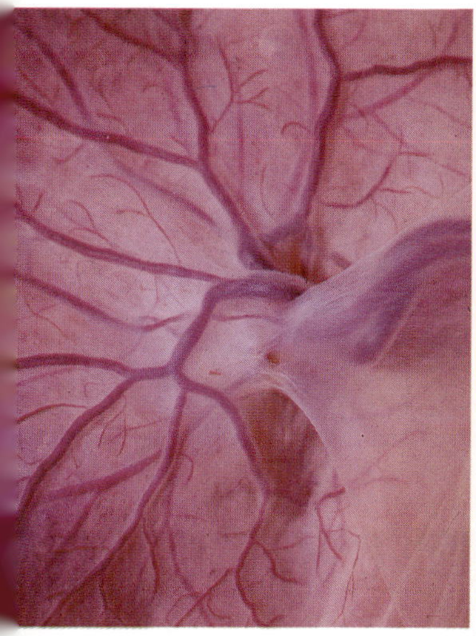

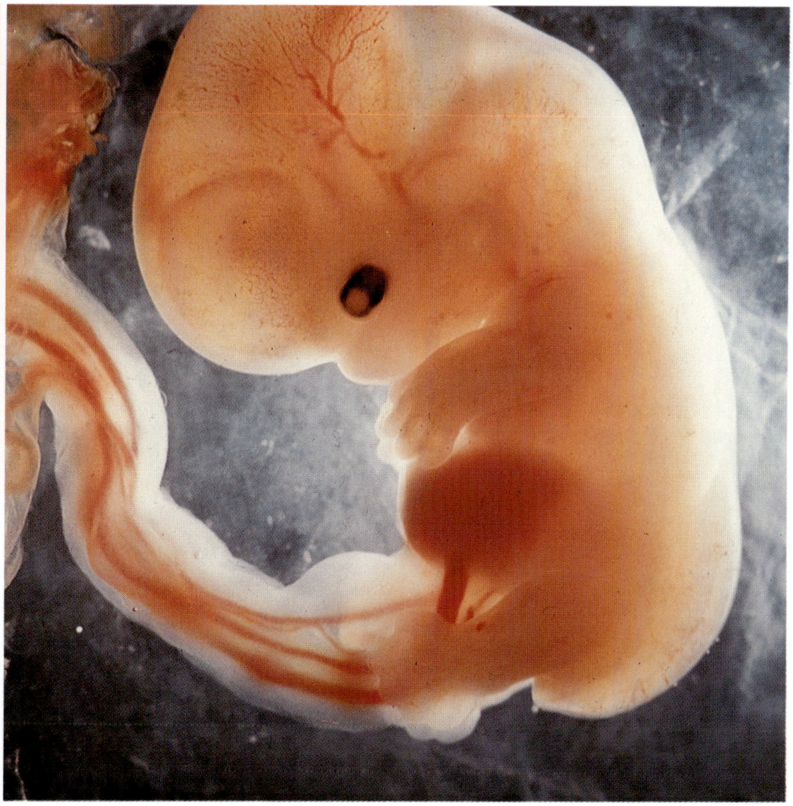

Boven: In de placenta ontmoeten bloedsomloop van embryo en van moeder elkaar zonder dat hun bloed zich vermengt. Bloed, rijk aan zuurstof en voedingsstoffen gaat door de navelstreng naar het embryo, zuurstofarm bloed met afvalstoffen gaat terug naar de placenta.

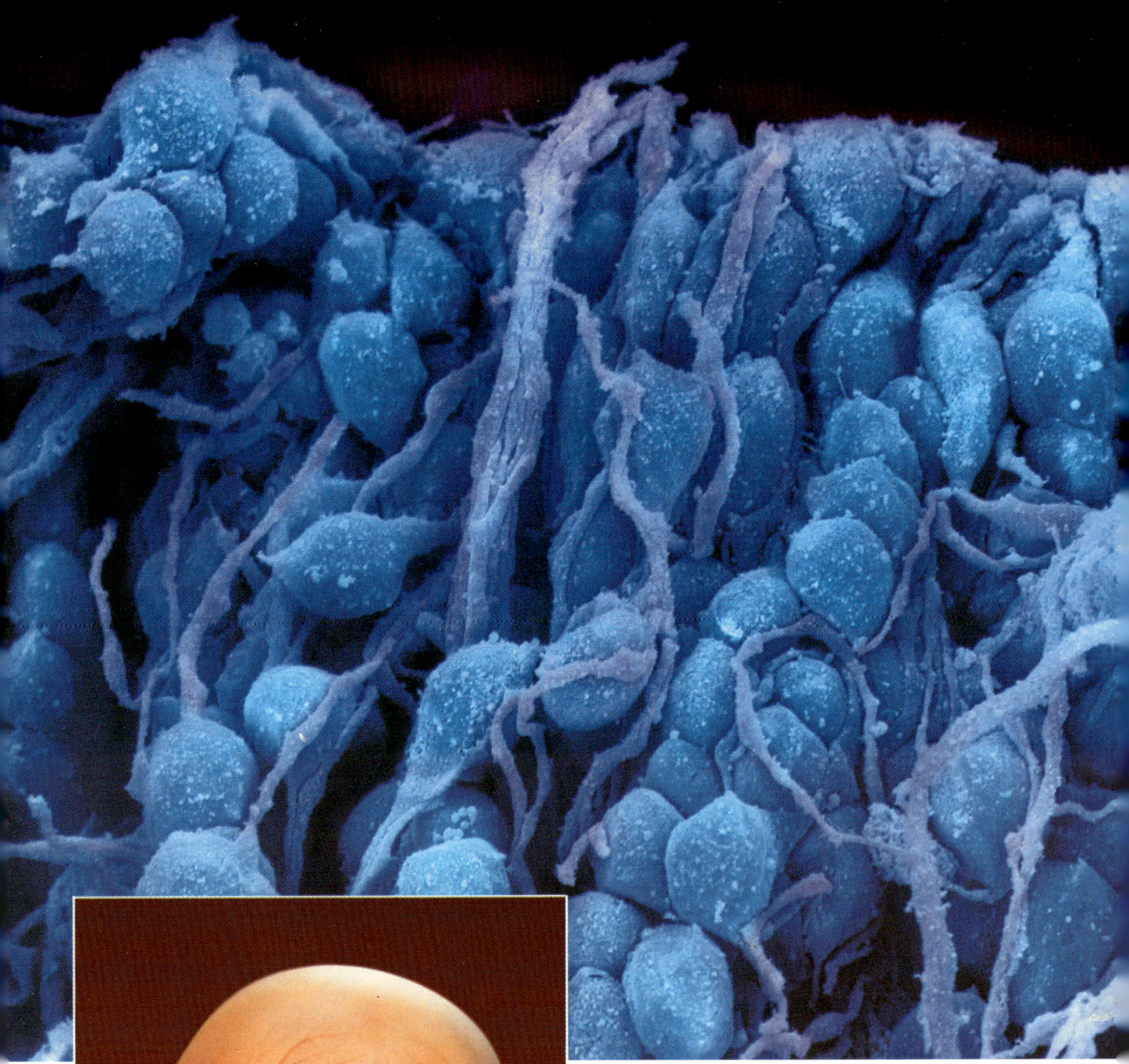

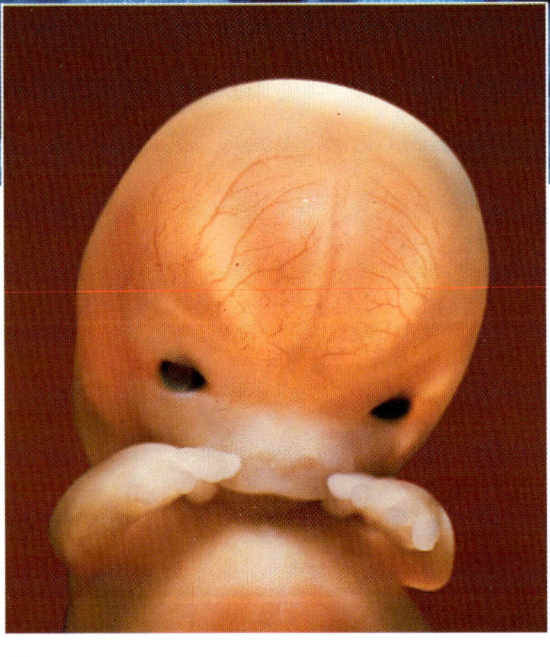

De zenuwcellen in de hersenen maken contact
Hersenen zijn een van de merkwaardigste creaties der natuur: cellen die op impulsen reageren, analyseren en handelingen kunnen sturen. Al in de zevende week zijn de zenuwcellen in de hersenen begonnen om door middel van uitlopers met elkaar in contact te komen, een aantal ervan vormt zelfs met elkaar primitieve zenuwen. Foto boven: zenuwcellen van het embryo sterk vergroot. Het aanmaaktempo ligt enorm hoog, elke minuut komen honderdduizend nieuwe zenuwcellen tot stand. Vóór het kind geboren wordt zullen dat er ongeveer honderd miljard zijn. Foto links: door de voorhoofdshuid heen zijn vaag de voorste kwabben van de grote hersenen te zien.

Alle organen op hun plaats

Wanneer het embryo acht weken oud is geworden, is het vier centimeter lang, maar wat veel belangrijker is: in dat kleine lichaam zijn nu alle organen in aanleg aanwezig. Maar dat moet ons er niet toe verleiden te denken, dat alle organen ook volledig ontwikkeld zijn en buiten de baarmoeder kunnen functioneren. In de maanden die volgen worden ze onafgebroken omgevormd en verder uitgebouwd. Als de ontwikkeling tot nu toe goed verlopen is, wat meestal het geval is, is het gevaar voor ernstige misvormingen heel klein en is ook de kans op een miskraam drastisch verkleind. Er zijn nu tien tot elf weken verlopen sinds de laatste menstruatie. Volgens biologen en onderzoekers kan men nu pas van een foetus spreken. Vroeger was het 'slechts' een embryo, iets dat buitengewoon goede kansen had om een foetus te worden. Maar er moet nog veel gebeuren. Vooral de hersenen en de functies daarvan zijn nog heel weinig ontwikkeld en van een echt bewustzijn van de vrucht kan nog geen sprake zijn.

Dat de zwangerschap nu in een meer stabiele fase gekomen is, merkt een vrouw vooral aan het feit dat ze geleidelijk minder misselijk wordt. De angst voor en de kans op een miskraam is afgenomen en het wordt tijd voor een eerste bezoek aan een verloskundige praktijk.

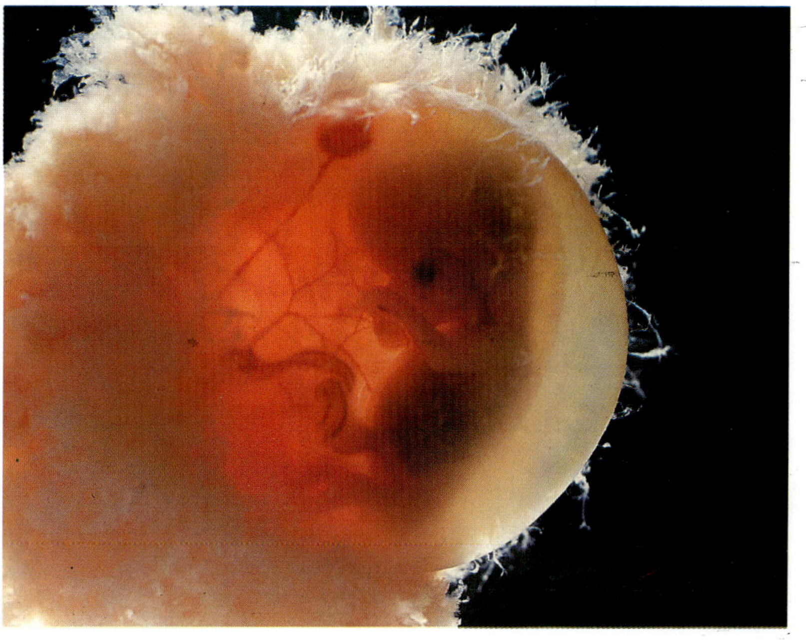

8 weken, 4 centimeter. Gewichtloos zweeft het embryo in het vruchtwater. In dat water - met het zoutgehalte van de oerzee -worden de kwetsbare organen en weefsels van het embryo tegen stoten en druk van buitenaf beschermd. Uit de placenta haalt het bloed van het embryo eiwitten, vet en suiker voor de onafgebroken celproduktie, en zuurstof voor de verbranding.

Het embryo wordt foetus

In de loop van de achtste week, gerekend vanaf de start in de eileider, nadert het embryo nu een belangrijk punt in zijn ontwikkeling. Het ontwerp is klaar, alle organen zijn aangelegd. Nu is het zaak om te groeien, om wat tot stand gebracht is verder te ontwikkelen, om functies te verfijnen en systemen te beproeven. Het is net als het verlaten van de basisschool om naar het voortgezet onderwijs te gaan: het embryo wordt foetus.

Het is nu ongeveer 35 millimeter lang en weegt circa 13 gram, exclusief de hulporganen eromheen. In vijftig dagen is het embryo van één cel tot vele miljoenen cellen gegroeid, die alle exact voor hun specifieke taken zijn geprogrammeerd. Hoe deze fantastische ontwikkeling in detail geleid wordt, is voor een groot deel nog een raadsel. Kijk naar dat oog, naar die hand en die vingers! In elke cel bevinden zich ongeveer honderdduizend erfelijke eigenschappen. Hoe weet de cel dat zij een deel van het hoornvlies, de lens, het glasachtig lichaam, het netvlies of de gezichtszenuwen zal worden; welke erfelijke eigenschappen moeten er op het juiste moment bij betrokken worden en welke moeten worden genegeerd?

Om dit alles hoeft de moeder, die het ontkiemende leven in zich draagt en zich verwondert over alles wat in haar lichaam gebeurt, zich niet te bekommeren. De ontwikkeling volgt vanaf het begin der tijden een en hetzelfde patroon. Haar bijdrage is dat ze zo leeft dat deze ontwikkeling niet verstoord wordt.

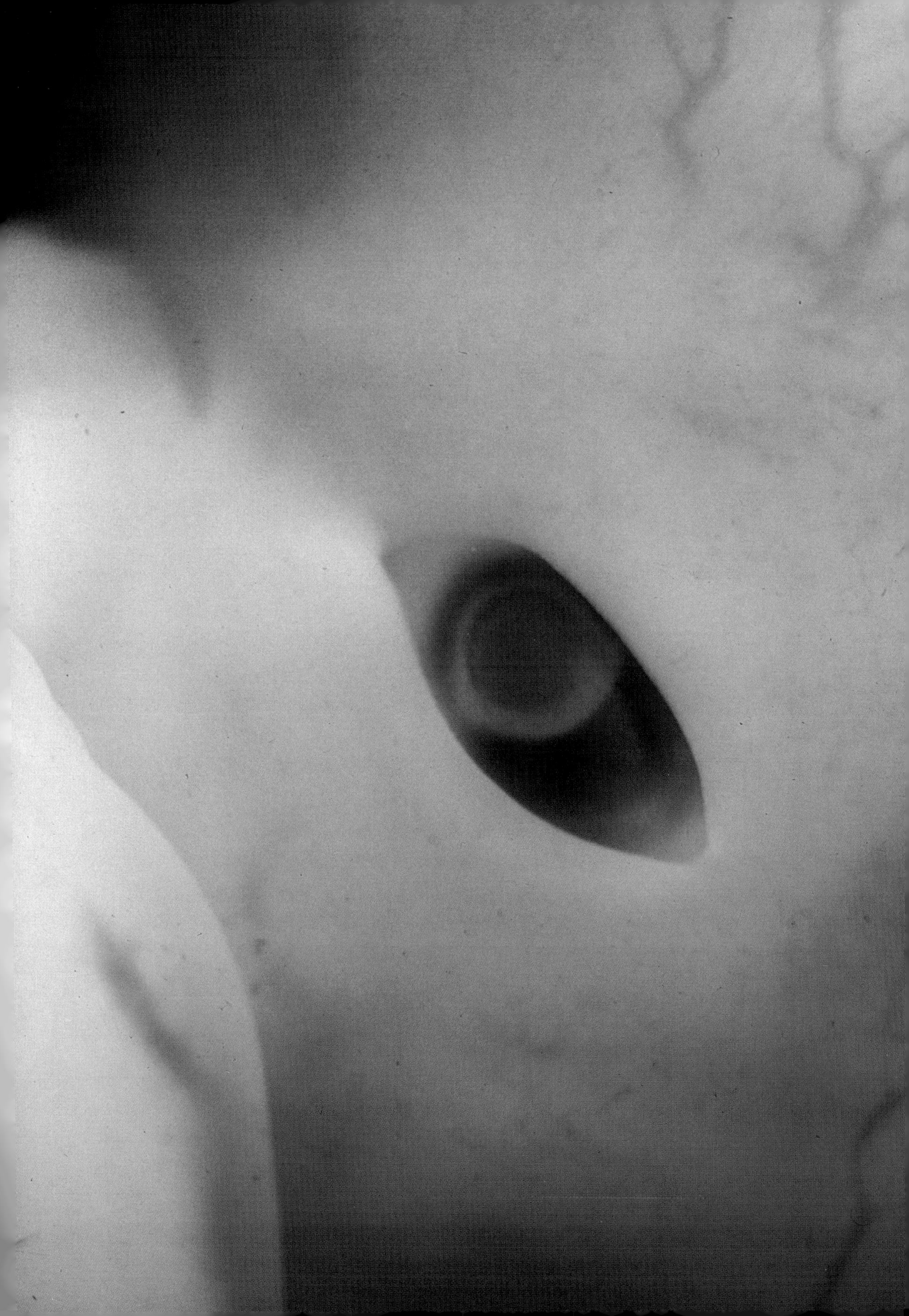

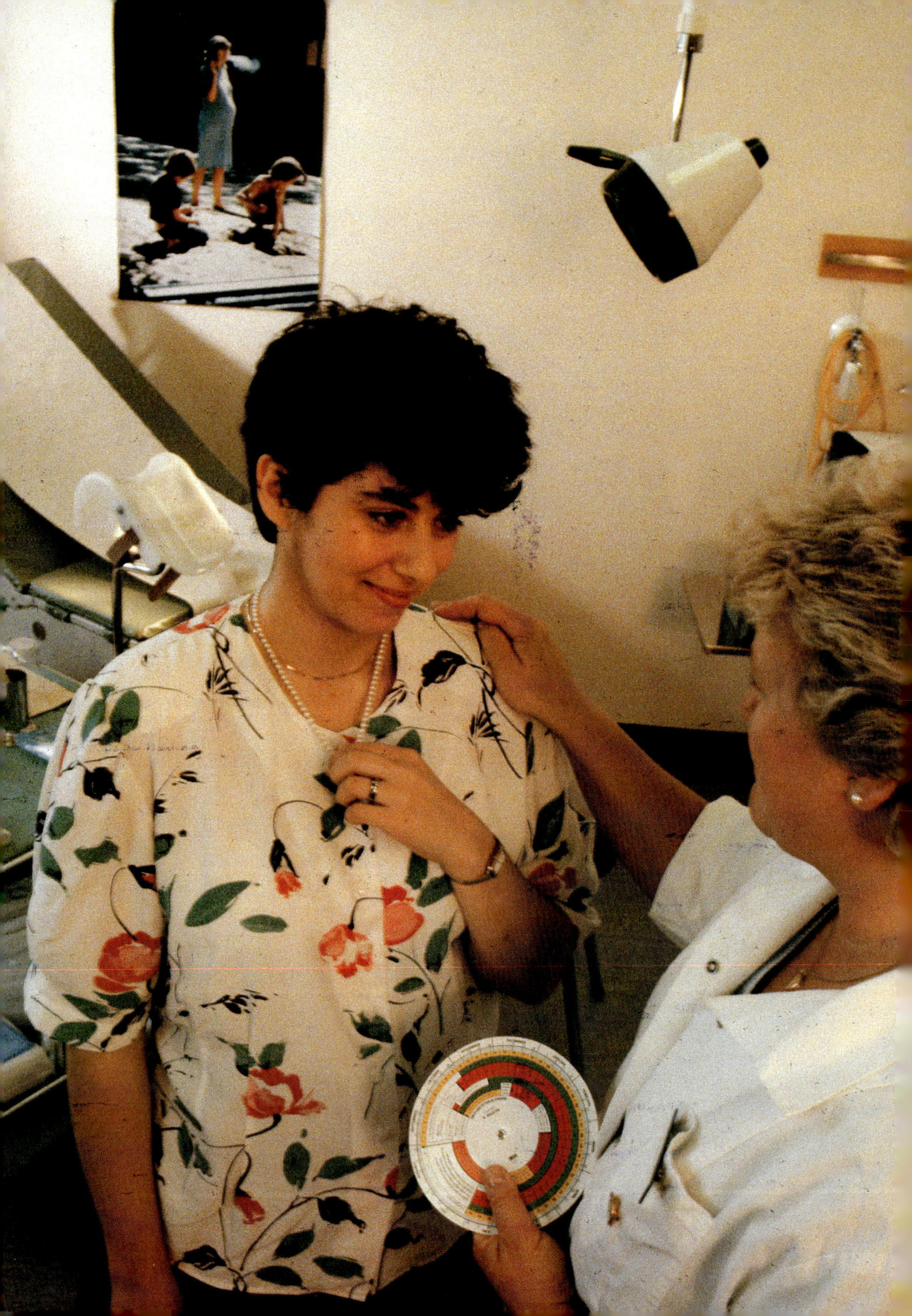

Raadgevingen en steun voor de eerste tijd

Voor de meeste vrouwen is het een duizelingwekkend gevoel om te horen dat ze een kind zullen krijgen. Tegenwoordig is het al vroeg mogelijk om via bloed- of urineproeven te weten te komen of iemand zwanger is. De laatste tijd is het om verschillende redenen steeds belangrijker geworden om zo vroeg mogelijk op de hoogte te zijn. De eerste vragen waar een vrouw antwoord op moet kunnen geven zijn: kan en wil ik doorgaan met de zwangerschap? In ons land beantwoordt ongeveer een op de tien vrouwen deze vragen met nee en kiest voor een abortus. Hoe eerder een abortus wordt verricht, des te eenvoudiger is de ingreep. De baarmoeder wordt onder plaatselijke verdoving of soms onder een korte narcose leeggezogen. De ingreep is technisch heel eenvoudig en na een paar uur kan de vrouw de kliniek weer verlaten. Alleen als de zwangerschap al ver gevorderd is, dat wil zeggen langer dan dertien weken na de laatste menstruatie, is de behandeling wat moeilijker. Het besluit om een zwangerschap af te breken is voor een vrouw, en vaak ook voor een man als ze een paar vormen, erg moeilijk. Nog heel lang blijven gedachten rond de vraag of het nu wel of niet goed was terugkomen, misschien wel hun hele verdere leven.

Maar de meeste vrouwen kunnen blij en vol verwachting, en barstensvol vragen en gedachten naar een verloskundige praktijk gaan, vooral als het de eerste zwangerschap is. Allereerst volgt een gesprek met een vroedvrouw die vaak een lange ervaring heeft met zwangere vrouwen, hun speciale gevoelsleven en problemen. Tijdens het gesprek stelt de vroedvrouw een reeks vragen die voor moeder en kind van belang zijn. Het is belangrijk dat de vroedvrouw te weten komt welke ziekten de vrouw heeft of gehad heeft en eventueel welke medicijnen ze gebruikt. Hart-, lever- en nierziekten kunnen van invloed zijn op de omstandigheden van zowel moeder als kind. Dat geldt ook voor suikerziekte, aangezien de behoefte van de moeder aan insuline bij zwangerschap bijna altijd toeneemt. Als de vrouw een wat ernstiger chronische ziekte heeft en zwanger wordt zal ze worden verwezen naar de gynaecoloog en gedurende de gehele zwangerschap door hem of haar worden gecontroleerd. De leeftijd van een vrouw is voor de zwangerschap niet onbelangrijk. Weliswaar kunnen sommige vrouwen tot na hun vijftigste zwanger worden en kinderen krijgen, maar al vanaf het zesendertigste jaar neemt het risico van een aantal chromosoomafwijkingen van de vrucht, met name het syndroom van Down - ook mongolisme genoemd - enigszins toe. Natuurlijk moet een vrouw,

Voor de moeder, die nu haar tiende zwangerschapsweek ingegaan is en haar eerste kind verwacht, heeft het bezoek aan de verloskundige praktijk iets van een première-stemming. Ze zit boordevol vragen, ze is blij en vol verwachting maar tegelijk ook een beetje onzeker. Alles is immers zo nieuw.
Wanneer kan ik verwachten dat ik de eerste bewegingen van de vrucht voel? Wanneer is het tijd voor de bevalling? Hierop kan de vroedvrouw vrij duidelijk antwoord geven.

alleen maar omdat ze boven de veertig is, een zwangerschap die ze graag wil niet afbreken. Maar ze moet zich ernstig afvragen of het niet veiliger is om een kleine ingreep te laten doen die het mogelijk maakt de chromosomen in de cellen van de vrucht te onderzoeken. In aanmerking komt een vlokkentest bij tien weken, of een vruchtwateronderzoek bij vijftien tot zestien weken. De vroedvrouw of huisarts wil er graag advies over geven.

Het is ook van belang om eerdere zwangerschappen te bespreken. Vroeger werd de eerste zwangerschap wel eens als een soort 'proefbevalling' beschouwd. Als die niet goed verliep, kon er in ieder geval lering uit getrokken worden voor de volgende zwangerschap. Tegenwoordig wordt er in de verloskunde niets meer aan het toeval overgelaten. Toch is het belangrijk om nauwkeurige informatie over eventuele eerdere bevallingen te krijgen. Misschien was bij de vorige een keizersnede nodig. Wat was daarvan de oorzaak? Hoe verliep de bevalling? Lang niet altijd is er de volgende maal weer een keizersnede nodig. Als de keizersnede toegepast wordt omdat het bekken te nauw is, wordt hij natuurlijk ook bij volgende bevallingen toegepast, aangezien het bekken van een vrouw met de jaren niet wijder wordt. Maar een keizersnede kan ook zijn toegepast omdat de vrucht bij de bevalling in minder goede conditie kwam. De navelstreng was misschien beklemd geraakt maar een dergelijke complicatie hoeft een volgende keer niet weer op te treden. Het is mogelijk om zich de volgende maal op een normale bevalling voor te bereiden. Wel zal de bevalling dan onder leiding van een gynaecoloog plaatsvinden.

Na het gesprek volgt het eigenlijke onderzoek. De aanstaande moeder moet urine inleveren zodat nagegaan kan worden of er eiwit of suiker via de nieren naar buiten lekt. Normaal is dat niet zo, maar een zwangerschap stelt zware eisen aan nieren en urinewegen.

Bovendien worden er verschillende bloedproeven genomen: één uit de arm om de bloedgroep vast te stellen, om na te gaan of de vrouw immuun is voor rode hond en of zij draagster is van het hepatitis B-virus, en één uit een vingertop om het hemoglobinegehalte van het bloed te bepalen, wat een maatstaf is voor het vermogen van het bloed om zuurstof te transporteren. Een laag hemoglobinegehalte berust meestal op ijzergebrek. Een proef om een doorstane syfilis op te sporen hoort ook tot de routine en hier en daar wordt een vrouw bij haar eerste bezoek ook op gonorroe en chlamydia onderzocht. Op sommige plaatsen is ook een HIV-test van deze reeks proeven deel gaan uitmaken. Het nut van dit onderzoek op het AIDS-virus is echter omstreden.

Een bloedproef in de vinger en een urineproef worden tijdens de zwangerschap vaak genomen om suiker, eiwit, hemoglobinegehalte en een aantal andere zaken onder controle te houden die van belang zijn gedurende de zwangerschap.

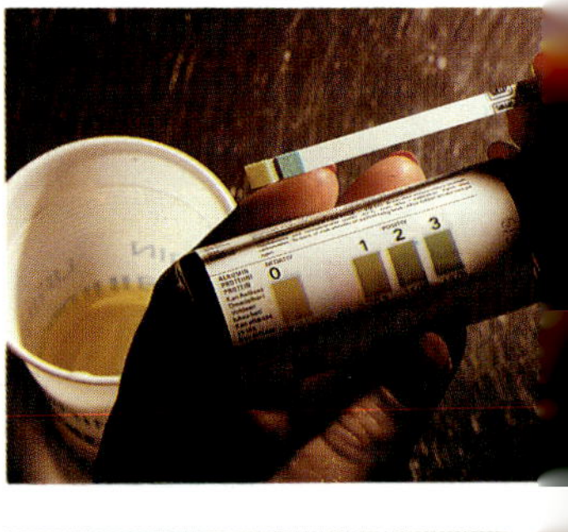

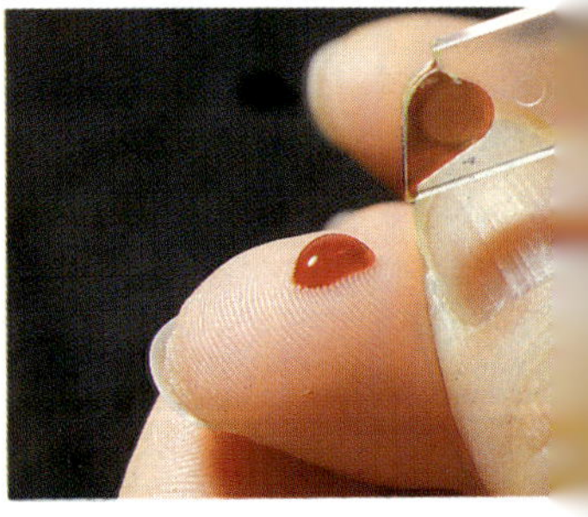

Wie controleert de zwangere vrouw?

In ons land gaat de grote meerderheid van de zwangere vrouwen voor controle naar de verloskundige en op sommige plaatsen naar de huisarts. Zij zijn volledig verantwoordelijk voor de begeleiding van een normale zwangerschap en de normale bevalling. Wanneer een belangrijke afwijking wordt vastgesteld, zal de verloskundige of huisarts de zwangere verwijzen naar de specialist-gynaecoloog. In geval van een duidelijk verhoogd risico controleert de gynaecoloog de zwangere vrouw vanaf het begin van de zwangerschap.
Bij het onderzoek in het begin van de zwangerschap behoort een gynaecologisch onderzoek dat begint met het inbrengen van een instrument, een speculum, in de vagina, zodat de slijmvliezen van de vagina en de baarmoedermond onderzocht kunnen worden. De baarmoedermond heeft een bijzonder, enigszins gezwollen uiterlijk als een vrouw zwanger is, en de kleur van het slijmvlies neigt naar violet. Als regel wordt een uitstrijkje van de baarmoedermond gemaakt voor het opsporen van voorstadia van kanker.
Na dit onderzoek voelt de verloskundige of de arts met één hand op de buik en een paar vingers diep in de vagina. Een ervaren vroedvrouw of arts kan op die manier vaststellen of de baarmoeder de grootte heeft die bij het tijdstip van de zwangerschap 'past'. Bij het onderzoek hoort ook een controle van de borsten, die gewoonlijk gezwollen zijn en soms pijn doen. Tenslotte wordt bij iedere zwangerschapscontrole de bloeddruk gemeten.

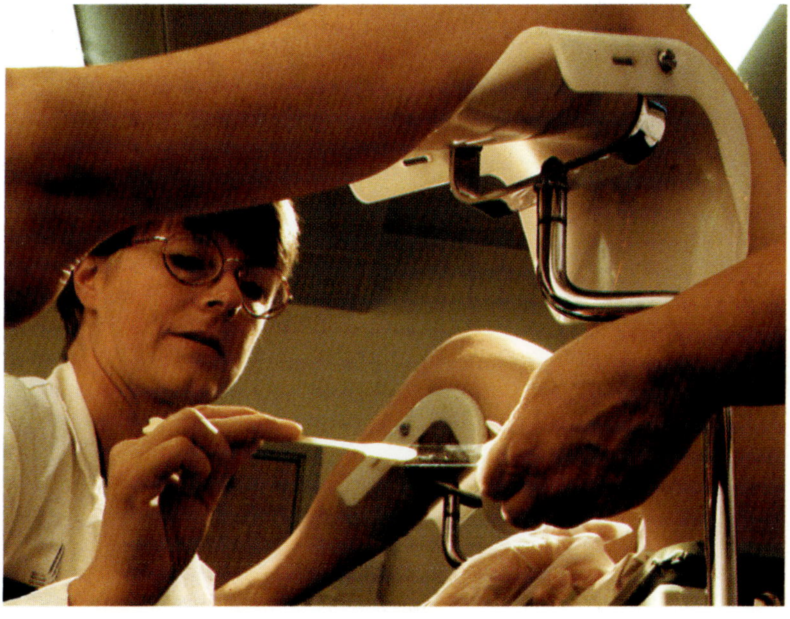

In de twaalfde of dertiende week, gerekend vanaf de laatste menstruatie, is het tijd voor een gynaecologisch onderzoek. De verloskundige of arts neemt zonodig bacterieproeven en maakt een uitstrijkje van de baarmoedermond.
Daarna wordt de baarmoedermond bevoeld, met één hand op de buik en een paar vingers diep in de vagina: is de grootte van de baarmoeder in overeenstemming met het tijdstip van de zwangerschap?

Wanneer komt het kind?

Juist die vraag is voor veel vrouwen de allerbelangrijkste waarop ze al bij het eerste bezoek antwoord willen hebben en ze komt altijd ter sprake. Meestal probeert de verloskundige een wat ruime marge aan te houden, want ook al weet zij dat een zwangerschap gemiddeld 280 dagen (40 weken) duurt, zij weet ook dat een bevalling vanaf 37 weken (259 dagen) tot aan 42 weken (294 dagen) normaal is (meer dan 90 procent van alle kinderen wordt tussen de 259ste en de 294ste dag geboren). De gangbare rekenmethode is om van de eerste dag van de laatste menstruatie uit te gaan en daar negen maanden en zeven dagen bij op te tellen. Als de vrouw een langere menstruatiecyclus heeft dan 28 dagen, komt de eisprong later en dan moet men er niet één, maar twee weken bij optellen om de 'juiste dag van de bevalling' uit te rekenen. Andere probleemgevallen zijn vrouwen die pas met de pil gestopt zijn en daarna misschien helemaal nog geen echte menstruatie gehad hebben. De eisprong kan dan wel bijna op elk moment in een tijdsbestek van enkele maanden hebben plaatsgehad. Het is dus niet zo heel gemakkelijk om een zwangere vrouw een exact antwoord te geven op de vraag wanneer ze zal bevallen.

Wanneer het tijdstip van de bevalling nadert, moet men niet onnodig proberen de baring op gang te brengen. Dat kan resulteren in onwerkzame weeën, een moeizaam en langdurig verloop en de kans dat de vrouw een kind ter wereld brengt dat zich misschien veel lekkerder had gevoeld als het nog een poosje in de baarmoeder had mogen blijven. De middelen die worden gebruikt om de weeën op te wekken zijn ook niet geheel zonder gevaar voor het kind, en daarom moet er spaarzaam gebruik van worden gemaakt.

Heerlijk nieuws. Na het eerste onderzoek kan de dokter meestal tot de conclusie komen dat alles er normaal uitziet. Ongerustheid en spanning maken plaats voor opluchting en blijdschap.
Op deze foto staat de gynaecoloog op de voorgrond en de vroedvrouw op de achtergrond. In ons land is het andersom: bij een normale zwangerschap komt de gynaecoloog er niet aan te pas.

Denk na over wat je eet

Bij elk bezoek aan de verloskundige praktijk wordt de afstand tussen de bovenkant van het schaambeen en het bovenste, rond lopende deel van de baarmoeder (symfyse-fundusmaat) met de hand of met een meetlint opgemeten. Dit is een uitstekend hulpmiddel gebleken om de zwangerschap te volgen en zich een beeld te vormen van de groei van de vrucht.

De 'groei' van de moeder wordt met behulp van de weegschaal gemeten. De eerste drie maanden van de zwangerschap vormt gewichtstoename zelden een probleem, aangezien de meesten last hebben van een lichte misselijkheid. Maar wanneer die misselijkheid zo langzamerhand verdwijnt, krijgen veel vrouwen extra trek in eten, waarschijnlijk doordat het bloedsuikergehalte in het bloed na een maaltijd sneller daalt, omdat de vrucht geleidelijk steeds grotere hoeveelheden voedingsstoffen tot zich neemt.

Er zijn heel wat verhalen in omloop over het zogenaamde picasyndroom, het bijna onweerstaanbare verlangen van zwangere vrouwen naar bepaald eten, een bepaalde vrucht of andere specifieke dingen zoals drop, oesters of zure haring. Men zegt wel dat dit verlangen berust op een gebrek in de normale voeding.

Een gewichtstoename van tien tot twaalf kilo aan het einde van de zwangerschap is waarschijnlijk ideaal, maar niet zelden ziet men een veel sterkere toename. Soms wordt dit veroorzaakt door het vasthouden van extra vocht in de vorm van oedeem. Dat moet worden gecontroleerd door de verloskundige.

Veel zwangere vrouwen voelen een grenzeloos verlangen naar een bepaald soort voedsel. Na de bevalling kan de vrouw zelf maar moeilijk begrijpen waarom ze zo dol was op voedsel met een bepaalde smaak.

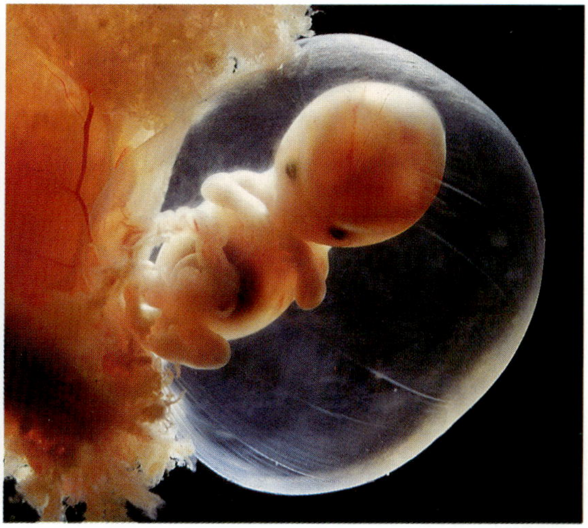

De intieme hygiëne

In een warm bad ontspannen is vooral heerlijk bij een pijnlijke en stijve rug.

Bij een normale zwangerschap is het risico dat een infectie via de baarmoederhals de baarmoeder bereikt en daar invloed op de vrucht heeft, heel klein. Een douche, liefst een handdouche, vergemakkelijkt de intieme hygiëne. Het is niet goed om met zeep diep in de vagina te wassen. Het kan moeilijk zijn om de zeep goed weg te spoelen en dat kan tot irritatie van het slijmvlies leiden. Bij een bad dringt water de vagina binnen maar in schoon water baden is gedurende de zwangerschap niet schadelijk. Een zonnebad kan soms wel schadelijk zijn. Het is niet goed voor een zwangere vrouw om te sterk verhit te raken en de zon kan bovendien ontsierende bruine vlekken op de huid veroorzaken, doordat de hormoonveranderingen tijdens de zwangerschap ook invloed op de pigmentatie van de huid hebben.

Vaccinatie en infectieziekten

Sommige vaccinaties zijn minder geschikt tijdens een zwangerschap, andere zijn onschadelijk. Het is het beste hierover medisch advies te vragen. Rode hond is in het begin van de zwangerschap een gevaarlijke infectie die tot beschadiging van de vrucht kan leiden. Zelfs als de ziekte niet met duidelijke uitslag doorbreekt, kan door herhaalde bloedproeven met enkele weken tussenruimte toch met zekerheid worden vastgesteld of een vrouw besmet geraakt is. Als het vermoeden van besmetting bestaat, moet dus contact worden opgenomen met de verloskundige of de huisarts. Dat geldt natuurlijk ook voor andere infecties, zoals hevige verkoudheden, diarree en maagpijn, hoge koorts en huiduitslag. De huisarts is ook degene die geraadpleegd moet worden voor het beoordelen en behandelen van zulke ziekten tijdens de zwangerschap en hij weet of kan navragen welke medicijnen men kan gebruiken zonder gevaar voor de gezondheid van het kind.

Geslachtsgemeenschap

Geslachtsgemeenschap tijdens de zwangerschap verhoogt in de regel niet de kans op een miskraam. Wanneer de vrouw eerder een vroeggeboorte heeft gehad, of wanneer er zich tijdens de zwangerschap plotseling iets ongewoons voordoet, bijvoorbeeld bloedingen, te vroege weeën of samentrekkingen van de baarmoeder, kan geslachtsgemeenschap soms beter vermeden worden, maar daar geven de vroedvrouw en de dokter uitvoerig advies over. Het is niet vreemd, maar juist heel natuurlijk en belangrijk om naar deze dingen te vragen.

Alcohol, tabak en drugs

De laatste jaren is een hevige discussie gevoerd over het schadelijke effect van alcohol op de vrucht. Onderzoeken hebben uitgewezen dat alcoholisten hun kinderen aan groot gevaar voor misvormingen hebben blootgesteld, zowel in het vroege embryonale stadium als tijdens de latere ontwikkeling van de vrucht. Vooral de ogen en de gezichtsfunctie worden gemakkelijk door alcohol geschaad. Maar daaruit kan niet zonder meer de conclusie getrokken worden dat af en toe een glas wijn of bier schadelijk zou zijn. Eigenlijk is niet precies bekend of er een grens is waaronder alcohol onschadelijk is; misschien is het daarom maar het beste geen alcohol te gebruiken.

Roken is gevaarlijker dan alcohol, aangezien roken het transportvermogen voor zuurstof in het bloed van de vrouw verslechtert. Mogelijk kunnen de nicotine en de koolmonoxyde die bij het roken ontstaan ook direct op de vrucht inwerken, aangezien deze stoffen door de placentabarrière heen in de bloedsomloop van de vrucht kunnen komen. Verloskundigen en huisartsen kunnen vrouwen ook helpen om met roken te stoppen. De vrouwen die niet willen of kunnen stoppen met roken tijdens de zwangerschap kunnen misschien worden overgehaald om het roken drastisch te beperken. Op het werk wordt een rookvrij milieu nog belangrijker, vooral omdat de misselijkheid door tabaksrook vaak erger wordt. Het gebruik van verslavende drugs is zeker nadelig, ook voor de vrucht. Ook deze stoffen bereiken het kind via de placenta, en het kind neemt daardoor deel aan de verslaving.

Roken heeft altijd invloed op de bloedsomloop, aangezien de nicotine de bloedvaten samentrekt. Iedere trek aan een sigaret knijpt de bloedstroom in de navelstreng af, de zuurstoftoevoer wordt minder en de vrucht komt onder stress te staan. Kinderen van rokende vrouwen hebben een lager geboortegewicht dan ze gehad zouden hebben als de moeder aan het begin van de zwangerschap met roken gestopt was.

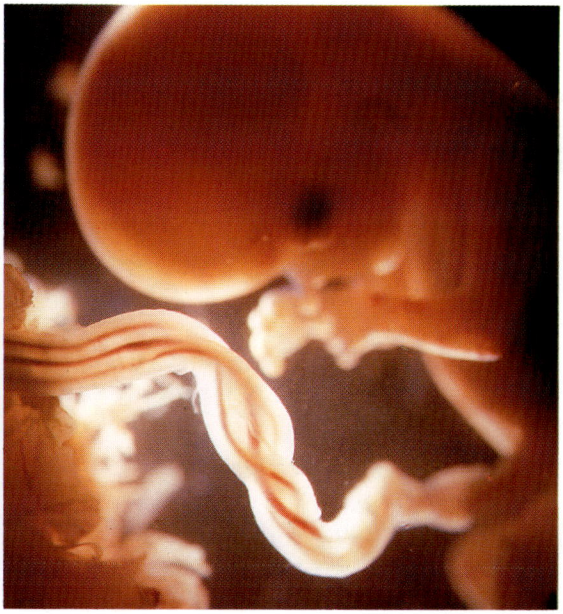

Leef net als anders

Een zwangerschap is geen ziekte en moet ook niet als zodanig beschouwd worden. De meeste vrouwen werken gewoon door tijdens de zwangerschap. Bij 34 weken of uiterlijk bij 36 weken begint in ons land het wettelijk zwangerschapsverlof. Meestal voelt een vrouw zich psychisch beter als ze door blijft werken, dan als ze thuis zou blijven, waar ze zich veel gauwer ongerust gaat maken over een reeks kleine krampjes die aan het einde van de zwangerschap normaal zijn. Maar aan het eind van de zwangerschap willen de meeste vrouwen graag met werken stoppen.

De verantwoordelijkheid van de werkgever

Bepaalde beroepen kunnen risico's voor een zwangere vrouw inhouden. Zwangere vrouwen die op een röntgenafdeling werken moeten overgeplaatst worden, zodat ze geen gevaar lopen aan röntgenstraling blootgesteld te worden. Hetzelfde geldt voor vrouwen die met giftige stoffen in de industrie of met celgiften in een ziekenhuis werken. Over de eventuele gevaren bij het werken met beeldschermen tijdens de zwangerschap zijn de laatste jaren veel discussies gevoerd. Tegenwoordig zijn de onderzoekers het er min of meer over eens dat de straling van beeldschermen niet schadelijk is voor de vrucht, maar de stress waaraan de vrouw voor het beeldscherm blootstaat vormt misschien wel een zeker risico. Tijdens de zwangerschap moeten vrouwen in industrieën waar zwaar tillen tot de werkzaamheden behoort, zo mogelijk overgeplaatst worden.

Bepaalde arbeidsmilieus zijn ongeschikt voor een vrouw als ze zwanger is. Giftige stoffen kunnen in een vroeg stadium het gevoelige embryo beschadigen, en tegen het einde van de zwangerschap moet de moeder geen zware dingen meer tillen.

Ultrageluidsonderzoeken

Al meer dan twintig jaar wordt in onze ziekenhuizen ultrageluidsapparatuur gebruikt. De eerste die wat zagen in deze techniek, die vaak evenveel informatie gaf als röntgenfoto's, waren de röntgenafdelingen. In tegenstelling tot röntgenstralen zijn ultrageluidsgolven volstrekt ongevaarlijk. Tegenwoordig zijn veel ultrageluidsapparaten naar de vrouwenklinieken verhuisd, en zelfs een enkele goed uitgeruste verloskundige praktijk beschikt over deze apparatuur. Ultrageluidsgolven hebben een zo hoge frequentie, boven de 20.000 trillingen per seconde, dat ze niet door het menselijk oor kunnen worden waargenomen. Geluidsgolven dringen door het lichaam heen en als ze een weefsel met een andere dichtheid tegenkomen wordt een deel van het geluid als echo teruggekaatst, en deze echo's samen worden tot beelden gecombineerd, de echoscopie.
De eerste ultrageluidsbeelden of echoscopieën gaven niet altijd even duidelijke, stilstaande beelden van de vrucht, maar de laatste jaren hebben bewegende beelden met een hoge beeldscherpte de mogelijkheden om een juiste diagnose te stellen vergroot. Met behulp van de interpretatie van de vroedvrouw of de dokter kan de moeder vanaf de zesde week van de zwangerschap de kleine vrucht op het beeldscherm zien. Ze kan ook het hart zien kloppen en later in de zwangerschap zijn bovendien duidelijke bewegingen van de vrucht te zien. Wanneer de duur van de zwangerschap onzeker is, kan echoscopisch worden gemeten hoe groot de vrucht is. In het begin van de zwangerschap kan daaruit de zwangerschapsduur worden afgeleid.
Een belangrijk gegeven dat op het ultrageluidsscherm te zien is, is de ligging van de placenta in de baarmoeder. Ook tweelingen en drielingen komen met deze onderzoekstechniek in een vroeg stadium aan het licht. Sommige deskundigen raden tijdens de zwangerschap minstens één ultrageluidsonderzoek aan. Meestal gebeurt dat in de zestiende of zeventiende week, wanneer men ook een duidelijk beeld kan krijgen van eventuele misvormingen van de vrucht. Als deze zeer ernstig blijken te zijn, is het nog niet te laat voor een abortus. Toch kan er zelfs bij experts enige mate van onzekerheid bestaan. Daarom kunnen de ouders in een enkel geval voor een buitengewoon zware beslissing komen te staan.
Ultrageluidsapparatuur met een toevoeging die wat zijn functie betreft aan een echolood doet denken (Doppler genaamd) kan bijvoorbeeld ook gebruikt worden om de bloedtoevoer naar de vrucht te meten, een gegeven dat aan het einde van de zwangerschap van belang kan zijn.

Het eerste beeld van het kind

Wat een onbeschrijfelijk gevoel - het nog ongeboren kind in de baarmoeder te zien! Wat zijn de beelden van de aarde gezien vanaf de maan of van de rode vlek van Jupiter, vergeleken bij het kind dat zich beweegt. Het spartelt en draait rond in de vruchtwaterzak. En zijn hart te horen kloppen!

Onderaan: Tot aan de zestiende week kan het kind nog in zijn geheel op het beeldscherm van het ultrageluidsapparaat getoond worden. Daarna worden het detailbeelden. De beelden zijn een visuele vertaling van de ultrageluidsecho's die door het apparaat geregistreerd worden.

Het onderzoek geeft antwoord op de vraag hoe ver de zwangerschap is, hoe groot de vrucht en of het misschien een tweeling is. Of het kind gaaf en gezond is, is ook te zien. Het ultrageluidsonderzoek is een steeds belangrijker rol gaan spelen bij het onderzoek van de ongeboren vrucht.

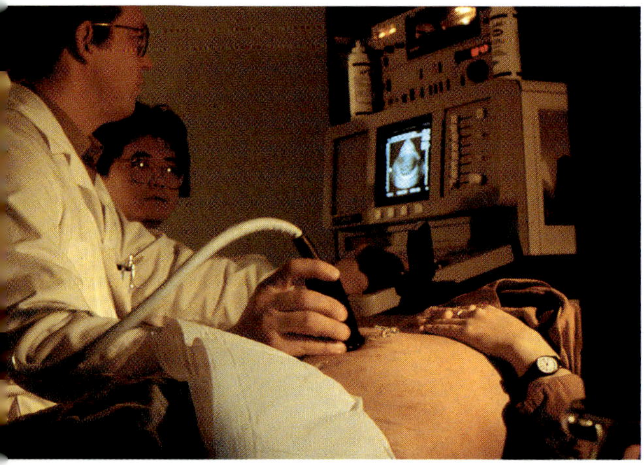

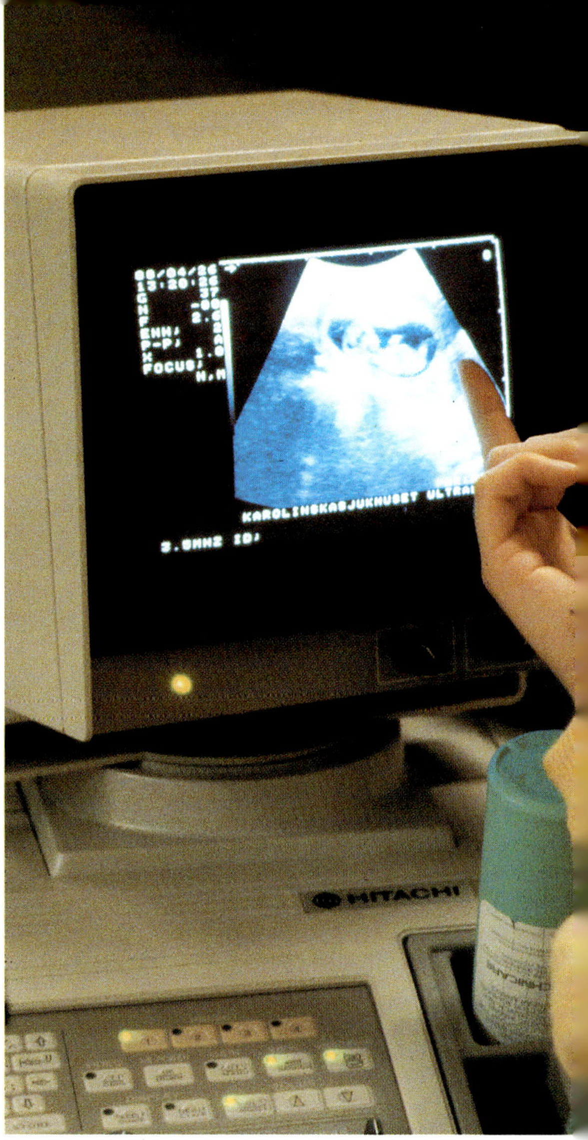

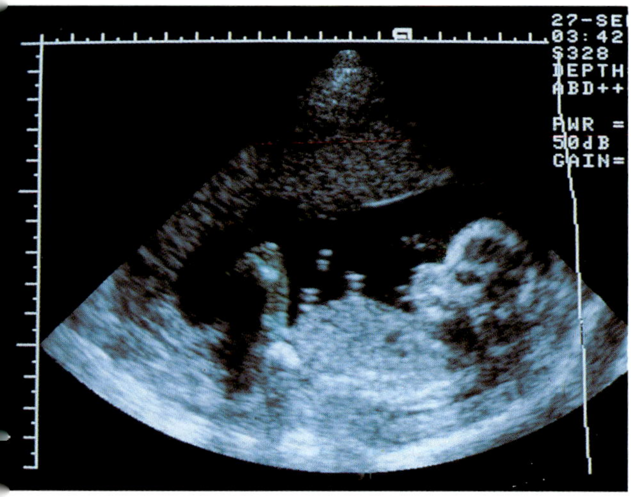

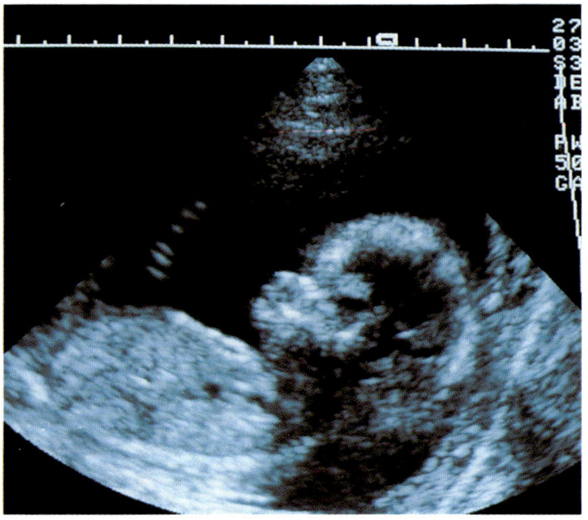

Links een vrucht in de zestiende week van de zwangerschap in zijn eigen milieu in de baarmoeder. Rechts een even oude vrucht, met een gewone camera gefotografeerd. De aanstaande moeder kan een kopie van het ultrageluidsbeeld krijgen - een foto voor het familiealbum, die later vooral door degene die erop staat gewaardeerd zal worden.

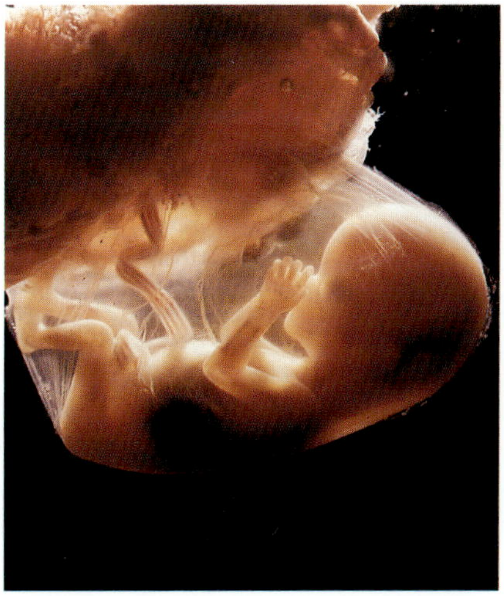

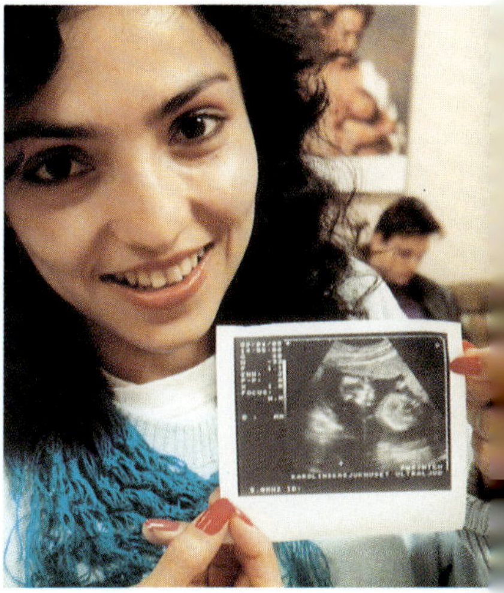

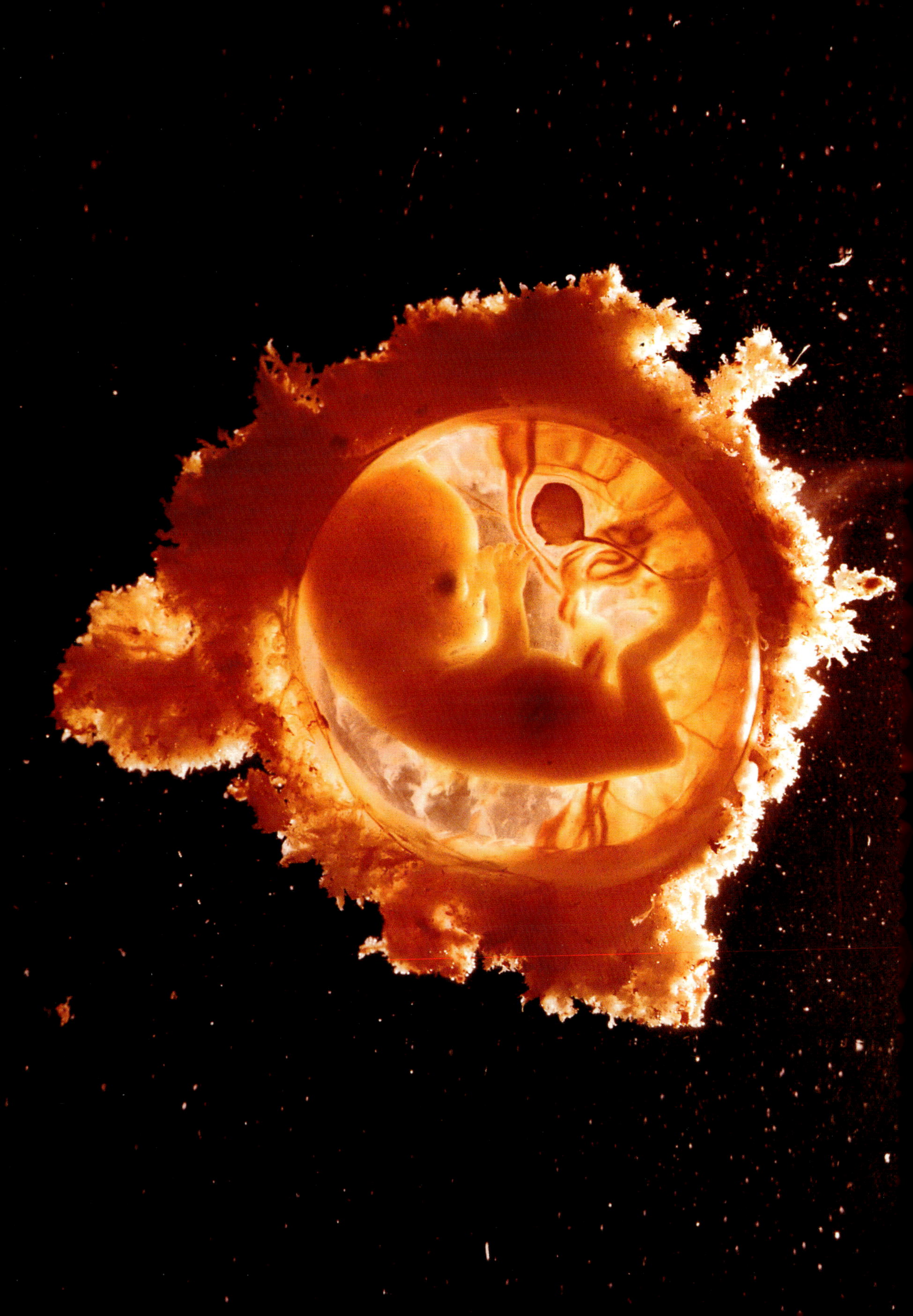

Het leven van een ongeboren vrucht

In de derde maand voelt de vrucht zich goed thuis in de baarmoeder, zijn organen en orgaansystemen worden steeds meer met elkaar verbonden en de hersenen en de hersenzenuwbanen beginnen een belangrijke rol te spelen. De placenta is zo goed ontwikkeld dat alle hormonen die voor de zwangerschap nodig zijn daarin gevormd worden. De placenta vormt niet alleen voor het leven noodzakelijke hormonen, maar verzorgt ook de totale uitwisseling van voedingsstoffen en afvalprodukten van en naar de vrucht.
In het embryonale stadium worden bloedlichaampjes gevormd in de zogeheten dooierzak, die bij de mens alleen maar deze functie heeft. In de dooierzak worden ook de stamcellen van de cellen die witte bloedlichaampjes zullen vormen, aangemaakt. Deze bloedcellen vormen de basis voor de lichaamsafweer van de vrucht tegen infecties. Al in de elfde week heeft de dooierzak zijn taak volbracht en daarna worden de bloedlichaampjes in de lever en de milt gevormd. Spoedig begint ook het eigen beenmerg van de vrucht bloedlichaampjes aan te maken. De witte bloedlichaampjes uit het beenmerg moeten vervolgens naar de lymfklieren en de zwezerik (thymus in het Latijn) om zich verder te ontwikkelen.
Normaal staat de vrucht niet aan infecties bloot, want bacteriën noch virussen kunnen voorbij het filter van de placenta komen, behalve in uitzonderlijke gevallen. Het is opmerkelijk dat een vijf maanden oude vrucht zichzelf gedeeltelijk tegen infecties kan beschermen doordat al vroeg zijn eigen immuniteit is voorbereid.

De mens is jong in het heelal en we kunnen de 3 maanden oude vrucht als een symbool daarvan zien, een ruimtevaarder in zijn capsule, met levenslijn en al. De rafelige stralenkrans is de chorionzak, die in de placenta vastzit.
De moeder kan zich doorgaans tot aan het einde van de zwangerschap onbekommerd bewegen, joggen in het bos of gymnastiek doen als ze daar zin in heeft.

Thuis in zijn eigen eenkamerwoning

10 tot 11 weken oud, ongeveer 3½ centimeter zithoogte. Het is nog steeds ruim genoeg, warm, plezierig, zacht en behaaglijk in het vruchtwater. De temperatuur is 37,5 °C, iets warmer dan bij de gastvrouw, die op haar beurt weer iets warmer is dan voor ze zwanger werd. Wat doet de vrucht? Soms schokt hij, beweegt zijn lichaam, hikt, beweegt zijn armen en zijn kleine beentjes, beproeft een beetje voorzichtig het mechaniek.

De dooierzak, de bolvormige aanmaakplaats van bloedlichaampjes, heeft zijn taak in de elfde week volbracht, wanneer lever, milt en beenmerg de produktie overnemen.

De tekening geeft de ligging aan in de baarmoeder, waarvan de hals als bescherming tegen binnendringende bacteriën door een slijmprop is afgesloten. Zo groot als hier zijn de baarmoeder en de vrucht in de vierde maand in werkelijkheid.

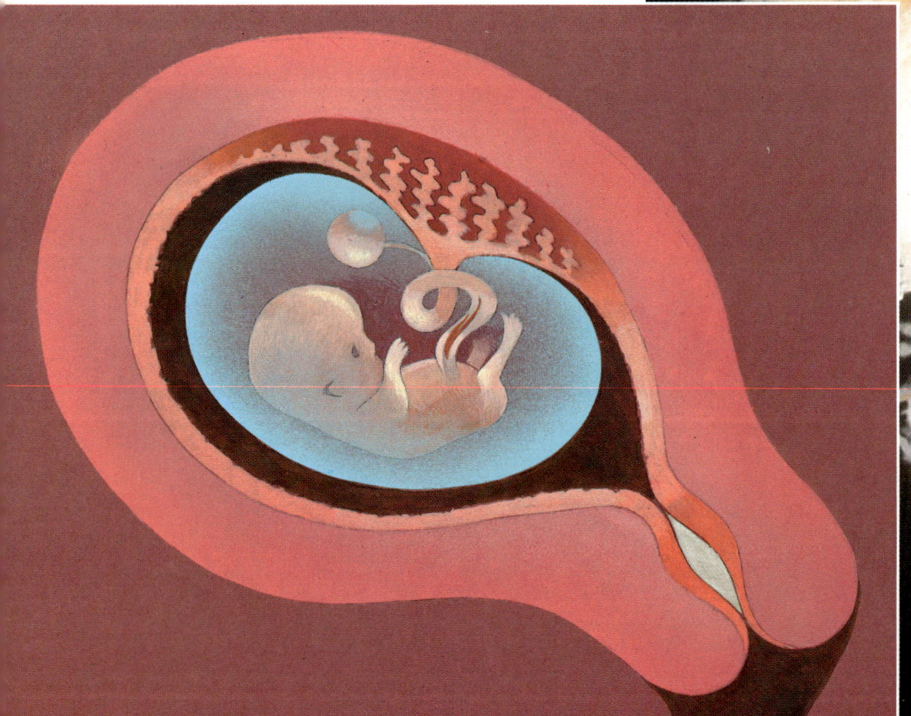

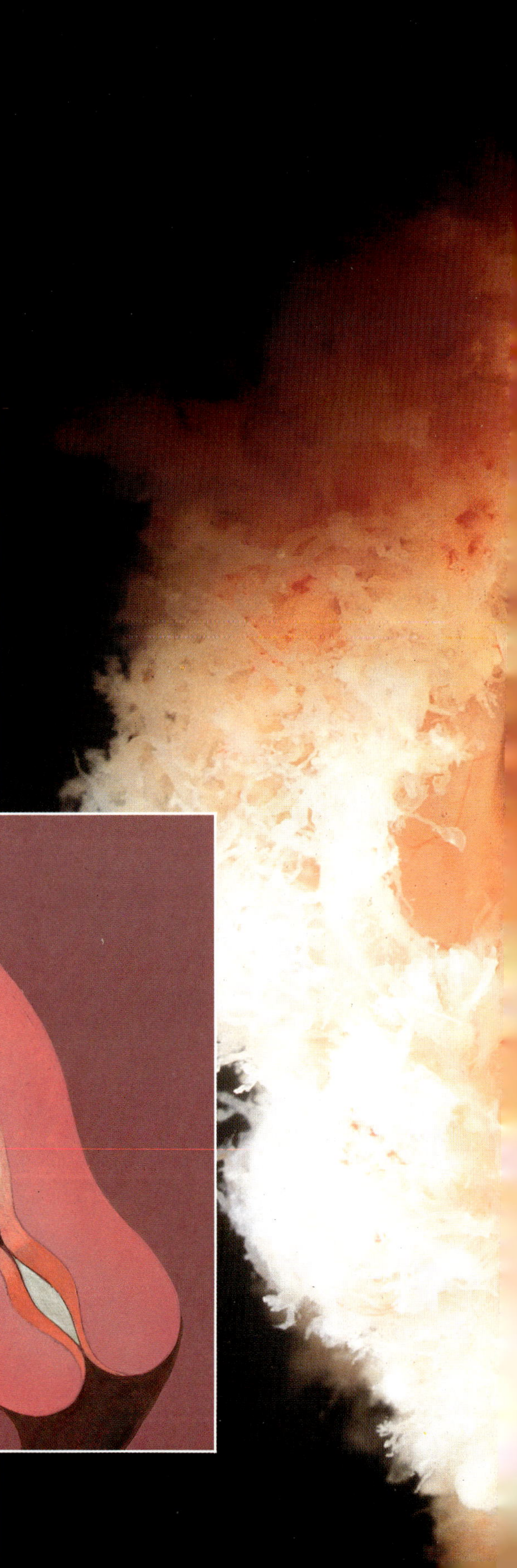

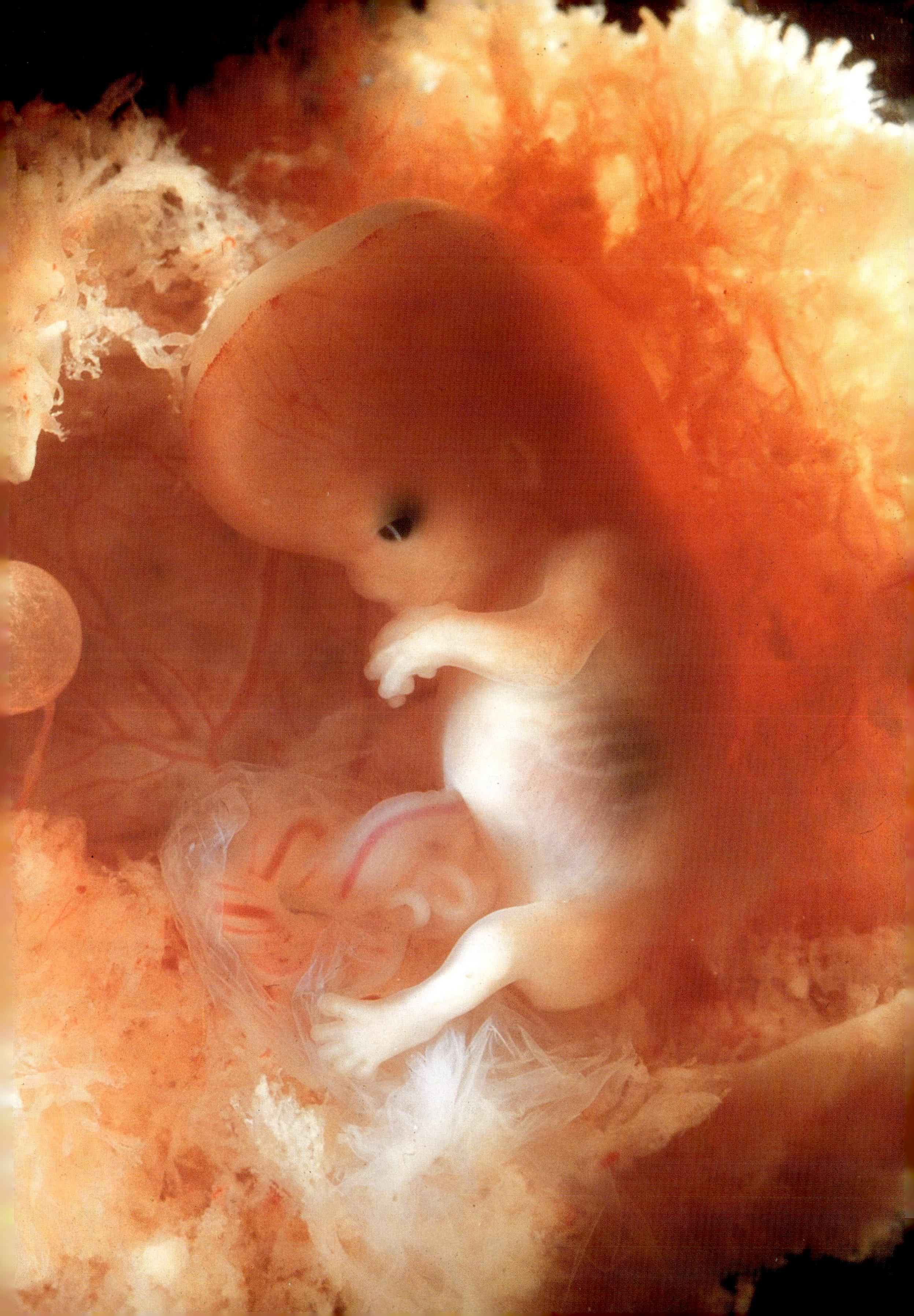

De vrucht, die nu elf tot vijftien weken oud is, groeit in een maand tussen de vijf en ruim tien centimeter in de lengte. Zijn gewicht is niet indrukwekkend: met elf weken ongeveer 20 gram. De vrucht heeft wat 'menselijker' verhoudingen gekregen, maar het hoofd is nog steeds groot, ongeveer een derde van de totale lichaamslengte. Het gezicht ontwikkelt zich verder en heeft meer menselijke trekken gekregen.

De manier waarop de natuur het gezicht vormgeeft kan beschreven worden als vijf schiereilanden, die uitgroeien en zich met elkaar verbinden. Eerst daalt er één af tussen de ogen; het wordt door een inham aan beide zijden - de toekomstige neusgaten - tegengehouden en vormt de neus en het middelste deel van de bovenlip. Vervolgens verschijnen er twee schiereilanden onder de ogen, die de wangen en de zijkanten van de bovenlip vormen. De laatste twee schiereilanden groeien uit onder de mond en vormen de onderlip en de kin. Op dit gezichtsskelet hechten zich nu spieren, die maken dat het gezicht kan bewegen. Aan de gezichtsuitdrukking - een fronsen van het voorhoofd, lippen die zich openen of sluiten, een draaien van het hoofd - kunnen we enigszins aflezen of de vrucht zich prettig voelt of niet, al blijven onze interpretaties natuurlijk slechts gissingen.

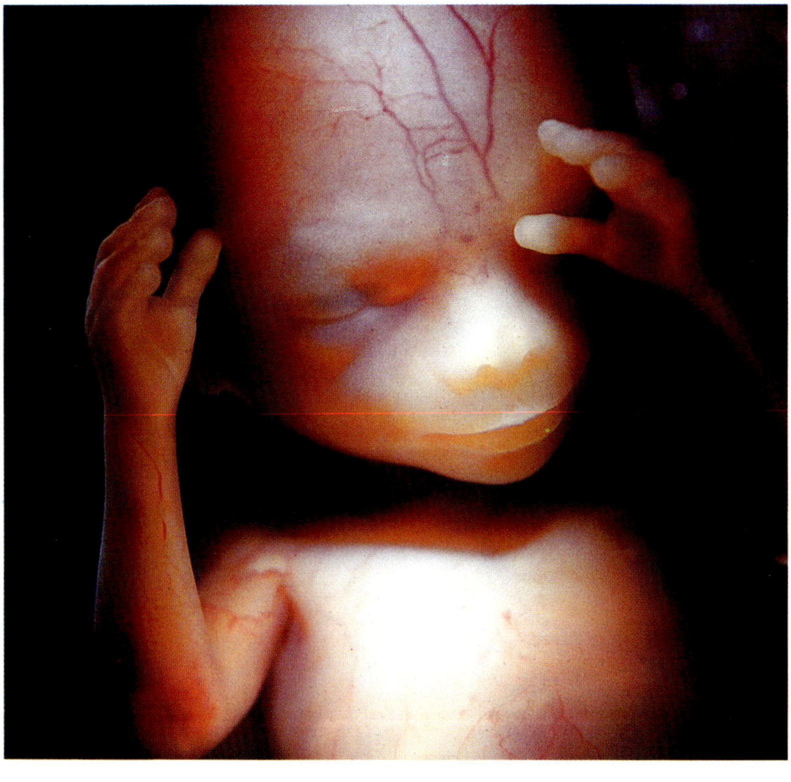

15 weken. Nu worden de gelaatstrekken gevormd: het voorhoofd groeit, met de vertakking van de bloedvaten duidelijk zichtbaar onder de doorschijnende huid.
De oogleden zijn gesloten en gaan pas weer open als de vrucht zeven maanden is. Op de vingers wordt het nagelbed zichtbaar. De armen zijn zoveel gegroeid dat de handen elkaar kunnen grijpen.

Het scheppingsproces gaat in alle stilte verder onder bescherming van de placenta, die niet alleen voeding en afvoer van afvalstoffen verzorgt, maar die ook haar beschermende hormoonparaplu over het snelgroeiende wezentje uitspant. Elk moment moet het tegen het hormonenspel dat een nieuwe eisprong en een nieuwe menstruatie zou kunnen veroorzaken, beschermd worden. De vrucht wordt steeds levendiger: hij draait zijn hoofd, beweegt zijn gezicht en maakt ademhalingsbewegingen.

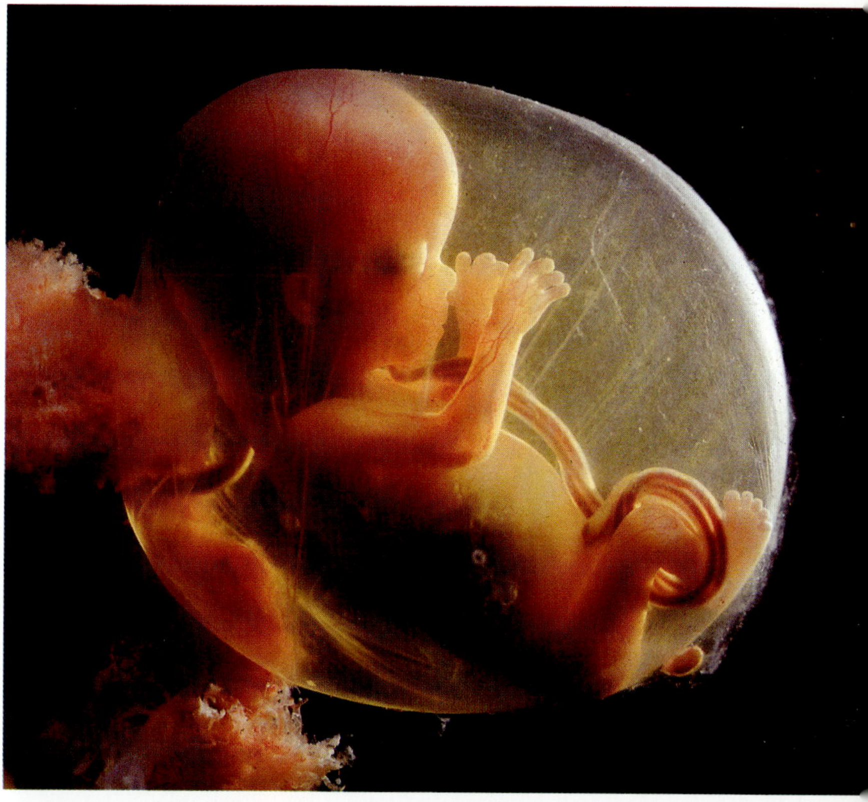

De moeder krijgt nu haar broek steeds moeilijker dicht en haar kinderen worden steeds nieuwsgieriger naar wat er in haar zwellende buik gaande is.

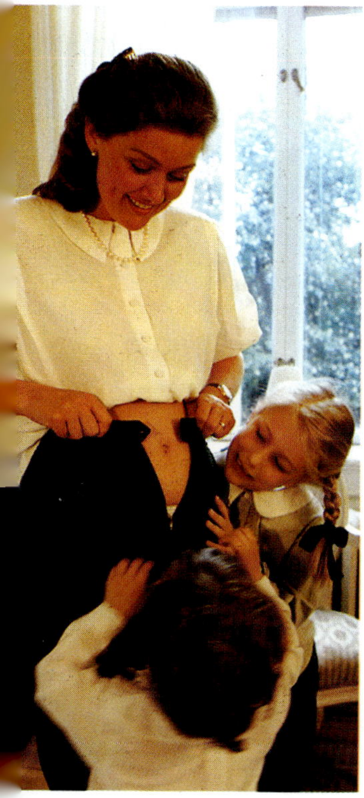

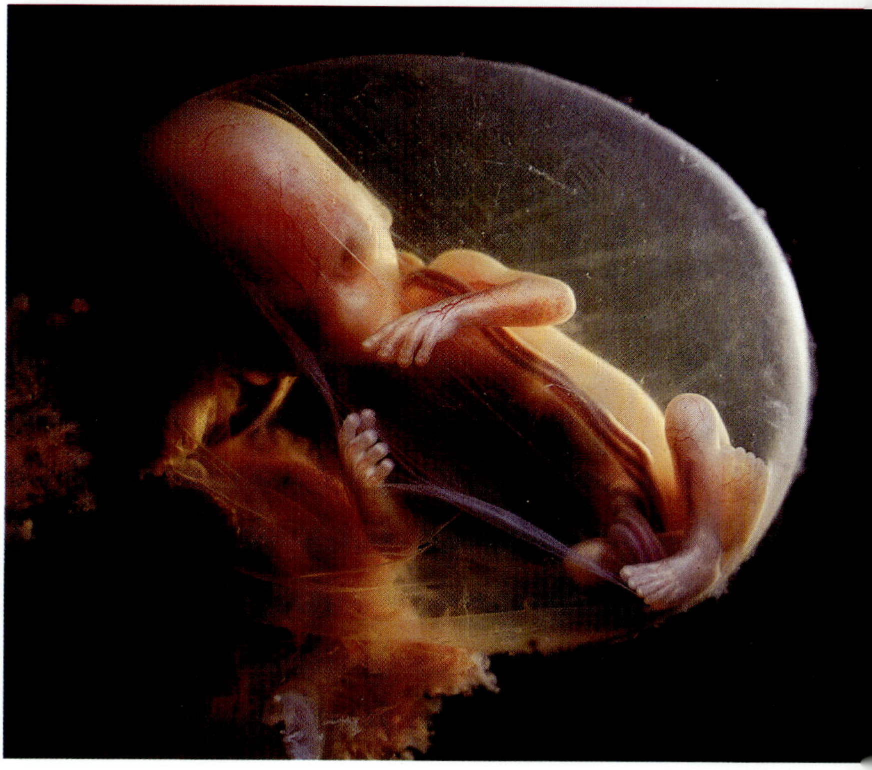

De ogen en het zien

De ontwikkeling van het oog is een opmerkelijk voorbeeld van een intiem samenspel tussen de zich ontwikkelende hersenen en de dunne huid op de slapen van het embryo. Eerst stuurt het voorste gedeelte van de hersenen aan beide zijden een holle steel uit. Aan het uitgestulpte uiteinde van de steel heeft zich een blaasje gevormd. Wanneer dat blaasje vlak onder het huidoppervlak komt maakt het een instulping naar binnen in de vorm van een beker. De bodem van de beker wordt de achterwand van het oog en het huidoppervlak dat het bedekt wordt het netvlies. Binnen in de beker vormen de cellen van de huid een lens en een hoornvlies. Aan de voorkant van de lens groeit vanaf de zijkanten de iris. Tenslotte wordt de huid eroverheen geplooid: de oogleden. Het oog is klaar.

Kan de vrucht binnen in de baarmoeder zien? Dat weten we niet, maar wel weten we dat de ogen gevoelig zijn voor licht. Wanneer een arts bij een zogenaamde foetoscopie, waarbij licht wordt gebruikt, tijdens de zwangerschap naar de vrucht kijkt, probeert de vrucht met zijn handen zijn ogen tegen het licht te beschermen. Het landschap in de baarmoeder, waar de vrucht in een roodachtig schijnsel gehuld ligt, is niet erg gevarieerd. Alle visuele indrukken moeten geregistreerd worden en door het gezichtscentrum van de hersenen, dat helemaal achterin bij de nek zit, worden vertaald. Vanaf elk oog lopen lange zenuwbanen die elkaar kruisen voor ze de gezichtsschors van de hersenen bereiken. Hier worden de indrukken gesorteerd in licht en donker in veranderende kleuren en vormen, en geleidelijk wordt een totaalbeeld van de visuele indruk opgebouwd.

De ogen zijn de spiegel van de ziel. Als zodanig heeft het oog een bescheiden begin (boven: 30 dagen). In de dertiende week is het oog al vergevorderd en gaan de oogleden voor een paar maanden dicht (rechts).
Inzet: Een pasgeboren baby leert eerst beelden die vaak terugkomen herkennen.

5 weken

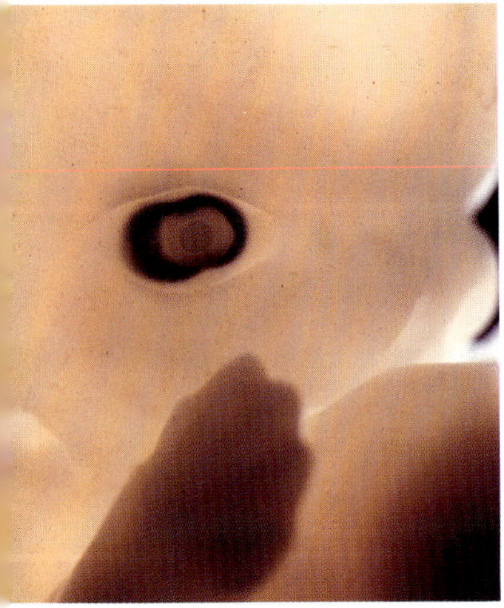

6½ week

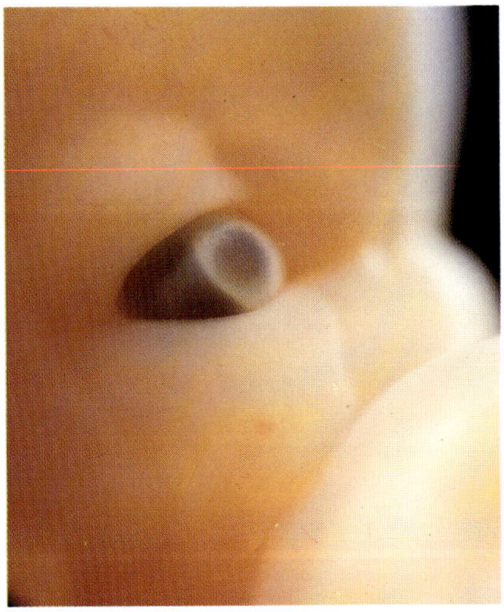

8 weken

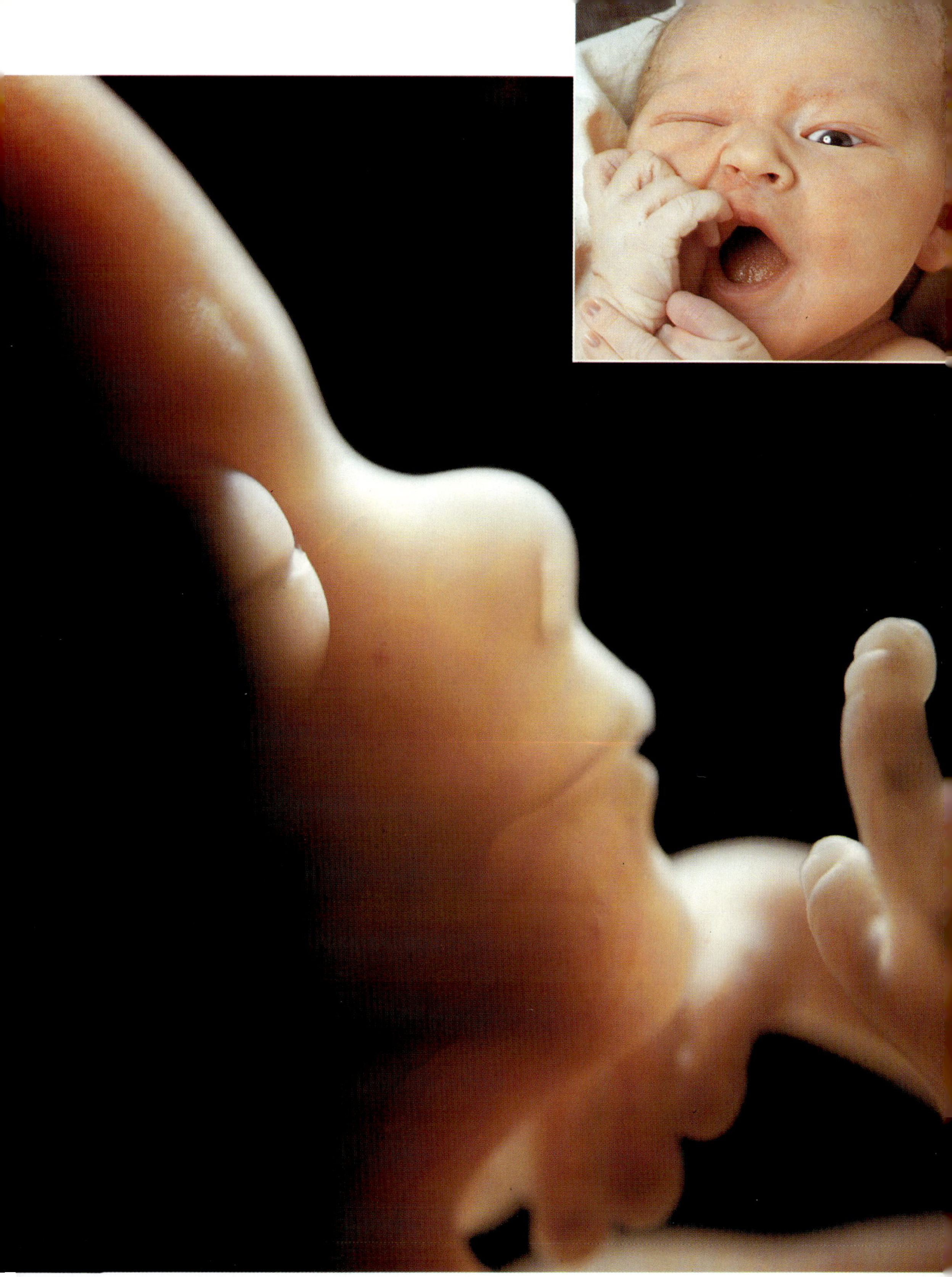

De oren en het gehoor

Als een vader muzikaal is, kan hij al vanaf de vijfde maand met zijn aanstaande kind communiceren. Dan begint het op geluid te reageren. En als een moeder voor haar ongeborene zingt, merkt ze misschien later dat haar pasgeborene de melodie herkent.

Een vrucht kan al in de vierde of vijfde maand horen en door geluid zowel stimulans als stress ondergaan. Het oor zelf wordt opgebouwd uit drie delen die van verschillende oorsprong zijn. Aan weerszijden van het achterste gedeelte van de hersenen wordt uit de dunne huid van het embryo een blaasje afgesnoerd. Uit dat blaasje ontstaat het binnenoor, dat gehoor- en evenwichtsorganen bevat. Wat later in de vijfde week wordt het uitwendige oor met de gehoorgang en de buitenkant van het trommelvlies gevormd. Het tussenliggende gedeelte, het middenoor met de gehoorbeentjes: hamer, aambeeld en stijgbeugel, ontstaat vanuit een uitstulping in de keel.

Infecties van de moeder tijdens de kritische weken wanneer het oor gevormd wordt, kunnen tot misvormingen en gehoorstoornissen leiden. Hoe meer de zwangerschap vordert, des te meer variaties in geluid kan het oor van de vrucht waarnemen en kunnen zijn hersenen interpreteren. De vrucht leeft allesbehalve in een stille wereld. Vooral het geborrel in de darmen van de moeder, stromende geluiden uit de bloedvaten en het kloppen van het hart zijn geluiden die van buitenaf doordringen. In veel culturen is het traditie en wordt het de moeder aangeraden om voor haar ongeboren kind te zingen. De meeste specialisten zijn van mening dat de stem van de moeder en haar hartslag voor de vrucht belangrijke indrukken zijn. Er zijn zelfs mensen die met grote beslistheid beweren dat ze zich de stem van hun moeder al van vóór de geboorte herinneren.

De eerste aanleg van het uitwendige oor komt al in de achtste week, maar pas in de vijfde maand begint het ergens op te lijken. Rechts: 15 weken oud.

8 weken

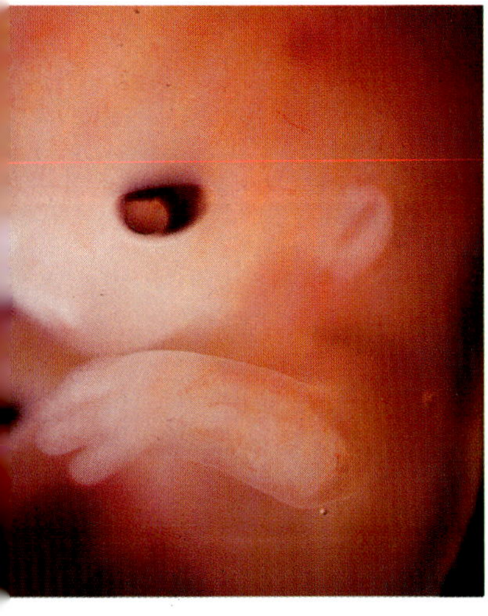

4 maanden

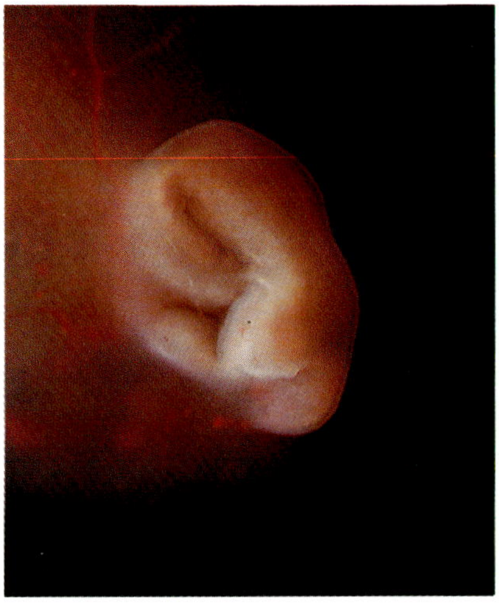

5 maanden

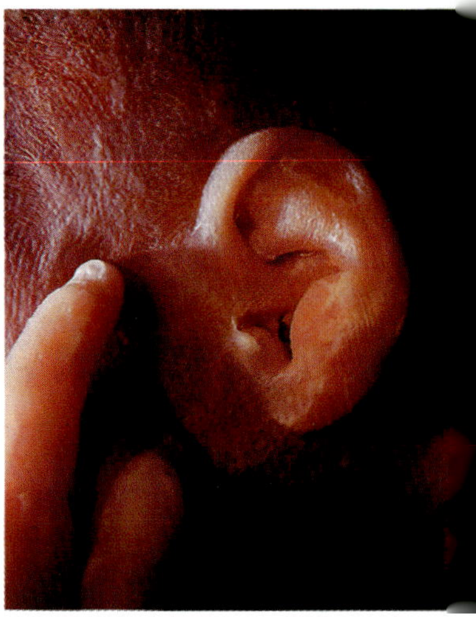

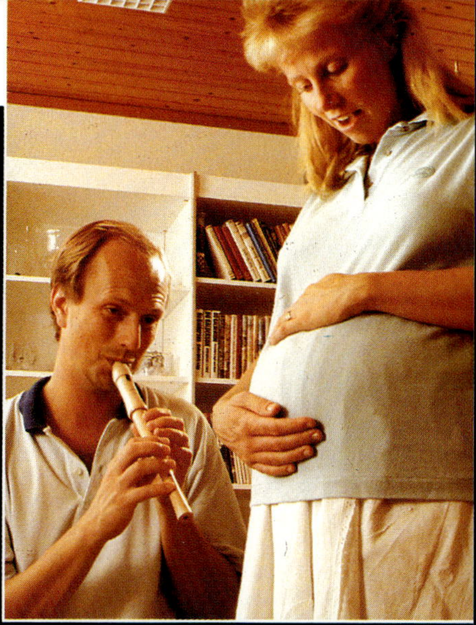

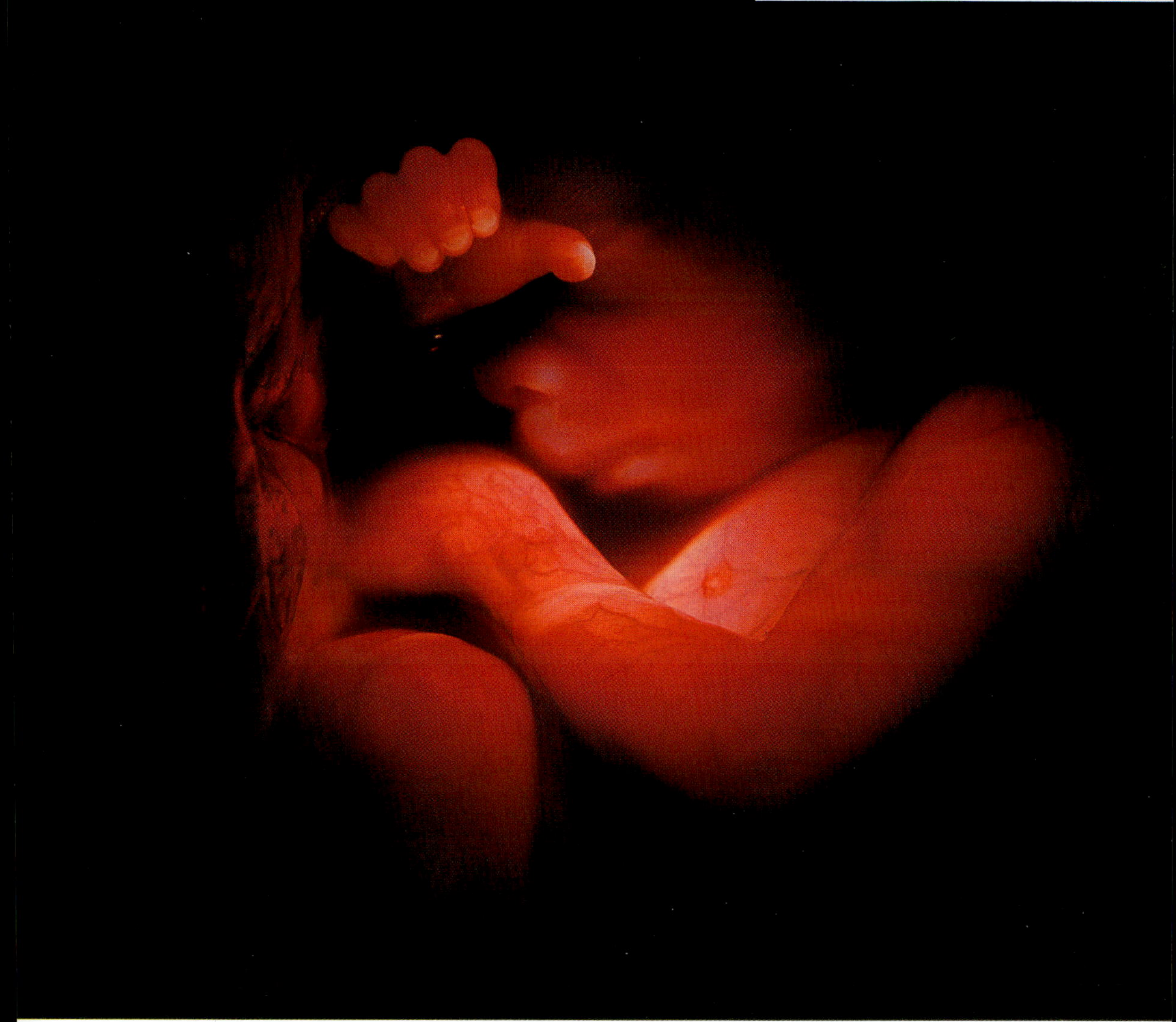

Handen en voeten

Vier weken na de bevruchting wordt langs beide zijden van het lichaam een duidelijke streep gevormd van de toekomstige schouder naar de toekomstige heup. De streep wordt opgebouwd uit cellen van het middelste kiemblad. Aan beide uiteinden van de streep zijn in de vijfde week twee uitpuilende knopjes te zien die door de huid van het embryo bedekt zijn. De knopjes krijgen een randje en dat verdikt zich al snel tot een rand. Die rand neemt nu de leiding van de ontwikkeling over en geeft het bindweefsel instructies om opperarmen, handen, dijen, onderbenen en voeten te ontwikkelen. Alles gaat in een vaste volgorde. De handen worden eerder gevormd dan de voeten, en armen en benen groeien pas later in de lengte, zodat langzamerhand de juiste verhoudingen ontstaan. In de derde tot vierde maand kunnen de handen al grijpen en de voeten schoppen.

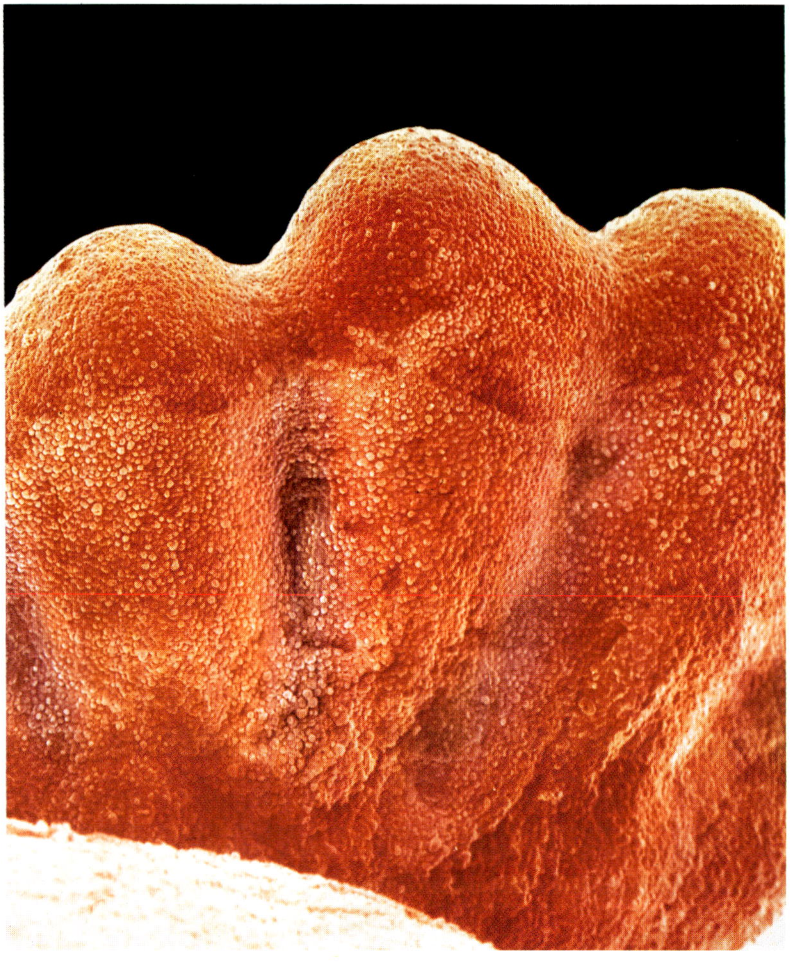

De vingers worden gevormd
6 weken na de bevruchting van de eicel is het embryo begonnen met de aanleg van een hand met een duidelijk begin van vingers. Het weefsel ertussen degenereert en sterft af. De oppervlakkige cellen in de huidlaag tekenen zich zeer duidelijk af. Rechts ongeveer acht maanden later: de grijpreflex is tot ontwikkeling gekomen.

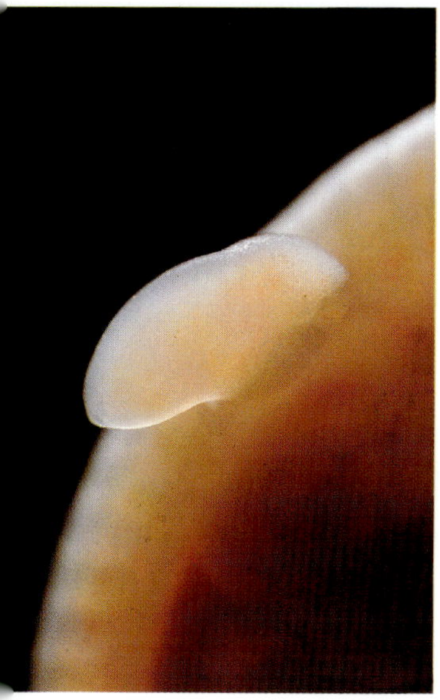
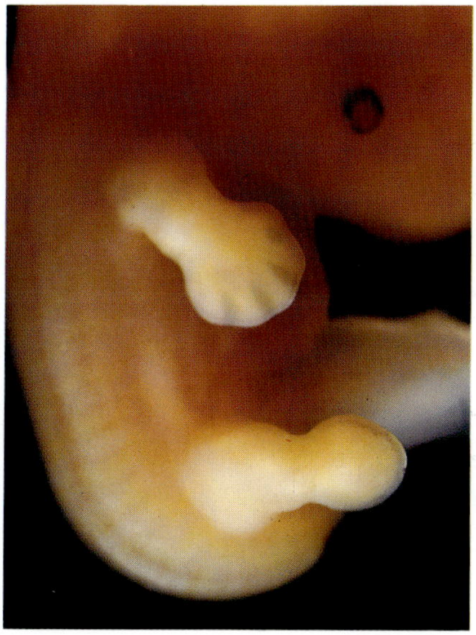
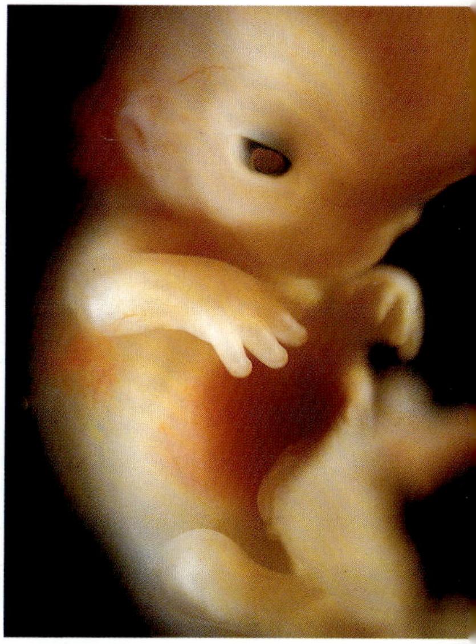

De armknopjes beginnen al in de derde tot vierde week uit de romp te steken. Twee weken later is duidelijk te zien dat de handen in hun ontwikkeling op de voeten voorliggen - de aanleg van de vingers is zichtbaar. In de elfde week (uiterst rechtsboven) zijn aan elke hand vijf vingertjes te zien. En in de zeventiende week (rechts) verschijnen ook de nagels.

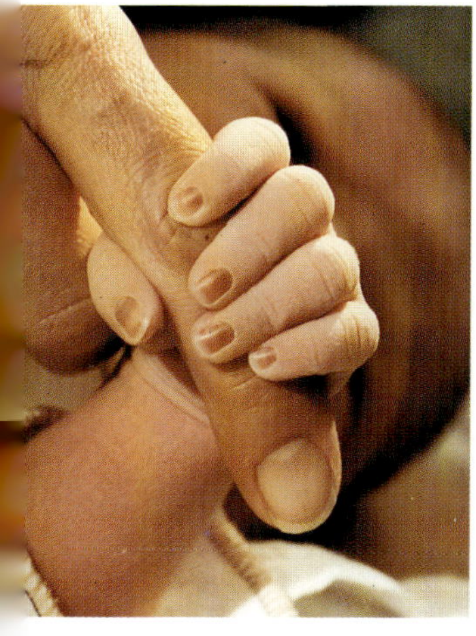

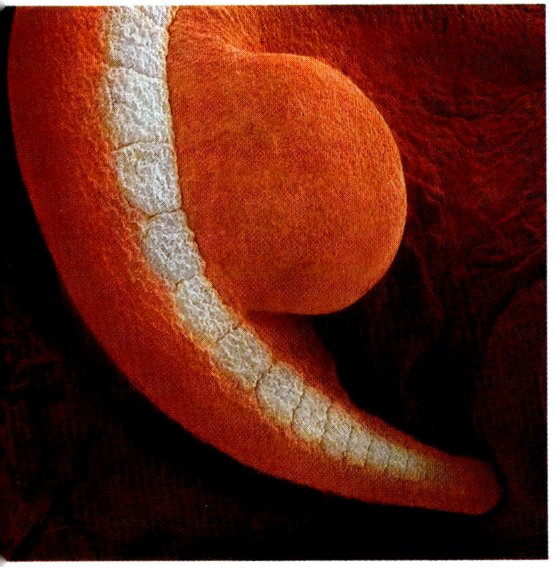

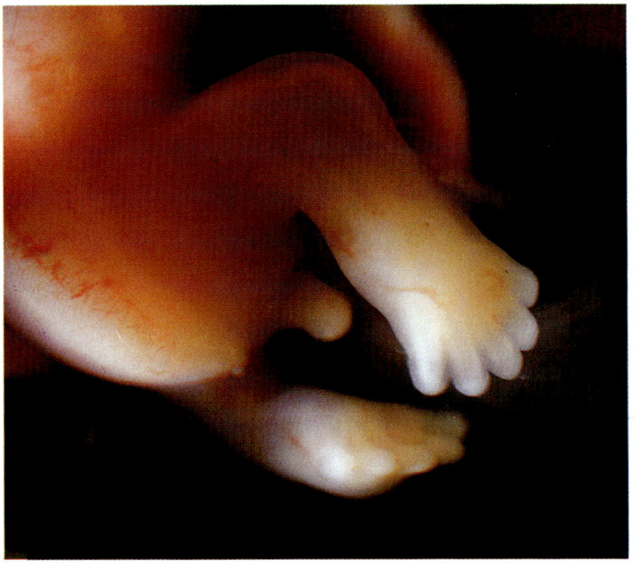

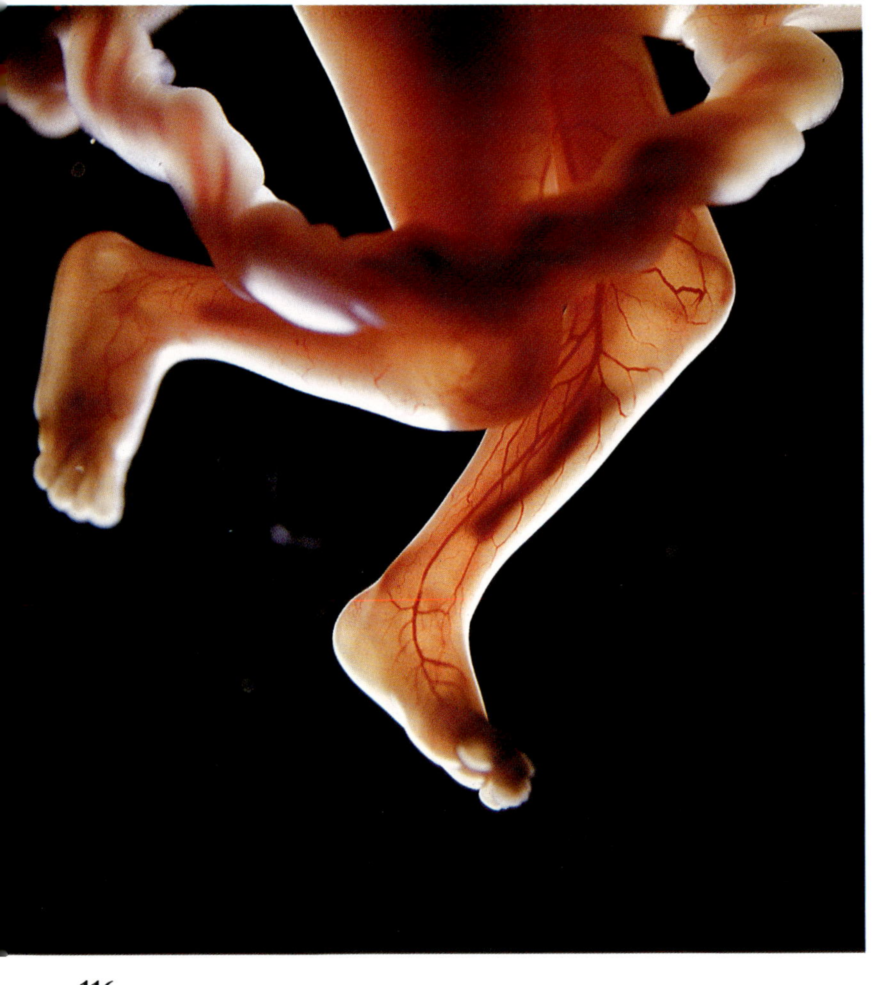

De voeten

De staart is een schakel die ons met ons dierlijk verleden verbindt en al in de zevende tot achtste zwangerschapsweek verloren gaat. Maar een paar onvolgroeide staartwervels blijven we ook na de geboorte houden.
Linksboven zijn de staart en de aanleg van een voet en een been te zien in de vierde week. Rechtsboven: in de negende week zijn zowel de voeten als de tenen ontwikkeld.

4 maanden, 16 centimeter. Wanneer de voeten en de tenen zich een beetje ontwikkeld hebben, is het de beurt van de benen om te groeien. Door de dunne huid heen schemert het pijpbeen in het middendeel van het onderbeen,de rest van het skelet bestaat nog steeds uit kraakbeen. De spiraalvorm van de navelstreng is ontstaan doordat de twee slagaders en de ader langer zijn dan het omhulsel dat ze omgeeft. Een slimme veiligheidsmaatregel voor een erg beweeglijke vrucht!

Het skelet

De onstuimige groei die de vrucht in de holte van de baarmoeder doormaakt, maakt dat het lichaam de hele tijd zeer vormbaar moet zijn. Kraakbeen is zachter en vormbaarder dan been. Daarom is het bouwmodel uit kraakbeen gevormd, dat later gedeeltelijk in bot wordt omgezet. De botten van een pasgeborene zijn nog heel zacht en buigzaam. Bij de bevalling kan het schedelbeen een flinke vervorming oplopen. Zulke veranderingen herstellen zich snel. Als de doorgang erg nauw is kunnen ook de sleutelbeenderen bij de bevalling wel eens breken. In tegenstelling tot bij volwassenen hoeft aan dergelijke 'botbreuken' in de regel niets gedaan te worden. Ze herstellen zonder een spoor na te laten en de kinderen schijnen ook niet bijzonder veel pijn te hebben.

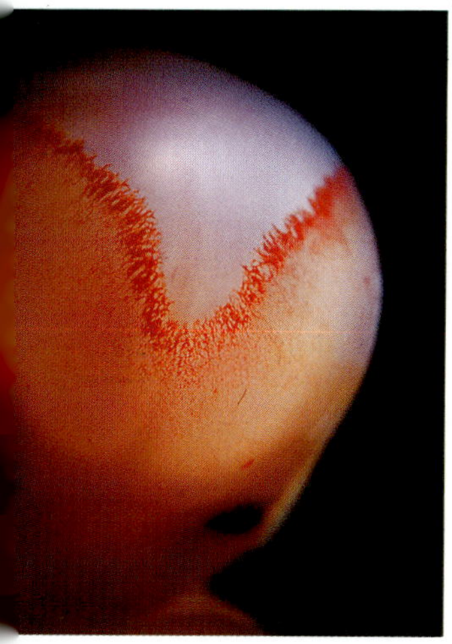

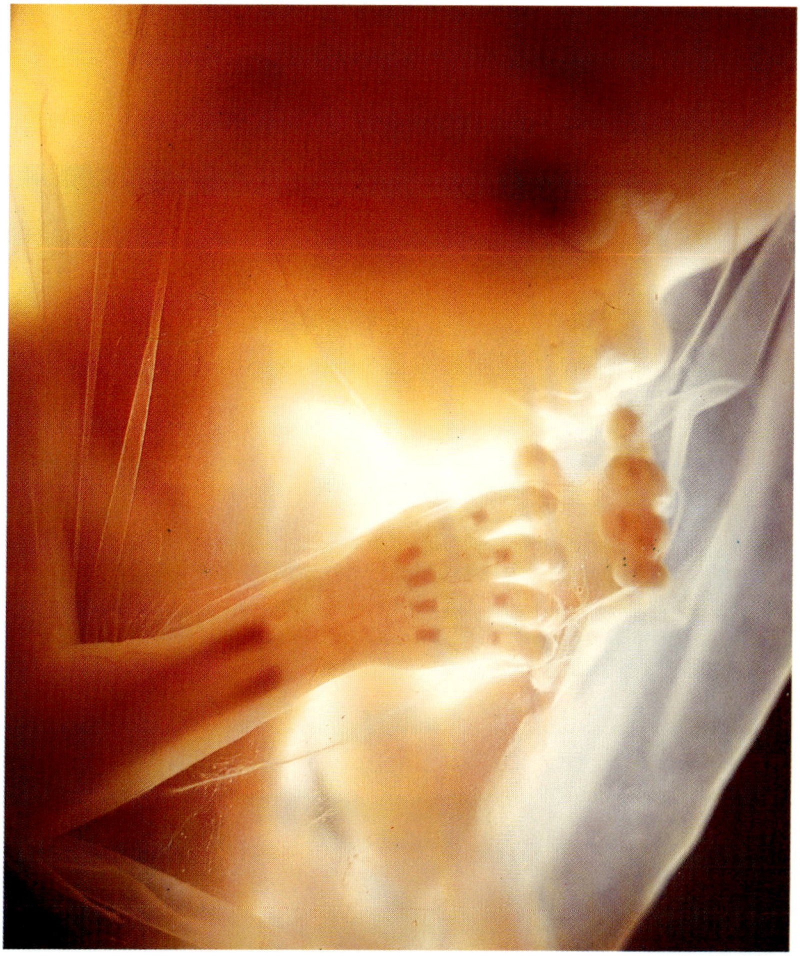

8 weken. Nu gaat alles in razende vaart. Talrijke bloedvaten groeien in V-vorm bovenop de schedel, maar tot ruim twee jaar na de geboorte blijven er zachte gedeelten zonder bot bestaan. In verband met de bevalling zullen de schedelbeenderen over elkaar heen schuiven zodat de omvang van het hoofd voor een ogenblik kleiner zal zijn. Rechts tekenen zich de beenkernen in hand en arm af, 12 weken.

Het haar

De eerste sporen van haar verschijnen in de derde maand. Het begint als een aanduiding van snorhaar. Geleidelijk wordt dit eerste haar vervangen door het zogenoemde donshaar of lanugohaar, dat het hele lichaam bedekt en dat boeiende patronen op de huid vormt. Dat komt doordat de haarwortels schuin in de huid staan en de richting van de bindweefselvezels in de lederhuid volgt. In de vierde tot vijfde maand worden de haartjes op het hoofd en van de wenkbrauwen iets grover. Speciale pigmentcellen geven de haartjes kleur. Het donshaar valt uit en verdwijnt voor de bevalling; over de betekenis ervan is niet veel bekend. Misschien dienen de haartjes om het beschermende huidsmeer (vernix caseosa), dat door de talgkliertjes vlakbij de haarwortels afgescheiden wordt, op zijn plaats te houden. Het vettige huidsmeer geeft een goede bescherming tegen huidinfecties en het is er de oorzaak van dat een kind als het ter wereld komt zo glibberig en kleverig aanvoelt. Een deel van het smeer raakt los van de vrucht en vermengt zich met het vruchtwater dat aan het eind van de zwangerschap troebel wordt.

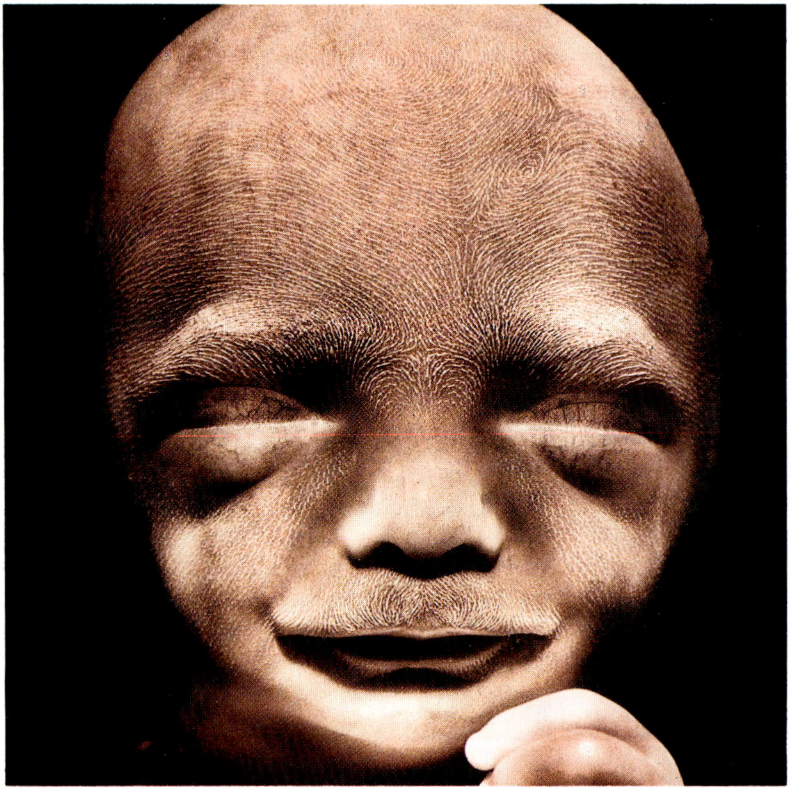

Waarom hebben wij voor onze geboorte een vacht?
Rechts: nog maar net 6 maanden oud, en het hele lichaam bedekt met donzig haar. Is de vacht een overblijfsel uit het begin van de geschiedenis van de menselijke ontwikkeling of heeft het haar praktische betekenis, bijvoorbeeld als hechtmiddel voor het huidvet waarmee het kind is ingesmeerd? Bij de geboorte van het kind is het echter verdwenen, er zit geen vacht meer op het lichaam, alleen nog op het hoofd.
Op de foto links is te zien hoe het tapijtje van donshaar interessante patronen vormt, doordat de haarwortels schuin in de huid staan. Ze volgen de bindweefselvezels in de lederhuid, de laag tussen opper- en onderhuid.

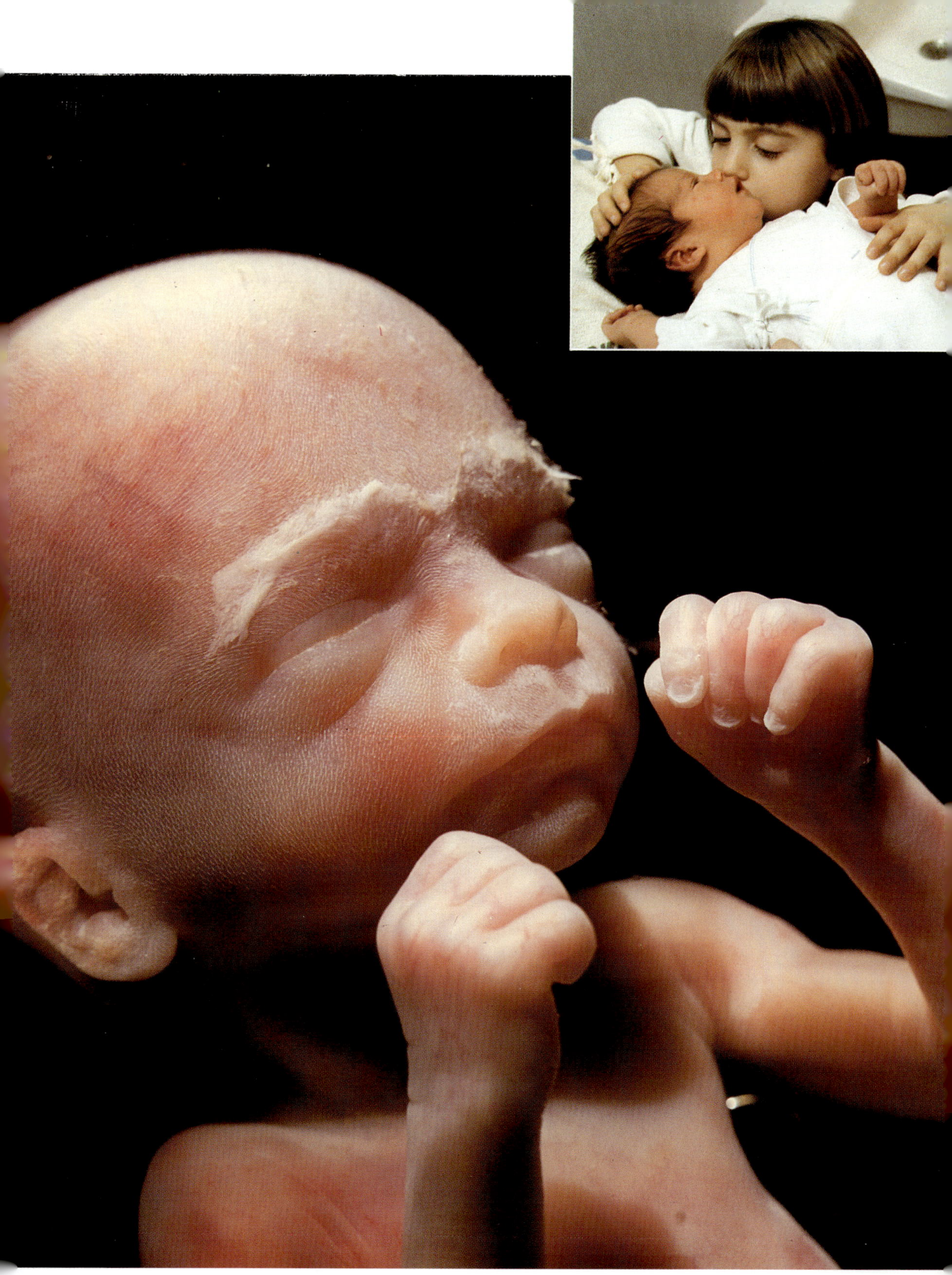

Een jongen of een meisje?

Het geslacht van het kind wordt al op het moment van de bevruchting bepaald. In de eerste maanden van de ontwikkeling van een vrucht is het onmogelijk om op het oog verschil te zien tussen een jongen en een meisje, de geslachtsklieren en de geslachtsorganen zien er namelijk precies hetzelfde uit. Tussen de benen wordt een knopje gevormd dat zich bij jongens tot een penis en bij meisjes tot een clitoris ontwikkelt. Aan weerszijden van het knopje vormen zich twee langgerekte verdikkingen. Bij een jongen groeien die samen tot een balzak en bij meisjes ontstaat tussen de verdikkingen een spleet die zich tot een vagina ontwikkelt.
De aanleg van de teelballen bij een jongen ligt net als de primitieve eierstokken bij een meisje diep in de buikholte. Met behulp van een microscoop zijn al vroeg tijdens de ontwikkeling van de vrucht heel duidelijk de kanaaltjes in de teelbal te zien. Daarin is al een begin gemaakt met de ontwikkeling van de voorstadia van zaadcellen. In de eierstokken bevinden zich grote hoeveelheden eiblaasjes die elk een eicel bevatten. Al in de vierde maand zijn alle vijf miljoen eicel-

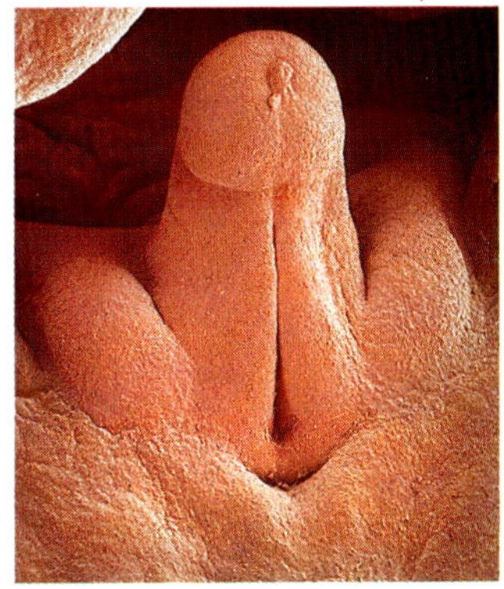

8 weken. De uitwendige geslachtsorganen zijn bij beide geslachten nog steeds opvallend gelijk. Maar de geslachtsorganen in de buik zijn al duidelijk verschillend.

7 weken, 25 millimeter

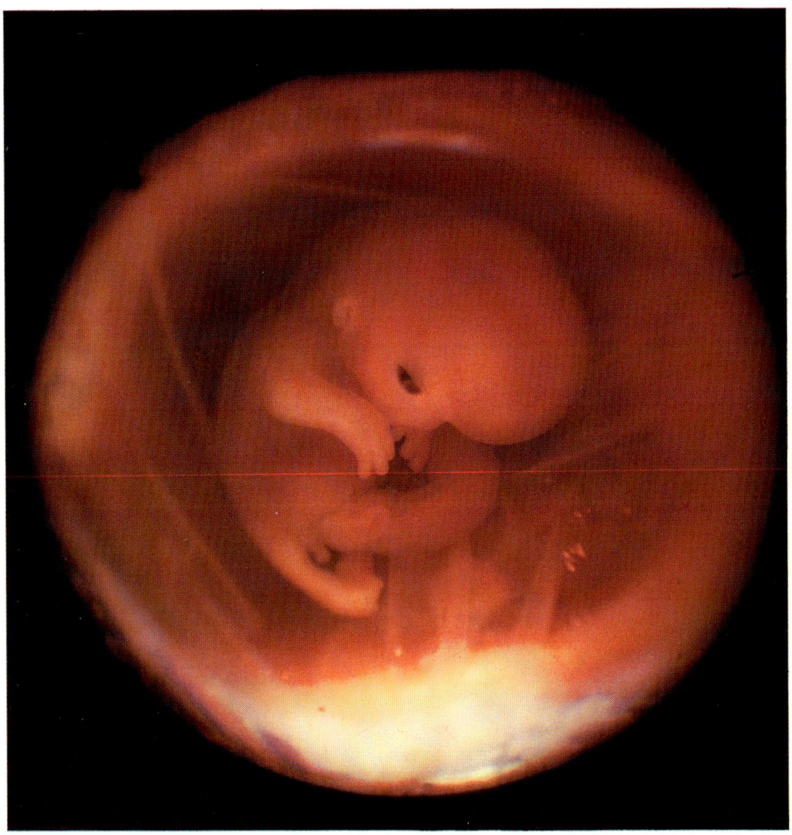

Jongen
De fotoserie rechts begint met de penis van een vrucht in de zestiende week. Daarnaast de teelballen in de dertiende week, terwijl ze nog in de buik liggen. Uiterst rechts een teelbal in doorsnede (16 weken). We zien een van de kronkelige zaadkanaaltjes, waar de zaadcellen gevormd worden. De oerzaadcellen liggen al op hun plaats. De blauwe cellen maken al mannelijk geslachtshormoon aan.

Meisje
Bij haar wordt de tegenhanger van de penis, de clitoris, in de éénentwintigste week zichtbaar tussen de schaamlippen. Daarnaast de eierstokken zoals ze er in de elfde week uitzien. Dan een dwarsdoorsnee van de aanleg van de eierstokken bij een pasgeboren meisje die bijna rijpe eicellen laat zien, omgeven door voedingscellen.

len voor het hele verdere leven gevormd. Bij mannen daarentegen worden tot op hoge leeftijd nieuwe zaadcellen gevormd.
Al voor de geboorte groeit een deel van de eiblaasjes onder inwerking van hormonen afkomstig van de hypofyse van de moeder tot een flinke omvang. Maar de ontwikkeling gaat nooit ver genoeg voor een eisprong en de volledige rijping van een eicel, vermoedelijk omdat ook het hormonale evenwicht van de moeder tijdens de zwangerschap niet op een eisprong is ingesteld.
Een zwangere vrouw die uit onwetendheid hormoonpreparaten slikt, bijvoorbeeld om haar spieren te versterken, kan de ontwikkeling van de geslachtsorganen van de vrucht in gevaar brengen, ongeacht of die van het mannelijk of het vrouwelijk geslacht is.
De aanstaande ouders kunnen door verschillende vormen van vruchtonderzoek het geslacht van het embryo of de vrucht te weten komen. Zowel met een vruchtwaterpunctie als met een zogenaamde vlokkentest kan dat door bepaling van de chromosomen met honderd procent zekerheid vastgesteld worden. In de tweede helft van de zwangerschap levert een gewoon ultrageluidsonderzoek doorgaans dezelfde informatie op.

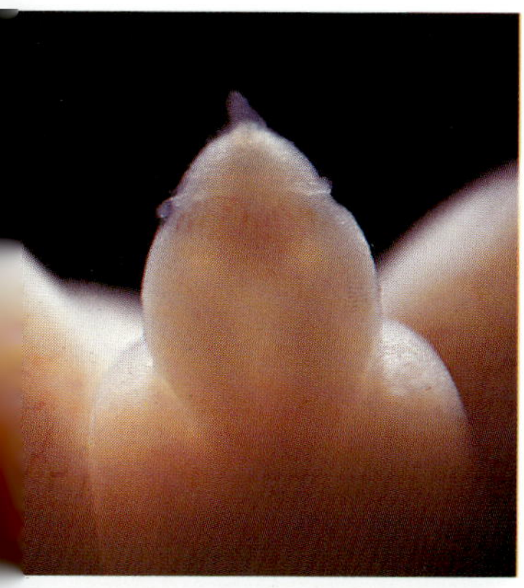
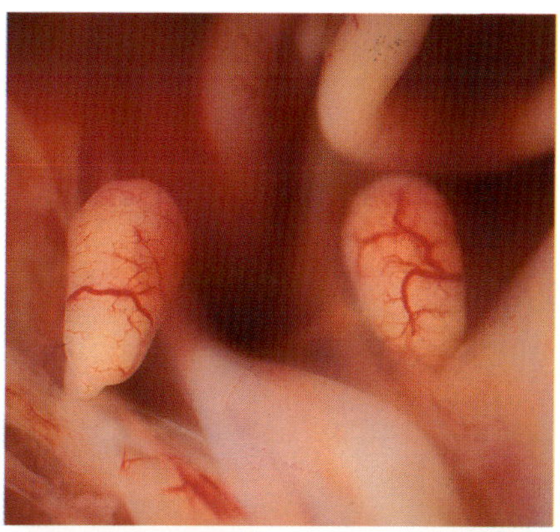
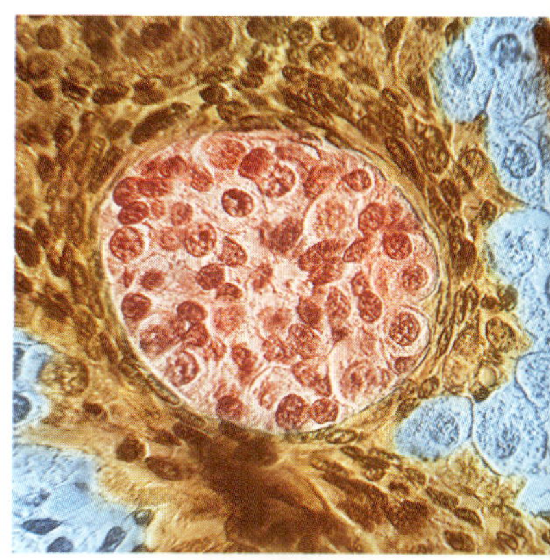
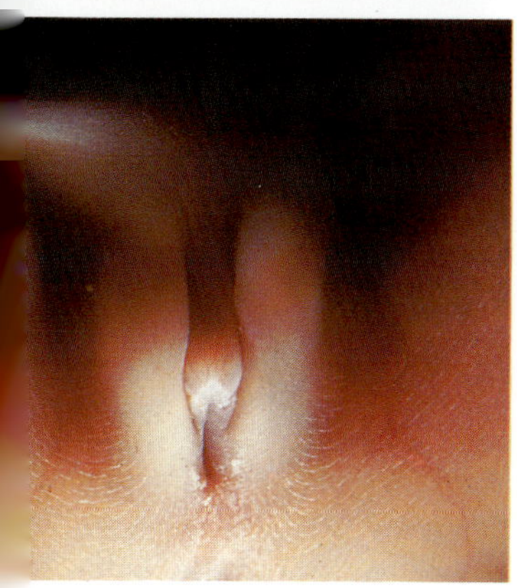
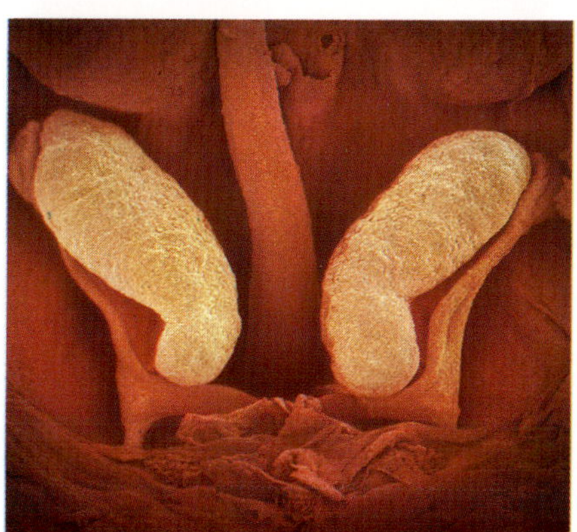
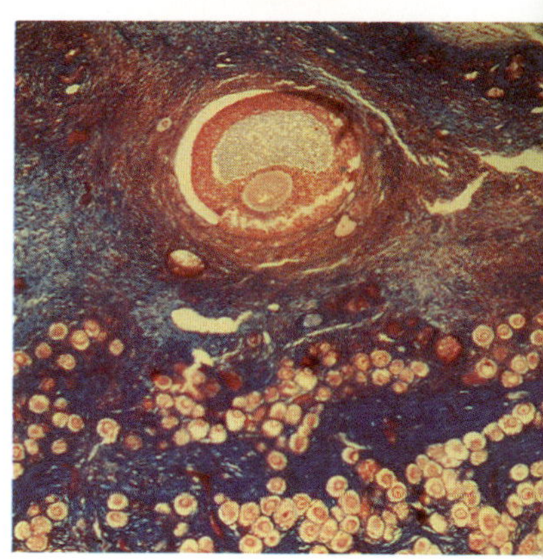

Vruchtonderzoek met behulp van het oog

Hoewel de ultrageluidstechniek ons de mogelijkheid heeft gegeven om de vrucht tijdens zijn ontwikkeling meerdere malen te onderzoeken, kan het een enkele maal zin hebben om met behulp van een zogenaamde foetoscoop in de baarmoeder te kijken. Dat is een soort kijker met een diameter van slechts een paar millimeter die in de buurt van de navel door de buikwand gestoken wordt.

Het onderzoek, waarbij de moeder onder narcose is, vereist grote vaardigheid om de vrucht niet te beschadigen. Met behulp van groothoekoptiek kunnen overzichtsbeelden verkregen worden, maar in het algemeen is de arts meer in details, zoals een hand, een voet of de geslachtsorganen, geïnteresseerd.

In het geval waarbij deze fotoserie is gemaakt, wilde men de foetus onderzoeken op een zeldzame skeletziekte waarover ultrageluid geen duidelijke informatie kon geven. Het onderzoek verliep goed, de foetus bleek normaal te zijn, en de baby (zie inzet) was helemaal gezond toen hij tweeëntwintig weken later werd geboren.

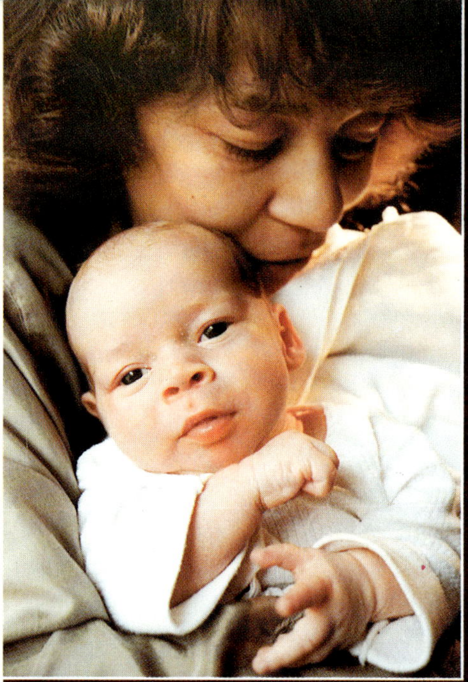

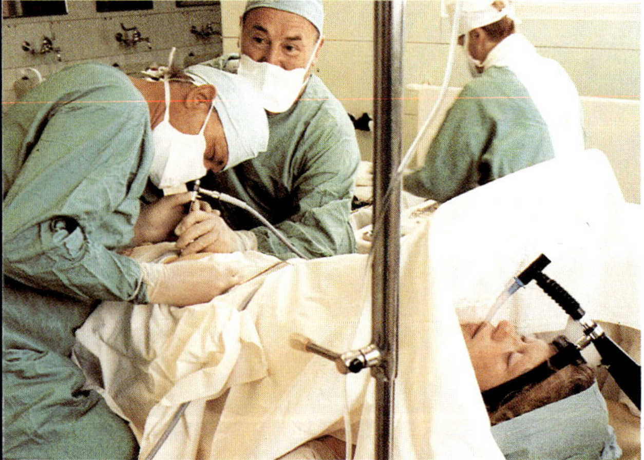

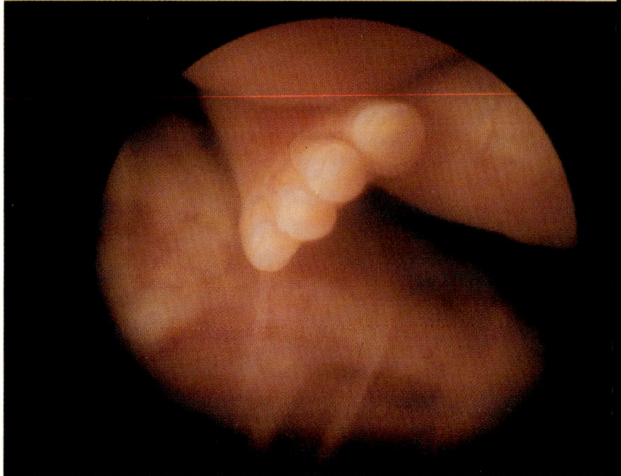

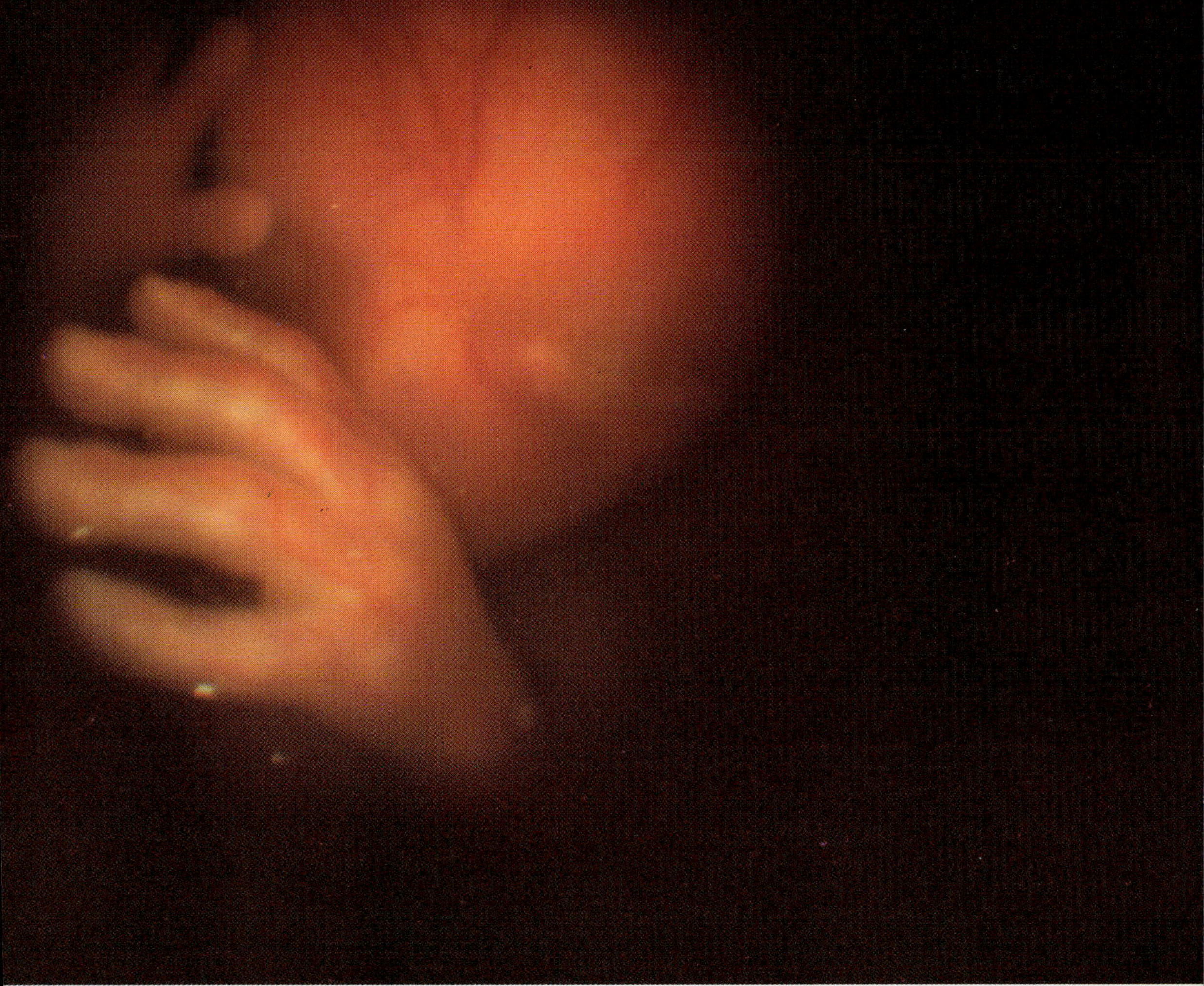

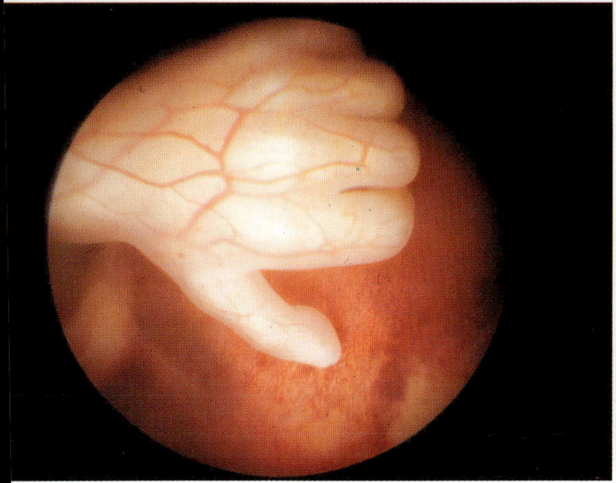

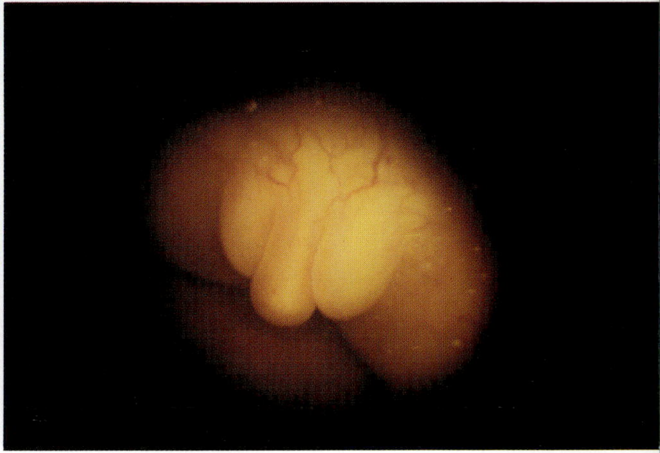

Het midden van de zwangerschap

Ongeveer in het midden van de zwangerschap, dat wil zeggen achttien tot twintig weken na de laatste menstruatie, begint een vrouw de bewegingen van de vrucht te voelen. Voor een vrouw die niet weet wat ze moet voelen duurt het langer voordat ze er zeker van is: vrouwen die voor het eerst zwanger zijn, voelen bewegingen van de vrucht doorgaans een paar weken later dan vrouwen die het al een keer meegemaakt hebben. De eerste tekenen kun je niet leren, die moet je ervaren. Later worden ze vaak beschreven als geborrel in de buik of als slagen van een vissestaart.

De vrouw is nu in het algemeen een paar kilo zwaarder geworden en de buik begint nu een lichte bolling te vertonen. De bovenkant van de baarmoeder reikt nog niet tot de navelstreek en er is nog betrekkelijk veel ruimte in de buik over. Ze heeft nog geen moeite met de ademhaling, de misselijkheid is opgehouden en de meeste vrouwen bevinden zich nu zowel in lichamelijk als in geestelijk opzicht in de beste fase van de zwangerschap. In dit stadium wordt vaak melding gemaakt van een toenemend gevoel van warmte - alsof er een kacheltje van binnen zit.

In deze fase van de zwangerschap is een verhoogde afscheiding uit de vagina heel natuurlijk, maar als de afscheiding te overvloedig wordt, of irriteert of onaangenaam ruikt, gaat het vaak om een gewone schimmelinfectie die gemakkelijk behandeld kan worden.

Het is niet waar! Ik voelde hoe de kleine zich daarbinnen bewoog! De eerste schopjes zijn een buitengewone ervaring, vooral voor een vrouw die het nog nooit eerder heeft meegemaakt. De zwangerschap is dan in zijn achttiende tot twintigste week, maar in feite beweegt de vrucht zich in de baarmoeder al enige weken. Maar pas nu worden de bewegingen zo sterk, dat ze door de buikwand heen te voelen zijn.

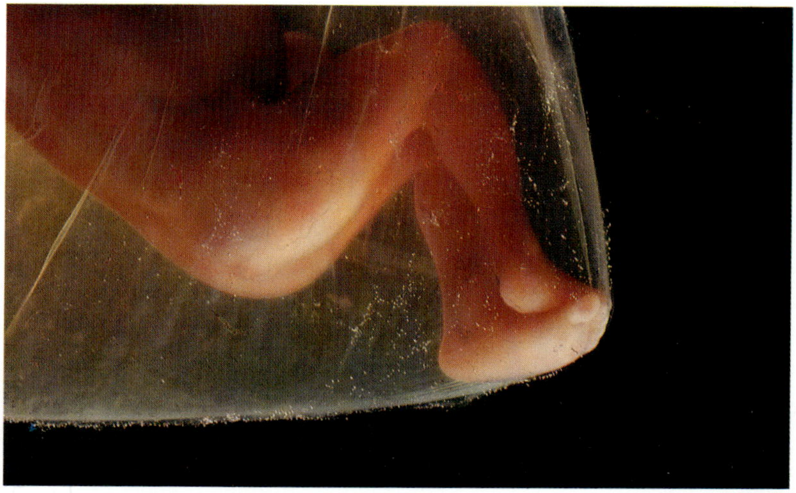

Normale kwaaltjes

Spataderen en aambeien zijn normale ongemakken voor zwangere vrouwen, vooral in het laatste deel van de zwangerschap. De oorzaak van beide kwaaltjes is dezelfde: de baarmoeder en de vrucht drukken op de grote aderen die langs het bekken lopen. Het bloed kan moeilijker passeren en daardoor wordt de bloeddruk in de aderen hoger dan normaal en zwellen de aderen op. Dat kan op den duur leiden tot beschadiging van de kleppen die in de aderen zitten en dan lekt het bloed terug, waardoor de aderen nog wijder worden. Vaak herstellen de vaten zich na de bevalling weer grotendeels, maar soms blijven er restverschijnselen over. Een enkele keer wordt daarvoor wel eens een operatie verricht, maar zeker niet binnen een half jaar na de bevalling. Aambeien hoeven zelden te worden geopereerd: die genezen meestal na de bevalling, vooral als de vrouw ook geen last meer heeft van verstopping, die tijdens de zwangerschap tot deze ongemakken bijdraagt.
Andere kwaaltjes in het laatste deel van de zwangerschap zijn krampen in de benen, waarvan de oorzaak onbekend is maar die onschuldig zijn, en brandend maagzuur, waarbij het maagzuur naar de keel opstijgt. Dit laatste kan soms erg hinderlijk zijn, maar daartegen bestaan tegenwoordig doeltreffende medicijnen in vloeibare vorm of in de vorm van tabletten. Zulke medicijnen worden niet in de bloedsomloop van de vrouw opgenomen en er bestaat dus geen risico dat ze een ongunstig effect op de vrucht hebben.

Een prikkend gevoel en steken in de kuiten zijn niet ongewoon als de buik zwaar begint te worden en de werkdag lang is geweest. Soms wordt de moeder wakker en kan niet meer slapen. En de dichtstbijzijnde masseur slaapt natuurlijk als een os.

Houd het lichaam in conditie

In veel landen wordt zo voorzichtig met zwangere vrouwen omgesprongen dat ze al te passief kunnen worden. Het is in het algemeen niet bijzonder goed voor lichaam en geest om een zwangerschap rustend door te brengen. In ons land begint het zwangerschapsverlof bij 34 tot 36 weken. Als een vrouw werk heeft waarbij ze veel lichaamsbeweging heeft, is die beweging misschien voldoende, maar als ze zittend werk heeft, zal ze om moeten zien naar geschikte vormen van lichamelijke activiteit, iets dat tijdens de zwangerschap heel belangrijk is. Gewone lichaamsbeweging is natuurlijk nog steeds goed, maar er zijn ook speciale, op zwangere vrouwen afgestemde gymnastieklessen. Deze bevatten ook oefeningen voor de spiergroepen die bij de bevalling zelf gebruikt zullen worden.

De bekkenbodemspieren kunnen door knijpoefeningen getraind worden en om te leren hoe die oefeningen gedaan moeten worden kan het goed zijn om onder professionele leiding te oefenen. Zowel voor als na de bevalling moeten de knijpoefeningen gedaan worden om de uitgerekte spieren hun normale spanning weer terug te geven. De rug heeft veel te lijden van de zwangerschap omdat de moeder met haar groeiende en steeds zwaarder wordende buik in evenwicht moet blijven. Ook bij de weeën is het goed om beweeglijke en soepele rugspieren te hebben. Rugspieroefeningen zijn daarom een steeds terugkerend element bij de zwangerschapsgymnastiek.

Het lichaam is een ouderwetse constructie en kan niet zo goed tegen stilstaan. Zelfs een zwangere vrouw moet zo lang ze kan in beweging blijven. En als de normale dagelijkse beweging niet toereikend is, is zwangerschapsgymnastiek een goede aanvulling.

Geestelijke training

Het is niet alleen van belang dat een aanstaande moeder in goede lichamelijke conditie is voor haar bevalling, ze moet ook geestelijk goed voorbereid zijn. Daarom zijn er oudercursussen voor zowel de aanstaande moeder als de aanstaande vader. Bij de voorbereidingen horen ontspanningsoefeningen, en soms vooral aanwijzingen voor de ademhaling. Het kan bij de weeën van groot nut zijn als een vrouw geleerd heeft de spanning in alle spieren te verminderen en slap en bijna met een verlaagd bewustzijn te liggen. Hoe meer ze zich spant, des te meer pijn doen de weeën en des te meer raakt ze vermoeid. In dat verband kan psychoprofylaxe (psyche betekent ziel, profylaxe is voorkomen) een minstens zo belangrijk onderdeel

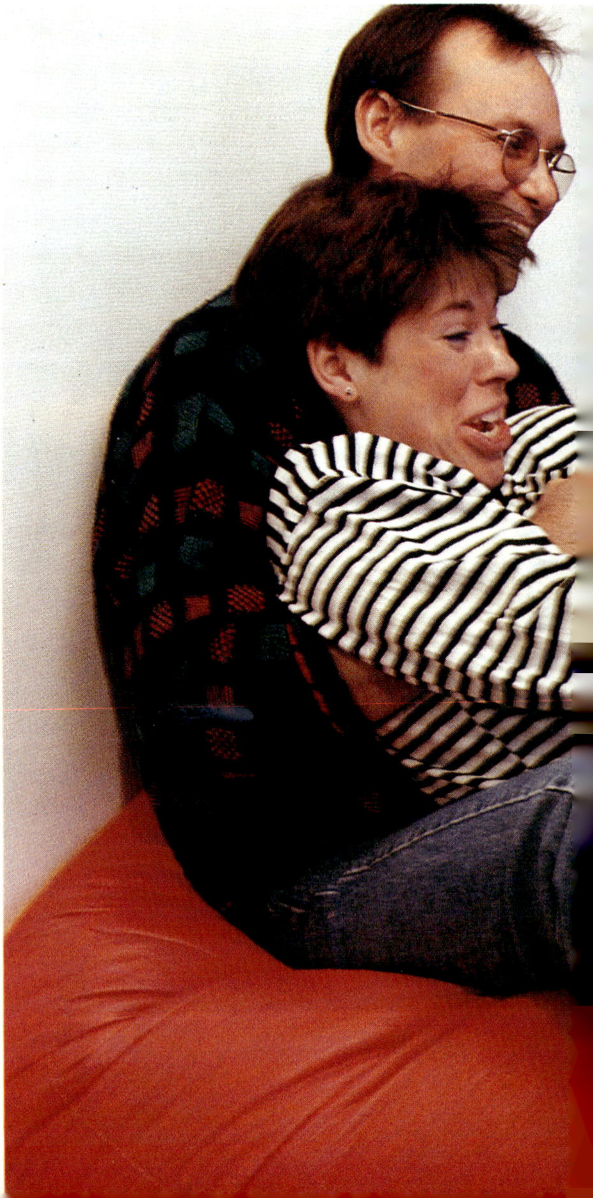

In de tweede helft van de zwangerschap is het goed om zich te leren ontspannen, liefst samen met andere aanstaande ouders. Ontspanning is net als rugmassage een belangrijk element bij pijnverlichting. Hier kan de vader zich daadwerkelijk verdienstelijk te maken. De groep rechts is met praktische oefeningen voor de bevallingssituatie begonnen, en daarbij komen poppen goed van pas.

van de voorbereiding zijn als de lichamelijke training, ook al moeten ziel en lichaam het liefst hand in hand gaan. Met poppen spelen, gecombineerd met nauwgezette, degelijke en praktische voorlichting over hoe de details van de bevalling in werkelijkheid verlopen, geeft velen een veilig gevoel wanneer het eenmaal ernst wordt. Het is al jaren bekend dat pijn en angst voor de weeën en de bevalling versterkt worden als de vrouw en de man zich niet op hun gemak voelen en onvoorbereid zijn. Een bevalling thuis, in de eigen omgeving, heeft daarom voordelen. Maar ook in een ziekenhuis kan een wat huiselijker sfeer geschapen worden, als een onderdeel van het streven om de ouders ook geestelijk op hun gemak te stellen.

Voorbereiding op de bevalling

In de loop van de zwangerschap, vooral bij vrouwen die hun eerste kind verwachten, komen veel vragen op over hoe het zal zijn bij de bevalling. Wie kan die vragen het beste beantwoorden? In de eerste plaats diegene die de zwangerschapscontroles uitvoert, dus de verloskundige en in een enkel geval de huisarts. Wanneer de controles plaatsvinden bij de specialist-gynaecoloog in het ziekenhuis, omdat er al in de zwangerschap een afwijking of een verhoogd risico is vastgesteld, zal de specialist de vragen beantwoorden.
Wanneer het de bedoeling is dat de bevalling thuis zal plaatsvinden, zal een medewerkster van het kraamcentrum, waar de kraamverzorgsters in dienst zijn die bij de bevalling de verloskundigen bijstaan en die in het kraambed moeder en kind verzorgen, een bezoek aan huis brengen. De gang van zaken bij de bevalling wordt besproken, en ook wordt verteld wat de vrouw van tevoren moet aanschaffen en klaarzetten. Als de bevalling in een ziekenhuis zal plaatsvinden is een bezoek aan de verloskamer van het ziekenhuis vaak mogelijk, soms gecombineerd met een voorlichtingsbijeenkomst waar een vroedvrouw uitleg geeft.

De aanwezigheid en de steun van de aanstaande vader bij de bevalling is belangrijk. Vaak kan hij ook actief meehelpen, waardoor hij meer bij het gebeuren wordt betrokken. Dat geldt uiteraard nog meer wanneer de bevalling thuis plaatsvindt, zoals in ons land in meer dan een derde van alle gevallen. Man en vrouw zijn dan thuis in hun eigen omgeving en kunnen elkaar daar wellicht meer tot steun zijn dan in de toch wat vreemde omgeving van het ziekenhuis.

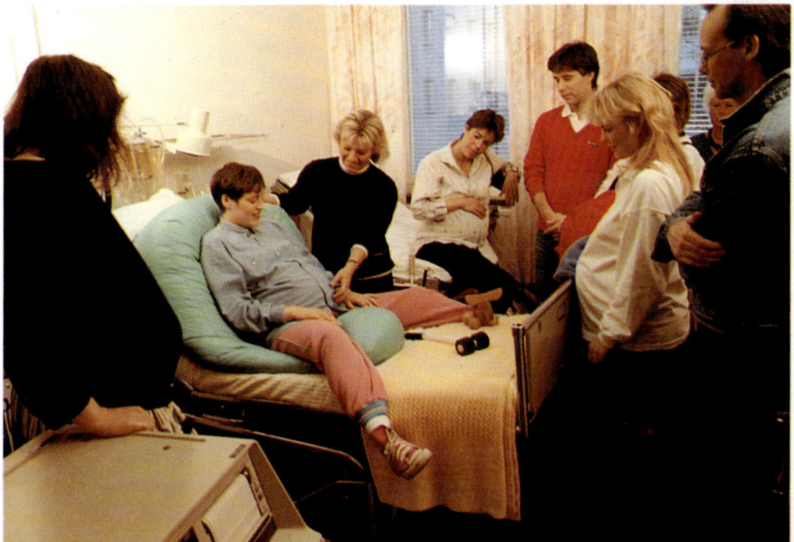

De vroedvrouw in het ziekenhuis geeft uitleg aan de hand van een pop en een kunstbekken, en op de verloskamer bij het verlosbed. Het is goed dat bij de voorbereiding van de bevalling ook de partners worden betrokken.

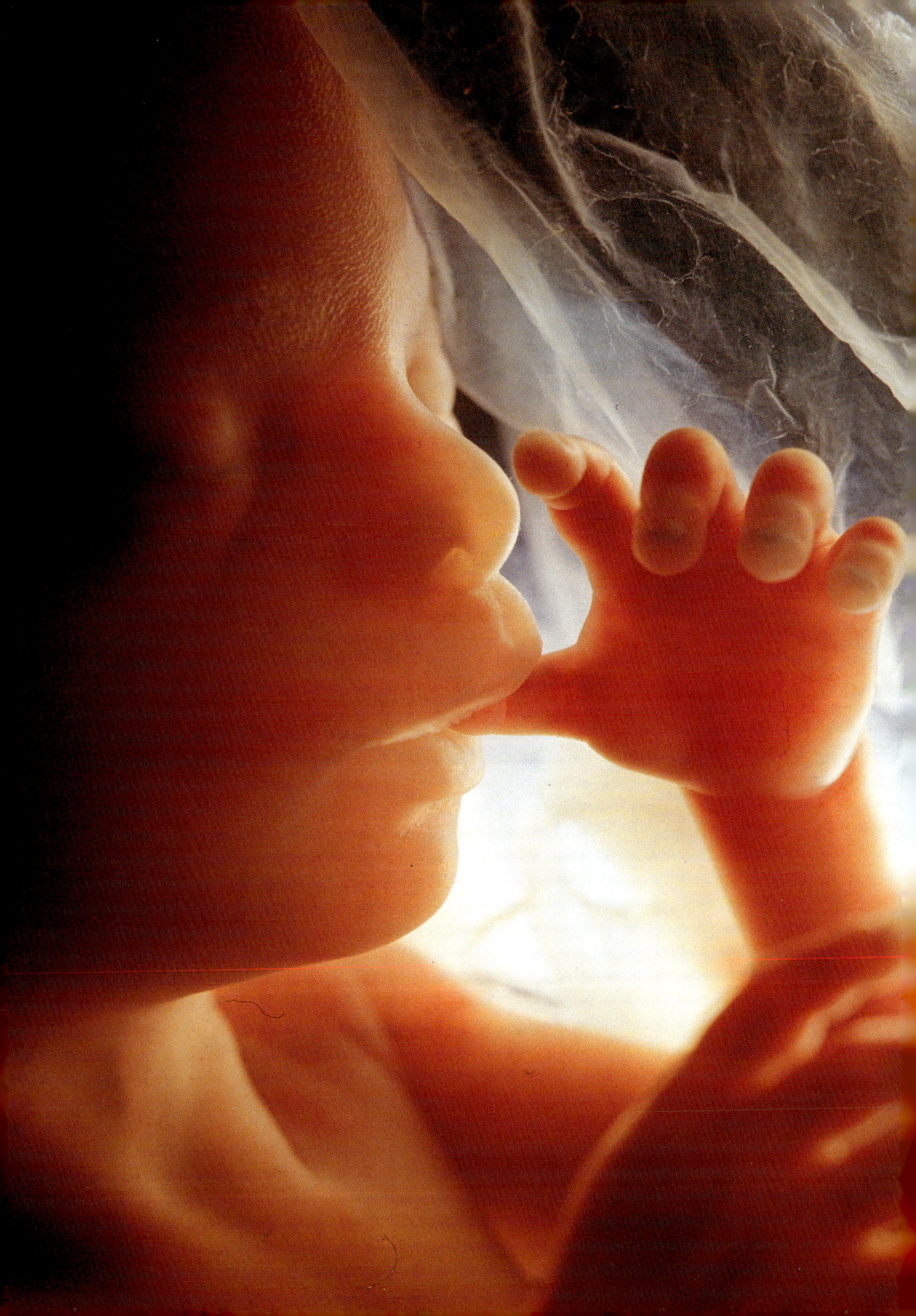

Binnenkort klaar voor het leven

De vrucht ligt goed beschermd en zweeft in het vruchtwater diep in de baarmoeder, maar dat betekent niet dat hij van de buitenwereld is afgesloten. De vrucht wordt door trillingen en geluiden omgeven, die al in de vijfde maand gehoord kunnen worden: het suizen en kloppen van het bloed in de bloedvaten van de moeder, geborrel in haar maag en darmen en ook het geluid van haar stem dat zich door haar lichaam voortplant.
Vanuit de buitenwereld dringen andere geluiden door en van schelle geluiden kan het hart sneller gaan kloppen en misschien krijgt het hele kind een schok. Op den duur leert het bepaalde patronen in zijn geluidsmilieu te herkennen en misschien kan hij het verschil tussen de stem van zijn moeder en die van zijn vader herkennen. De moeder merkt geleidelijk aan dat het kind reageert op wat er in zijn omgeving gebeurt, en voor haar is dat een teken dat het bewustzijn van het kind steeds meer ontwaakt.
De vrucht leeft in hoofdzaak in het donker, maar door de buikwand van de moeder en door de omhulling van de baarmoeder dringt wel een beetje licht naar binnen. De ogen zijn tot aan de zevende maand gesloten, maar daarna kunnen we er zeker van zijn dat de vrucht licht ziet in de vorm van een roodachtig schijnsel. Ook als het kind te vroeg geboren zou worden, heeft het tegenwoordig goede overlevingskansen. Een enkele maal kan het kind al na verloop van 25 zwangerschapsweken, als het ruim een halve kilo weegt, in leven blijven en een normaal leven krijgen.

18 weken, 20 centimeter. Kijk naar die hand, wat een prachtig kunstwerk, en dat terwijl niet meer dan de helft van de tijd in de baarmoeder verstreken is! Nu worden de verschillende systemen uitgeprobeerd. De vrucht beweegt zich en spartelt met zijn armen. Als een van de vingers de lippen raakt, treedt de zuigreflex in werking. Rechts: Hoogzwanger en moe, maar haar taak is nog niet ten einde. De andere kinderen hebben ook aandacht nodig.

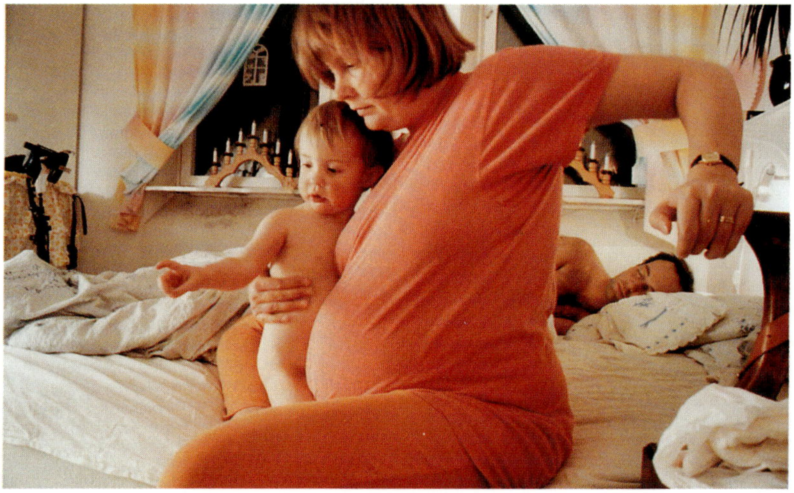

De vrucht wordt molliger

Tijdens de twee laatste maanden in de baarmoeder bouwt de vrucht in de onderhuid een beschermende vetlaag op. Zijn gewicht neemt toe met ongeveer tweehonderd gram per week. Toch moet een vrouw tijdens de zwangerschap niet te veel eten. In de ontwikkelde landen is het een veel voorkomend probleem dat de vrouw te veel eet. Dat is niet alleen slecht voor haar, maar ook het milieu van de vrucht gaat een teveel aan vet bevatten. Een hoog gewicht van een kind bij de geboorte is dus niet altijd een teken dat het milieu in de baarmoeder optimaal was. Een klassiek voorbeeld daarvan vormen vrouwen met suikerziekte (diabetes). Als tijdens de zwangerschap het bloedsuikergehalte niet in orde is, wordt het kind groot en pafferig en voelt het zich niet erg fit. Een geboortegewicht van vier tot vijf kilo is in dergelijke gevallen niet ongewoon, en dat kan er dan weer toe leiden dat de bevalling zwaarder wordt.
Het is ook niet goed voor de vrucht als de moeder tijdens de zwan-

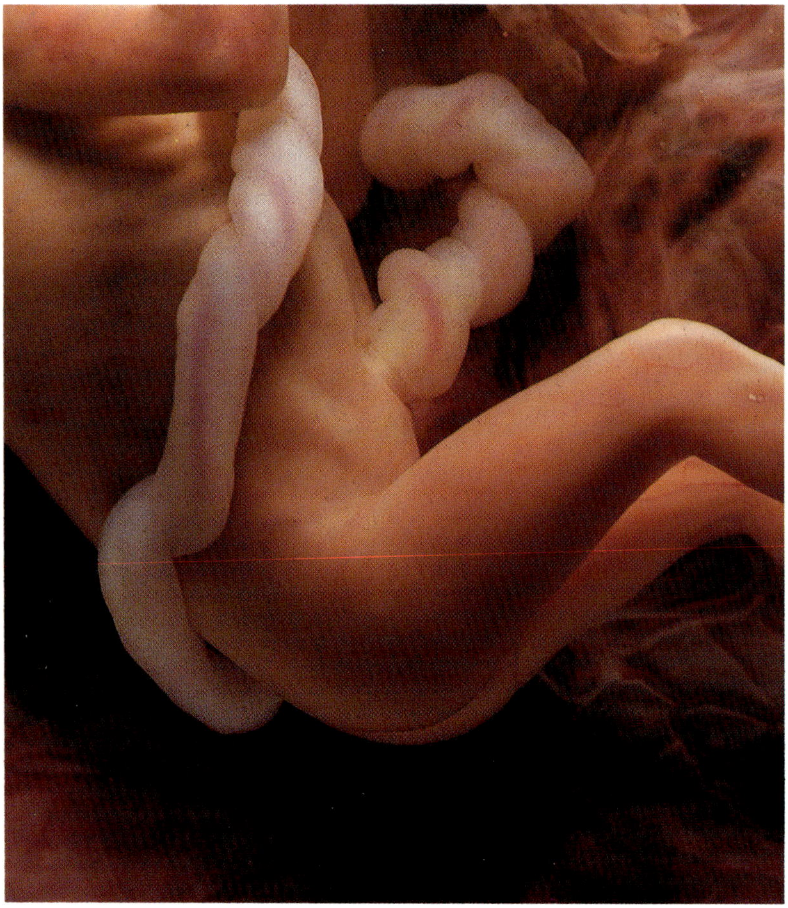

De levenslijn van de vrucht, de navelstreng, is een robuuste constructie - met aan het eind van de zwangerschap imposante afmetingen. De bloedvaten liggen ingebed in een stevige, geleiachtige massa, die voorkomt dat er knikken of knopen in ontstaan die de bloedtoevoer zouden kunnen belemmeren.

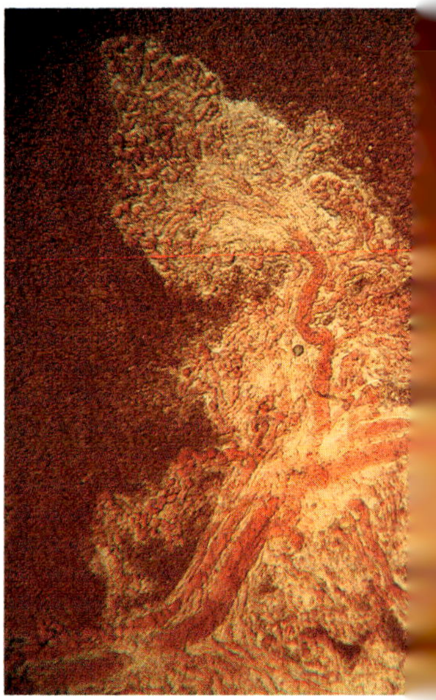

gerschap te weinig eet, ook al kan met enig recht gezegd worden dat de vrucht zich voedt ten koste van de moeder, of dat de moeder altijd vrijuit deelt van wat er voorhanden is. Ondervoeding tijdens de zwangerschap, vooral in combinatie met vitamine- en mineraaltekort, is op onze aarde een van de grote problemen, omdat de basis voor een reeks hersenfuncties al voor de geboorte gelegd wordt. Als de vrucht geen complete voeding krijgt, kan de ontwikkeling van de hersenen gestoord worden. Bij de geboorte heeft een kind honderden miljarden zenuwcellen, die gedurende de hele periode in de baarmoeder gevormd worden en zich ontwikkelen, maar na de geboorte komen er geen nieuwe zenuwcellen meer bij. Daarom moeten we zuinig zijn op onze hersencellen, zowel voor de geboorte als in het volwassen leven. Het is niet goed om tijdens de zwangerschap een vermageringskuur te gaan doen. Het is ook van belang dat de moeder niet het milieu van haar kind bederft met tabak, alcohol en kalmerende middelen. Natuurlijk is het gebruik van verslavende drugs zeer schadelijk.

De uitwisseling van voedingsstoffen en zuurstof in de placenta tussen het bloed van de moeder en dat van het kind vindt plaats in kleine op vingers lijkende uitspruitsels (chorionvilli). De foto links laat zo'n uitspruitsel zien, omgeven door het bloed van de moeder. Door elk uitspruitsel stromen de bloedlichaampjes van de vrucht via een fijn haarvat.
De foto rechts is een sterke vergroting van de spits van een uitspruitsel van de placenta, en de bloedlichaampjes van de vrucht zijn zichtbaar in het U-vormige bloedvat.
Ze zijn slechts door een dun vlies van de rode bloedlichaampjes van de moeder gescheiden. Door dit vlies worden zuurstof en voedingsstoffen van de moeder aangevoerd. Door het vlies passeren ook alle afvalstoffen van de vrucht. Wanneer de bloedlichaampjes van de vrucht zich met zuurstof vullen, veranderen ze van kleur en worden lichtrood.

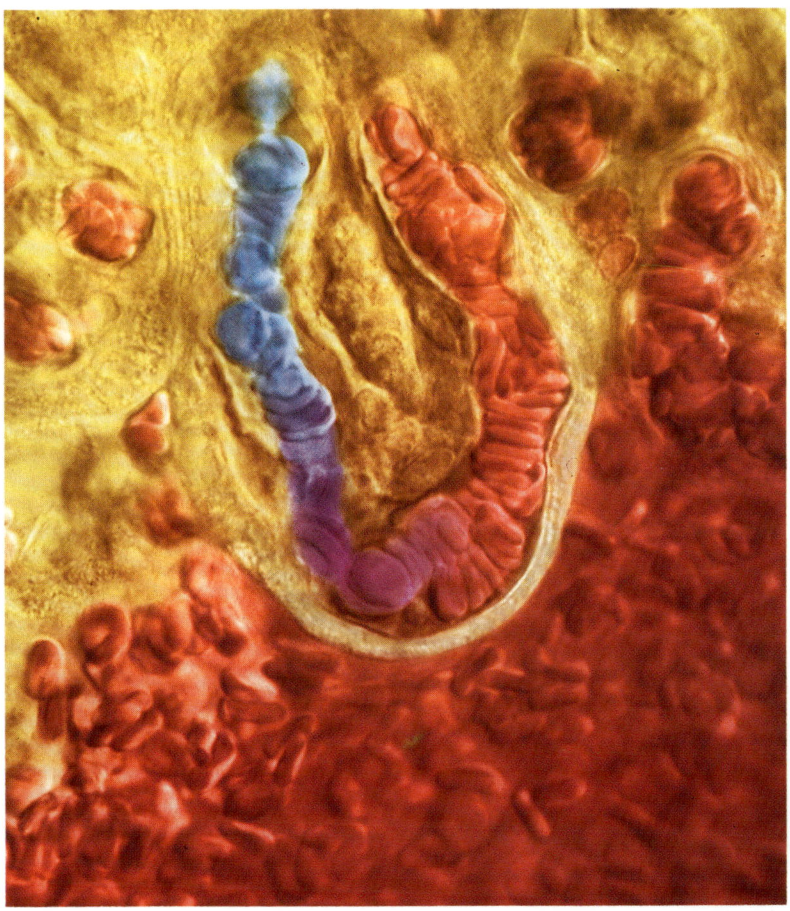

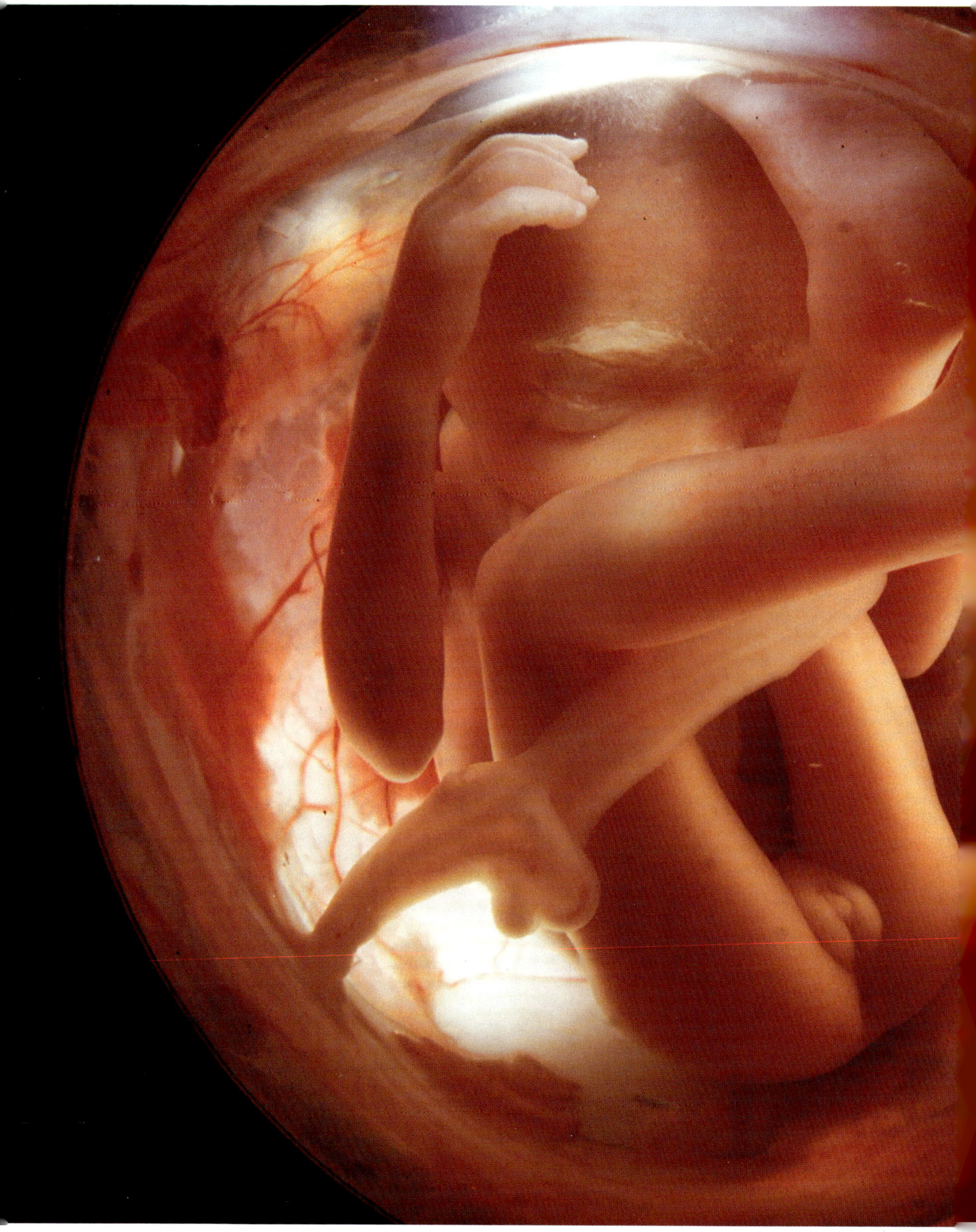

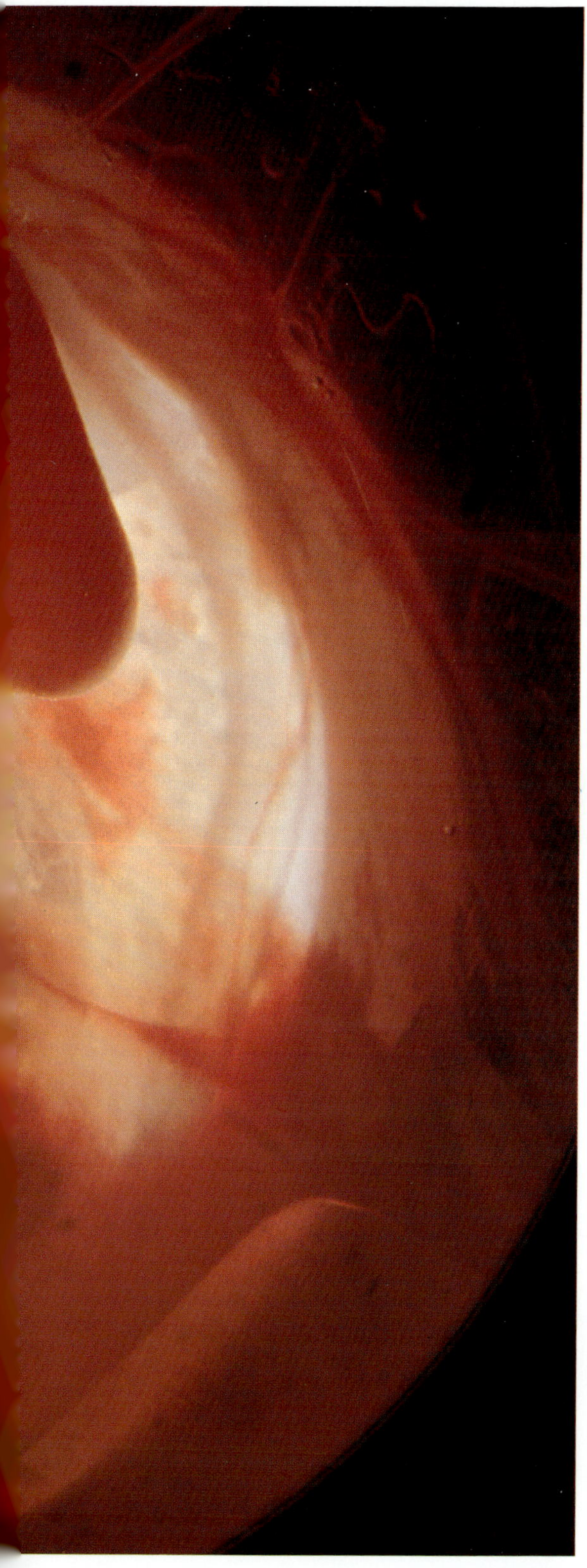

Voortdurende training

Een vrucht begint zich al in de achtste week van de zwangerschap te bewegen en blijft dat doen tot de geboorte. Gedurende lange tijd gaat het alleen om primitieve reflexen in armen en benen, maar in de vijfde maand worden de bewegingen van de vrucht bewuster en beter gecoördineerd. Dat wijst erop dat de zenuwbanen aan elkaar gekoppeld worden. Het kind strekt zich, grijpt en draait zich om. Dat is allemaal nodig voor de groei van de spieren en het beenderstelsel, en voor de ontwikkeling van een verfijnde motoriek. Mocht de vrucht gedurende een dag of meer beduidend minder gaan bewegen, dan moet de moeder naar een verloskundige praktijk of een ziekenhuis voor een extra controle.

5 maanden, 24 centimeter

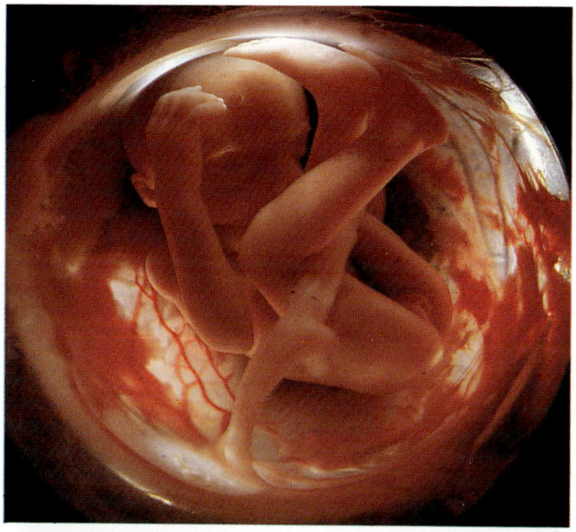

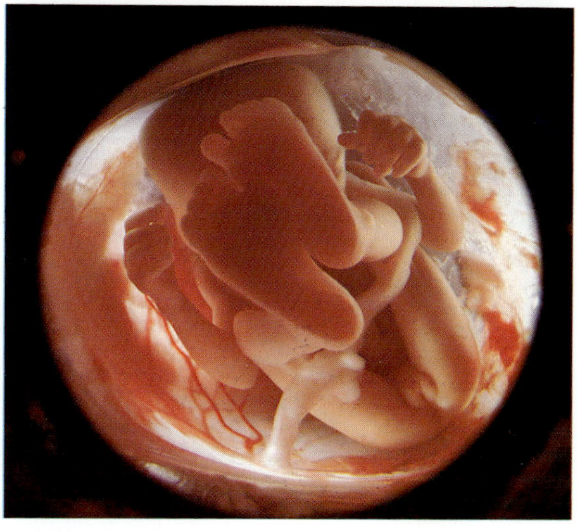

De ruimte begint krap te worden

Tot aan de zevende maand van de zwangerschap is er voldoende ruimte voor het kind om te bewegen en zelfs een hele slag om te draaien, maar spoedig wordt de ruimte te krap en wordt bijna alle beschikbare ruimte in de baarmoeder opgevuld.
Aan het eind van de zwangerschap neemt de hoeveelheid vruchtwater wat af, en bij de bevalling is het meestal tussen een halve en anderhalve liter. Het vruchtwater is een steriele oplossing die vanwege de urine die de vrucht erin loost constant ververst wordt. Dat het een beetje troebel is, wordt veroorzaakt door ronddrijvende afgestoten cellen van de vrucht, maar ook door voedingsstoffen en produkten die voor de ontwikkeling en de rijping van de longen nodig zijn. De vrucht slikt vruchtwater in om de functies van het spijsverteringskanaal te oefenen. Soms krijgt het kind de hik, wat door de moeder met kleine krampachtige schokjes wordt gevoeld.

8 maanden, 45 centimeter

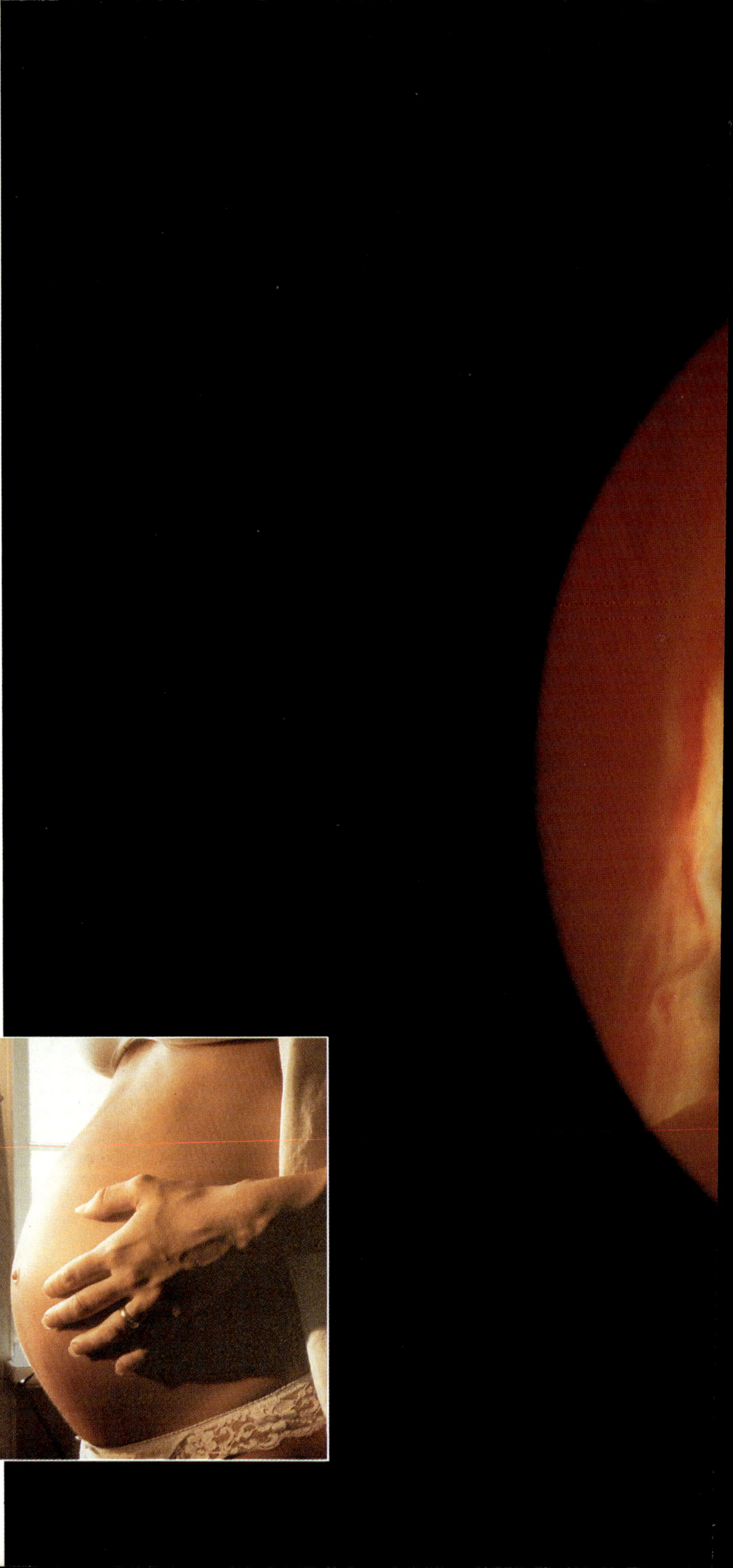

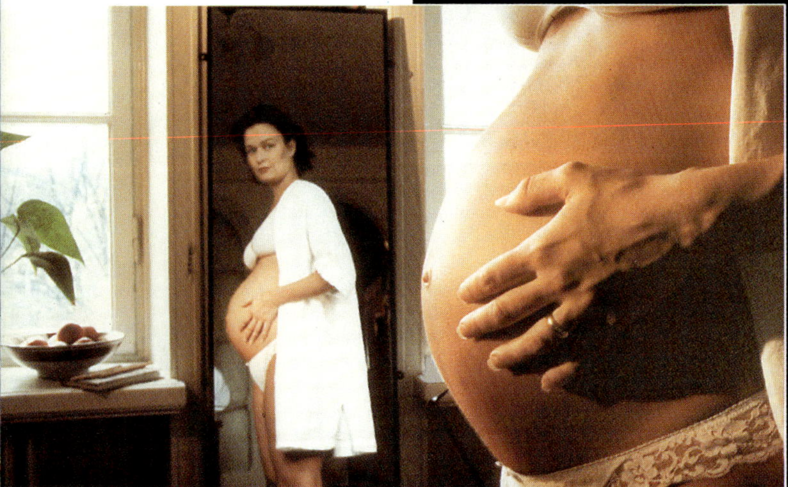

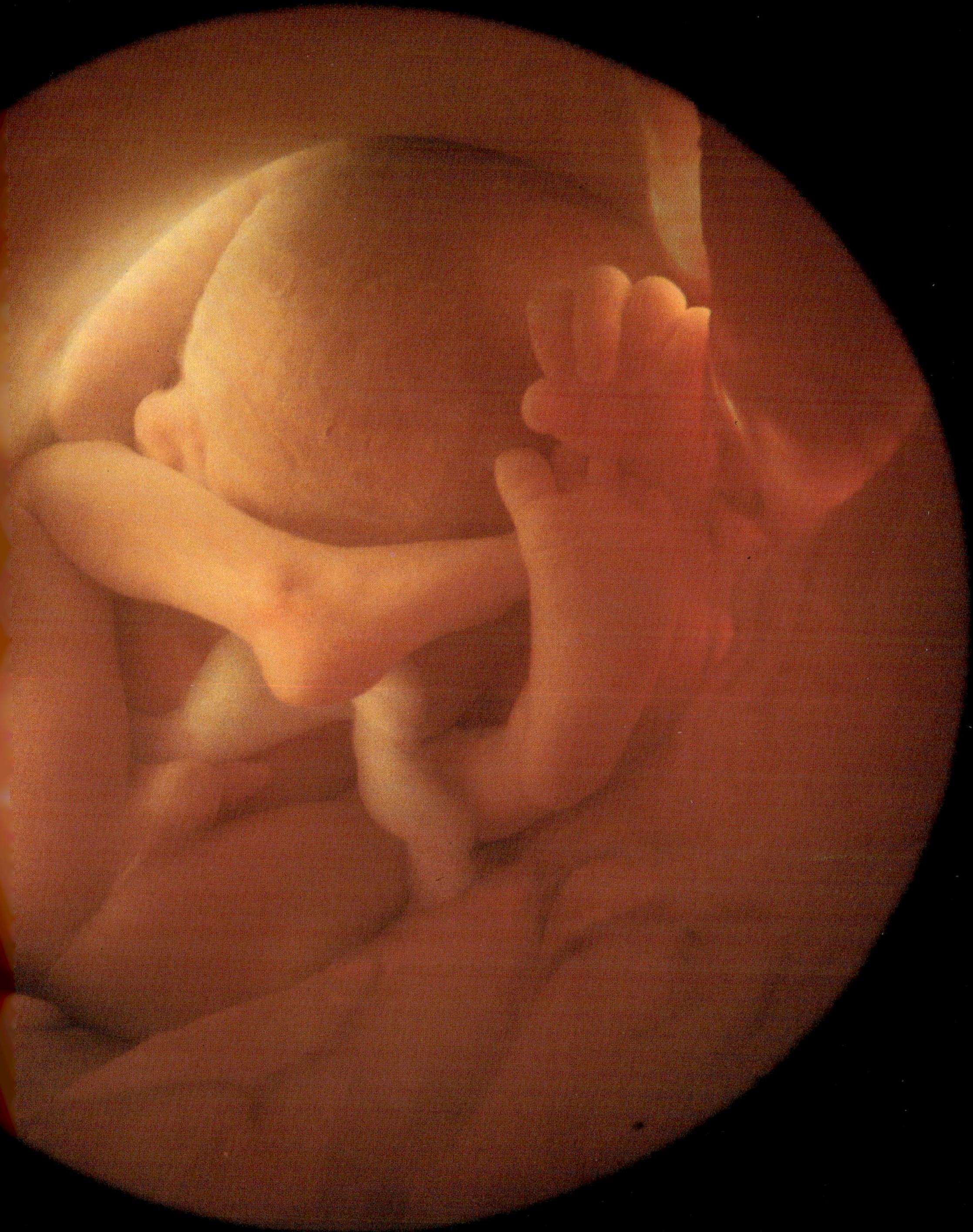

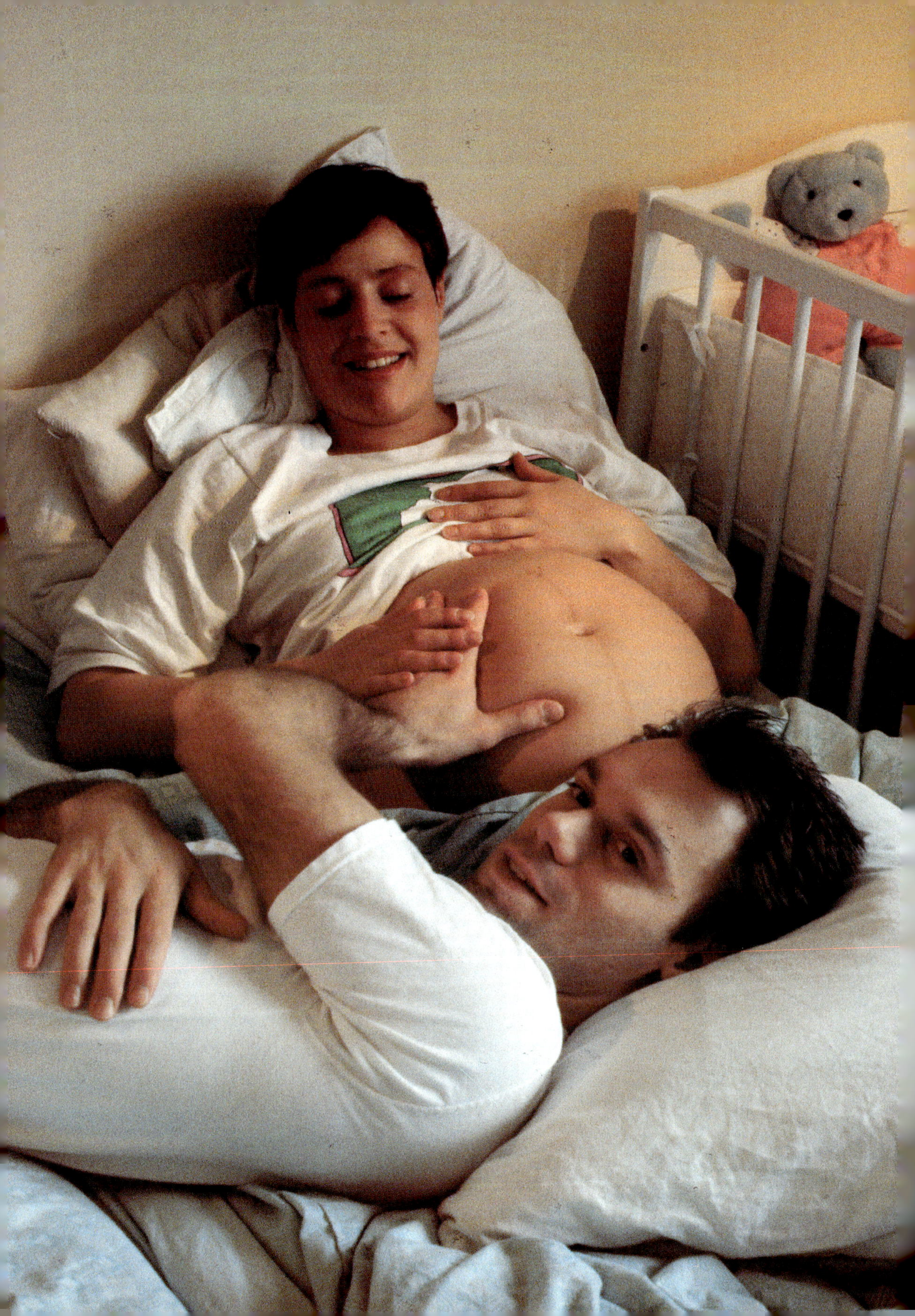

Het wachten tijdens de laatste weken

Tegen het eind van de zwangerschap wordt de buik dik. De meeste aanstaande moeders hebben last van hun zware buik, velen krijgen pijn in de rug, en de nieuwsgierigheid en het verlangen om het resultaat te zien, worden vermengd met een zekere angst voor de bevalling. Vaak ervaren vrouwen de druk op hun blaas, waardoor het moeilijker wordt om de urine op te houden, als het hinderlijkst. Anderen vinden dat de druk van onderaf op de borst, waardoor het moeilijk wordt om diep adem te halen, het vermoeiendst is.

Nu begint het tijd te worden om met werken te stoppen. Sommige aanstaande moeders slapen 's nachts slecht, en daarom kunnen ze behoefte hebben aan een paar uur rust overdag. Dat geldt ook voor het kind. Het is belangrijk om te proberen werkelijk uit te rusten als voorbereiding op de geboorte van het kind.

Gedurende de laatste weken wordt een aanstaande moeder doorgaans aangeraden om veel kleine maaltijden te gebruiken in plaats van een paar grote. Er is gewoonweg geen plaats voor meer. Dit is een periode waarin de moeder reservekrachten kan opbouwen en energie kan opdoen voor de 'finale'. Geadviseerd wordt om vers fruit, groenten die veel voedingsvezels bevatten en veel kwark en yoghurt, roggebrood of bruin brood, rozijnen en noten te eten.

Als de zwangerschap wat langer duurt dan gemiddeld, is dat zelden een reden voor ongerustheid - er zit vijf weken variatie in de lengte van de normale zwangerschap. Het is dus net zo gewoon om in de 38ste week te bevallen als in de 42ste.

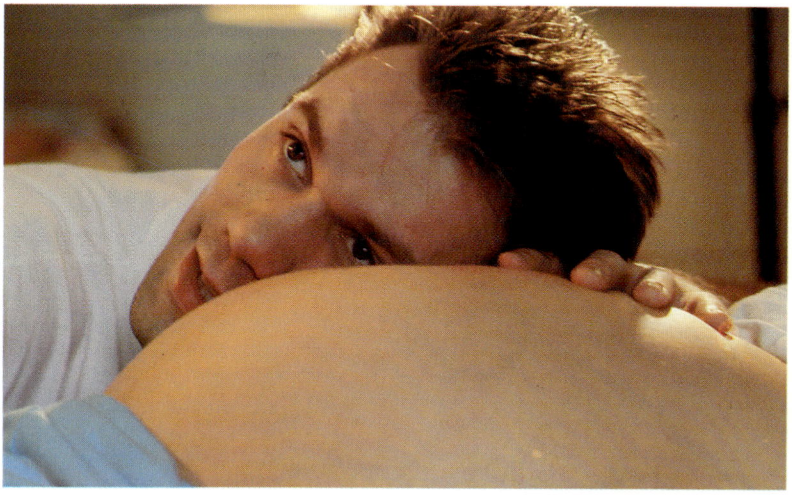

Zo vlak voor de eindstreep staat de buik van de moeder in het middelpunt van de belangstelling. Dat is nog eens een buik! In totaal neemt het gewicht tijdens de zwangerschap met tien tot vijftien kilo toe. Ongeveer een derde daarvan komt voor rekening van de vrucht, de rest komt door de placenta, het vruchtwater, de vergrote baarmoeder en een groter volume aan bloed.
Nu duurt het niet lang meer - het bedje staat al klaar, opgemaakt en wel.

Wat jullie horen, is mijn hart!

Ongeveer vier weken voor de bevalling wordt de controle verscherpt. De aanstaande moeder gaat eens per week naar de verloskundige praktijk om zich te laten wegen, haar bloeddruk te laten meten en haar urine te laten testen. De vroedvrouw meet ook de toename in omvang van de buik en noteert de waarden die ze vindt in een grafiek die laat zien hoe het kind zich ontwikkelt. Hoe ligt de vrucht? Met het hoofd omlaag zoals in 97 procent van de gevallen, of in een andere positie? Met behulp van een versterker hoort de moeder de snelle hartslag van de vrucht: hier ben ik - wat jullie horen, is mijn hart!

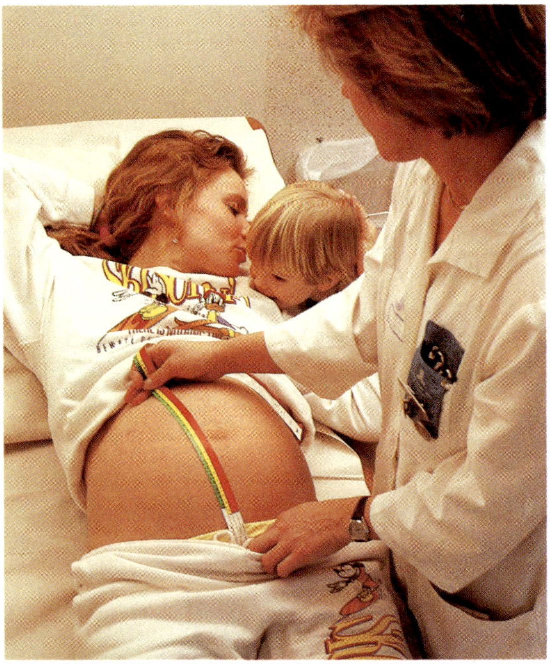

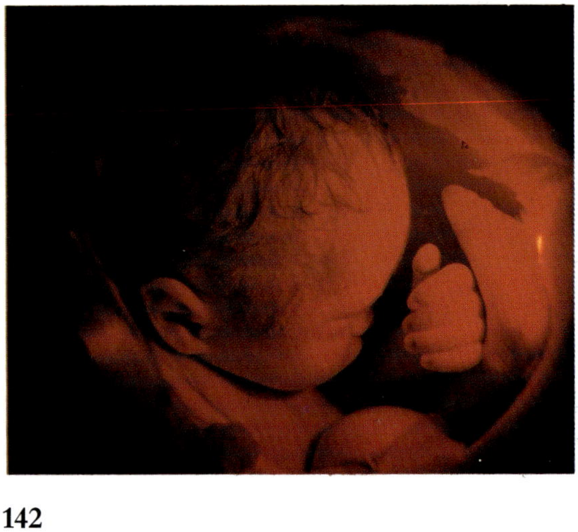

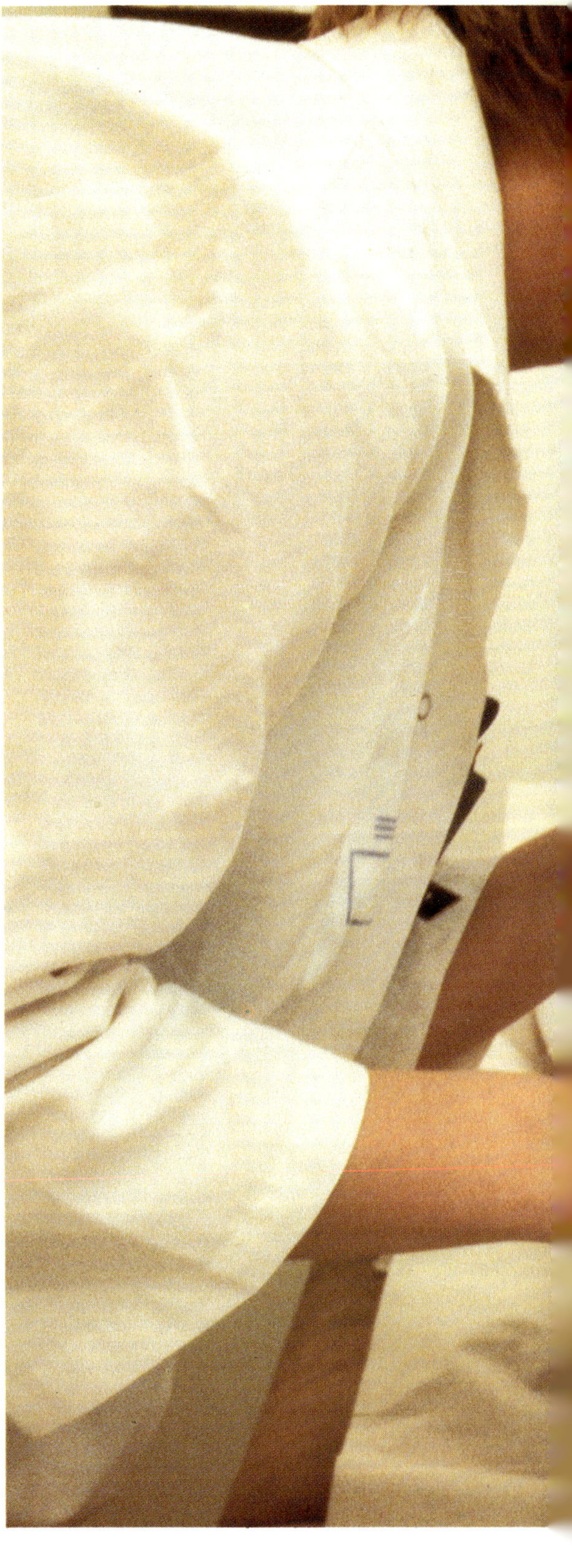

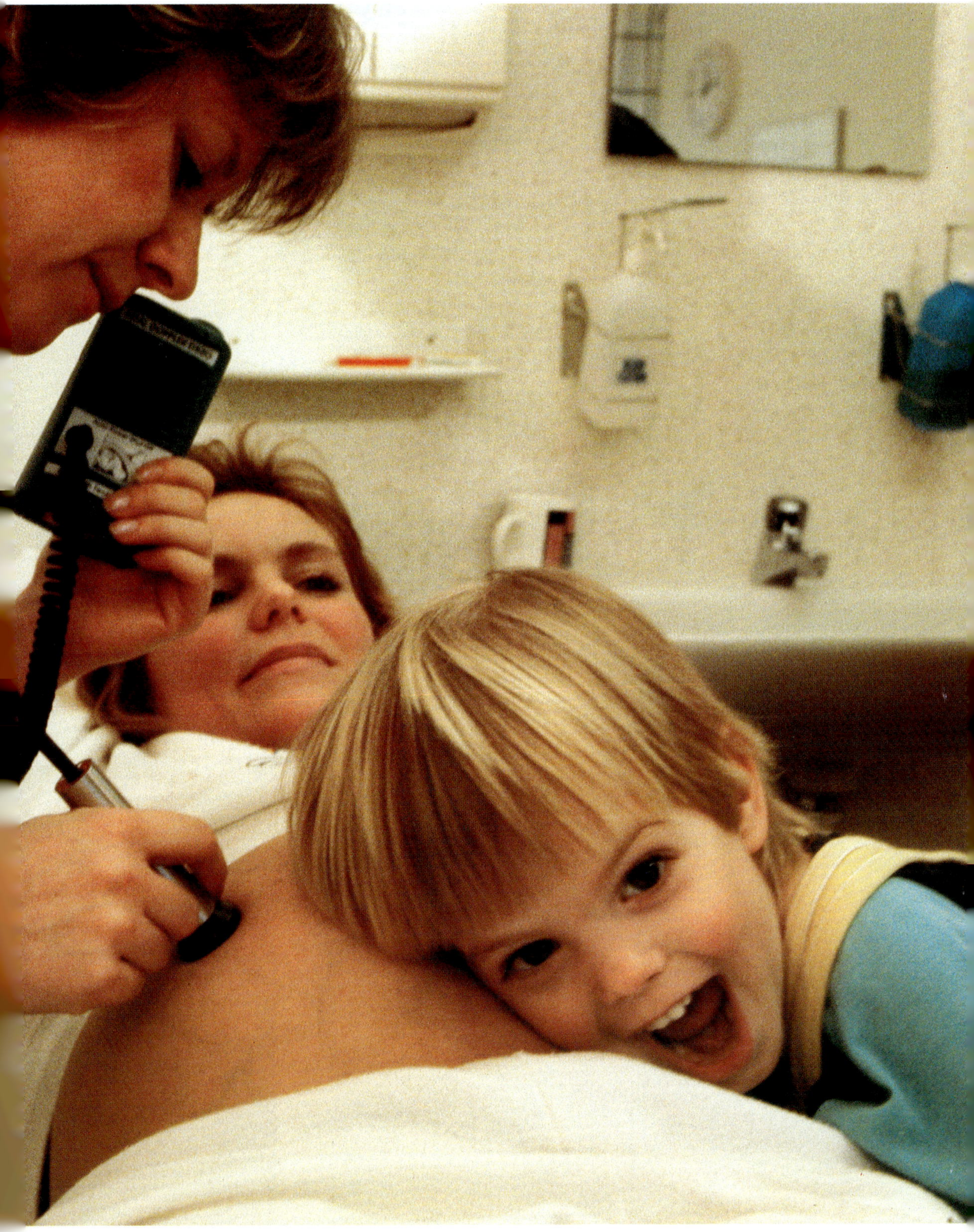

Hoe ligt het kind?

Om goed op de bevalling voorbereid te zijn, moet de vroedvrouw nauwkeurig de ligging van het kind in de baarmoeder beoordelen. Ligt het hoofd naar beneden, of de voeten? Verreweg de meesten (97 procent) liggen met het hoofd naar beneden, wat de bevalling het eenvoudigst maakt.

Aan het einde van de zwangerschap heeft ongeveer drie procent van de kinderen een afwijkende ligging, bijna altijd een stuitligging, waarbij de billen of de voeten van het kind naar beneden in de baarmoeder liggen. Ook dan kan een bevalling langs normale weg meestal worden afgewacht, maar omdat wat vaker problemen bij de bevalling kunnen ontstaan, is het beter dat deze in het ziekenhuis plaatsvindt onder leiding van een specialist-gynaecoloog. Het kan bijvoorbeeld nodig zijn om, eerder dan bij een kind in hoofdligging, te besluiten tot het verrichten van een keizersnede wanneer een wat moeizame bevalling wordt verwacht. Het is daarom dat soms bij een stuitligging aan het einde van de zwangerschap wordt getracht het kind door uitwendige handgrepen om te draaien; dat kan gedaan worden door een vroedvrouw of een arts, en als het lukt ligt het kind daarna weer in hoofdligging en is het extra risico van de stuitligging dus opgeheven.

In sommige landen, de Verenigde Staten en Scandinavië bijvoorbeeld, is het aantal keizersneden de laatste jaren snel toegenomen, onder andere bij stuitligging, maar ook bij meerlingen (twee- of drielingen) en andere bijzondere bevallingen. In de Verenigde Staten bevalt meer dan één op de vier vrouwen tegenwoordig met behulp van een keizersnede, in Scandinavië meer dan één op de tien.

In de Verenigde Staten is een van de voornaamste oorzaken de angst van artsen dat ze zullen worden aangeklaagd wegens een behandelingsfout. Daarnaast is het natuurlijk ook zo dat buikchirurgie niet meer zo gevaarlijk is als vroeger, vooral door het toepassen van antibiotica, bloedtransfusie en goede narcose. Het gevaar van misbruik van de keizersnede is echter duidelijk aanwezig.

In ons land is ook de laatste jaren de toepassing van de keizersnede toegenomen, maar het aantal is toch nog vrij beperkt: ongeveer acht procent van alle bevallingen vindt hier plaats door middel van de keizersnede.

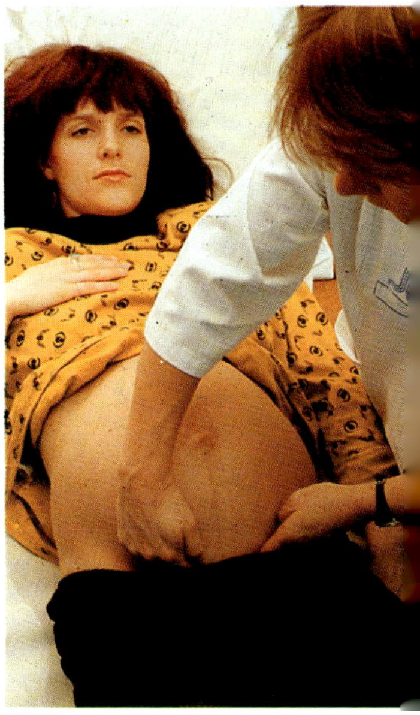

Een paar weken voor de bevalling heeft het kind de positie ingenomen waarin het waarschijnlijk geboren zal worden, meestal met het hoofd naar beneden in het baringskanaal. Als de ligging afwijkend is, kan eventueel een ziekenhuisbevalling nodig zijn.

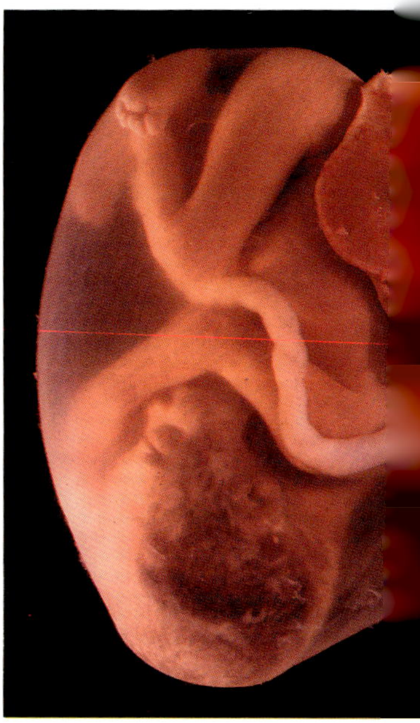

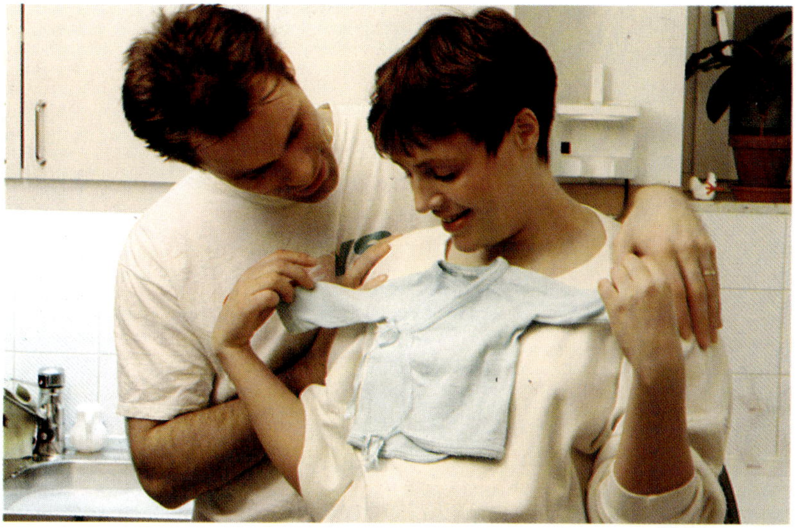

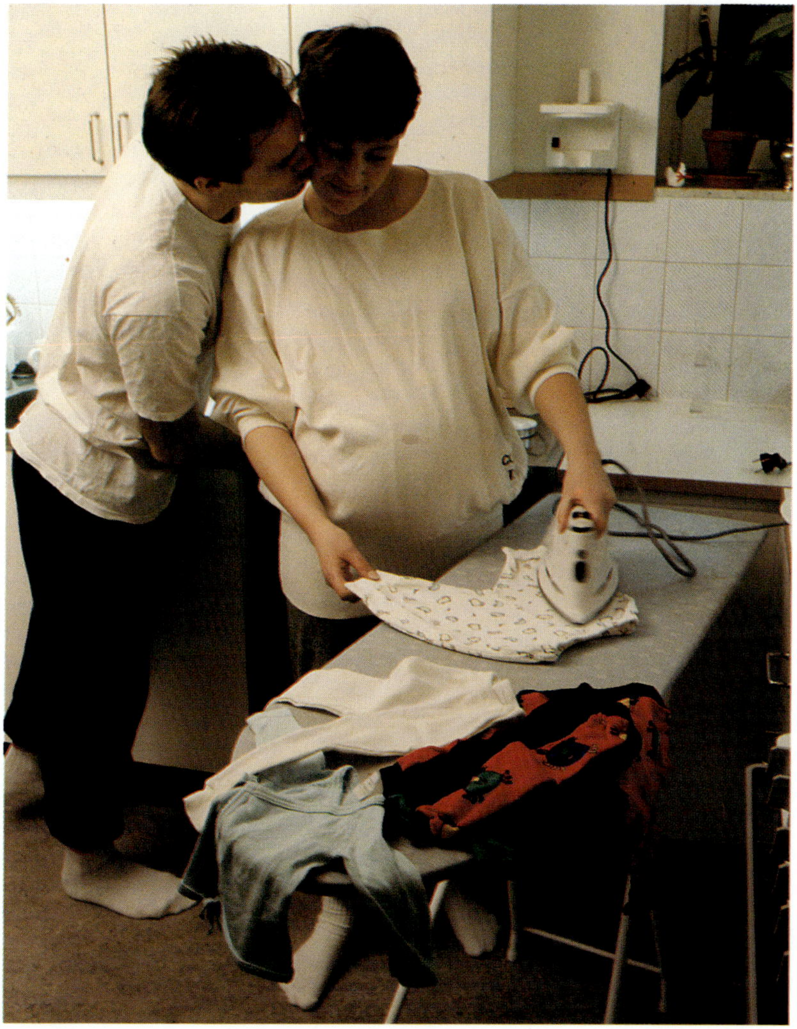

Bij de voorbereiding op de bevalling hoort ook het klaarmaken van de garderobe voor de baby. Dit kan voor beide ouders een vreugdevolle taak zijn.

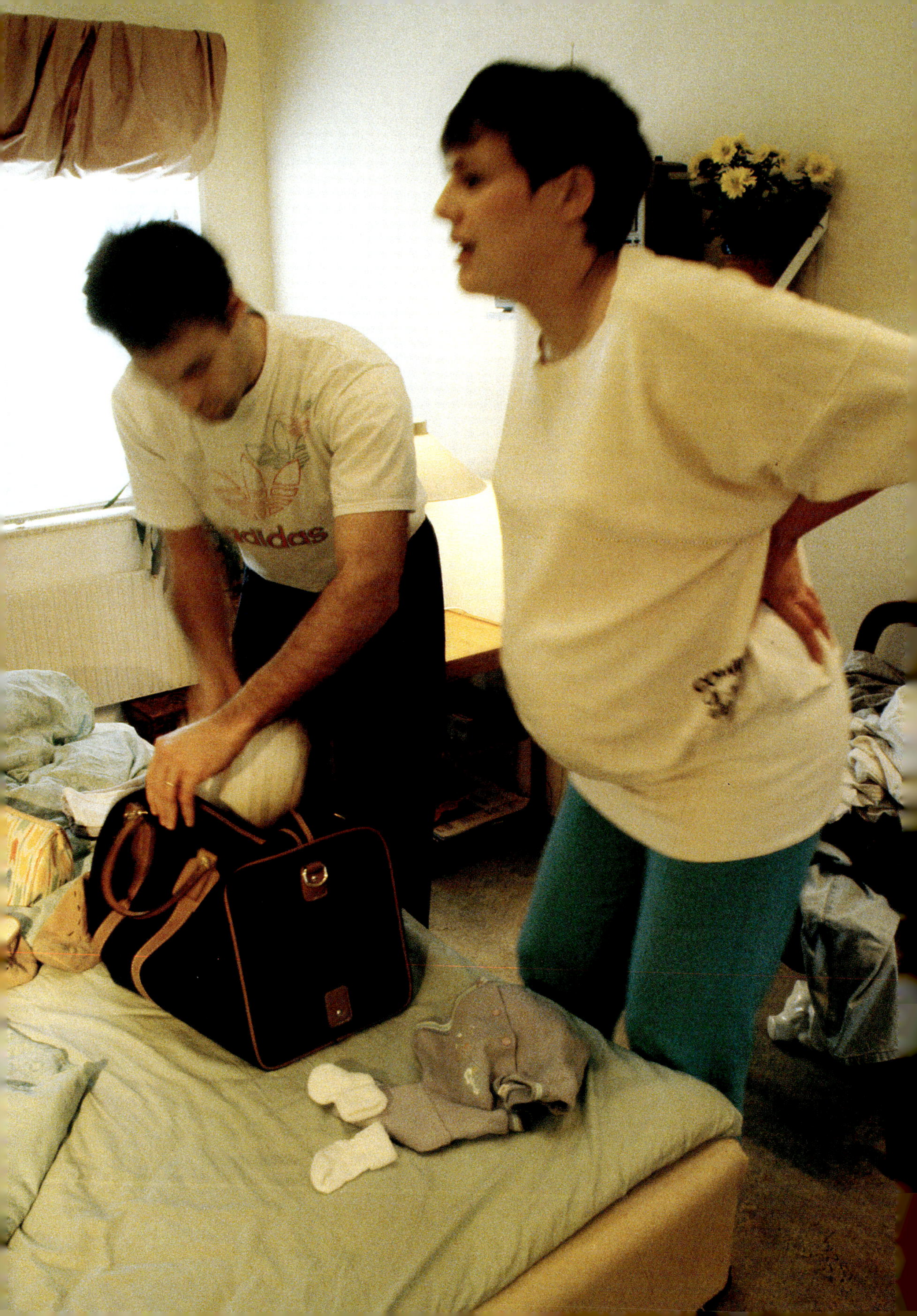

De bevalling

Er zijn drie signalen die aangeven dat de bevalling aanstaande is en die elke zwangere vrouw moet kennen: regelmatig terugkerende weeën, vochtverlies en verlies van bloederig slijm.

Samentrekkingen van de baarmoeder hebben de meeste vrouwen in het hele tweede deel van de zwangerschap gevoeld: af en toe een samentrekking van de baarmoeder, die een of enkele minuten lang zo hard wordt als een bal. Wanneer de bevalling nadert, beginnen deze samentrekkingen sterker en steeds regelmatiger te worden. Samentrekkingen met tussenpozen van minder dan vijf minuten kunnen een teken zijn dat de bevalling begonnen is. Deze samentrekkingen worden sinds mensenheugenis weeën genoemd omdat ze geleidelijk aan met pijn gepaard gaan - als de vrouw nog op de been is, blijft ze opeens staan en krimpt ineen, waarbij ze misschien steun zoekt bij een stoel of een muur. Wanneer de weeën enige tijd om de vier of vijf minuten komen, is het meestal tijd om de verloskundige te waarschuwen en eventueel, als een ziekenhuisbevalling is afgesproken, naar de kraamafdeling van het ziekenhuis te gaan.

Soms begint een bevalling met vruchtwater dat uit de vagina begint te lopen. In een dergelijke situatie moet de moeder altijd contact opnemen met de verloskundige, omdat er soms kans is op complicaties. In ieder geval moet worden onderzocht of het echt vruchtwater is dat afloopt, of bijvoorbeeld urine. Dat onderzoek is meestal eenvoudig.

Een lichte bloeding vlak vooı het tijdstip van de bevalling is over het algemeen volkomen ongevaarlijk en wordt meestal veroorzaakt doordat de baarmoedermond heel week is geworden. De slijmprop in de baarmoederhals is vaak vermengd met bloed en kan bij lichte samentrekkingen die de vrouw niet eens gevoeld heeft losgeraakt zijn. Inspanning of aanraking van de baarmoeder tijdens geslachtsgemeenschap kan een bloeding veroorzaken die meestal heel licht is. Bij een sterkere bloeding moet de vrouw natuurlijk direct de verloskundige of arts waarschuwen.

Nu begint de tijd te dringen. De weeën komen om de vijf minuten en veroorzaken een zeurende pijn in de rug. Het wordt tijd om de verloskundige te waarschuwen. In dit geval is blijkbaar afgesproken dat de vrouw in het ziekenhuis zal bevallen. Ze maken zich klaar om te vertrekken. Bij een thuisbevalling zal vaak de verloskundige of de huisarts thuis komen kijken.

De verloskamer

Wanneer de bevalling in het ziekenhuis zal plaatsvinden, gaat de zwangere vrouw naar de verloskamer. Het milieu van de verloskamer is een wereld op zich die een vrouw misschien wel eens eerder heeft gezien, maar dan wel alleen als toeschouwer. En nu is ze plotseling hoofdrolspeelster. Het toneel wordt non-stop 24 uur per etmaal bespeeld, alle dagen van de week, en altijd zijn hier toneelstukken te zien vol vreugde, pijn en opluchting. In ons land hebben zelfstandig gevestigde vroedvrouwen en soms huisartsen toegang tot de verloskamer van het ziekenhuis voor het begeleiden van een normale bevalling.

Het decor van dit toneel is de laatste decennia sterk veranderd. Misschien vindt iemand met vroegere herinneringen aan een bevalling dat er wat meer apparaten en registreerinstrumenten zijn, maar het is er ook moderner en lichter geworden met gerieflijker bedden of hier en daar baarkrukken in plaats van bedden. Vrouwen hebben tegenwoordig ook in het ziekenhuis meer vrijheid om te bepalen hoe ze willen bevallen, ze kunnen zich vrijer bewegen, hun familie mag erbij zijn, misschien zelfs in speciale gezellige rustkamers.

Een bevalling wordt in drie verschillende fasen verdeeld: de ontsluiting begint wanneer de weeën beginnen of wanneer het water begint weg te vloeien. De baarmoedermond opent zich geleidelijk en verwijdt zich tot tien centimeter, dan is hij op zijn wijdst. Tegelijkertijd komt het hoofd van het kind (of de stuit) met een draaiing omlaag naar de bekkenbodem. Deze periode is de langste van de bevalling en duurt een aantal uren, soms wel eens vijftien tot twintig uur. De uitdrijvingsfase duurt vanaf het moment dat de baarmoedermond zijn grootste wijdte heeft en het hoofd van het kind

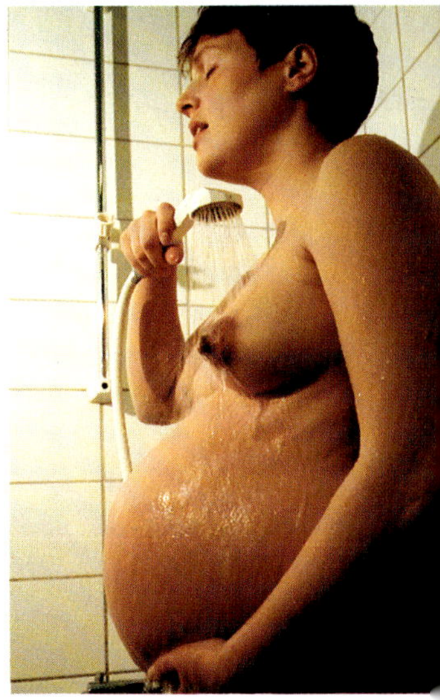

Aangekomen op de verloskamer - heerlijk, zo'n warme douche die de spanning wegneemt.

Hoe voelt het? De vroedvrouw ontfermt zich vanaf het eerste moment over de aanstaande moeder, kalmeert haar en helpt haar vertrouwen op te bouwen. De vader is bij de bevalling ook een belangrijk persoon. Hij kan veel doen ter verlichting, bijvoorbeeld haar pijnlijke rug masseren.

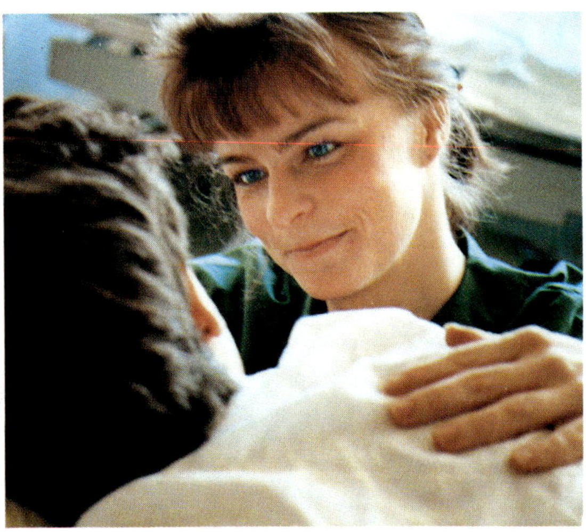

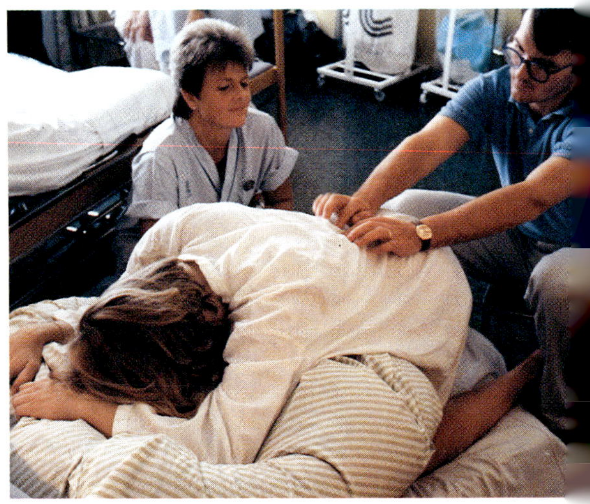

verder gaat indalen, totdat het kind ter wereld is gekomen. Het is voor de moeder een actieve fase: nu perst zij het kind naar buiten. Normaal varieert de duur daarvan van enkele minuten tot meer dan een uur. De nageboortefase begint wanneer het kind geboren is en duurt tot de placenta naar buiten is gekomen. Dat duurt normaal vijftien minuten maar het kan ook wel een uur duren.

De geboorte zelf brengt voor het kind aanzienlijke stress met zich mee. Bij elke wee, wanneer de placenta door de samentrekking van de baarmoeder minder bloedtoevoer krijgt, wordt de zuurstoftoevoer naar de vrucht verminderd. Het kind heeft een groot vermogen om deze belasting te doorstaan; hierbij spelen de bijnieren een belangrijke rol. Deze klieren met inwendige afscheiding produceren grote hoeveelheden adrenaline en noradrenaline. Deze hormonen zijn belangrijk om de vrucht bij zuurstofgebrek te beschermen, omdat ze het pompvermogen van het hart vergroten en de hartslag versnellen, bloed naar de gevoelige hersenen sluizen en het bloedsuikerniveau verhogen. Later in het leven worden nooit meer zulke grote hoeveelheden van deze stresshormonen afgescheiden, waaruit blijkt wat een beproeving het is om geboren te worden. De hormonen dienen ook om de longen op het leven buiten de baarmoeder voor te bereiden. Vooral de adrenaline vermindert de vorming van longvloeistof, die gedurende de hele zwangerschap is geproduceerd in de longen. De stress van een normale geboorte is waarschijnlijk de beste manier om een foetus voor te bereiden op het toekomstige leven buiten de baarmoeder.

Ook de vrucht is begonnen zich voor te bereiden op wat er gaat komen. Het hart van het kind klopt bijna tweemaal zo snel als dat van de moeder en het reageert direct op stress en inspanning. Tijdens de bevalling wordt de hartslag van de vrucht regelmatig gecontroleerd. Dat kan door middel van de houten stethoscoop. In bijzondere omstandigheden wordt elektronische registratie op kettingpapier toegepast (CTG).

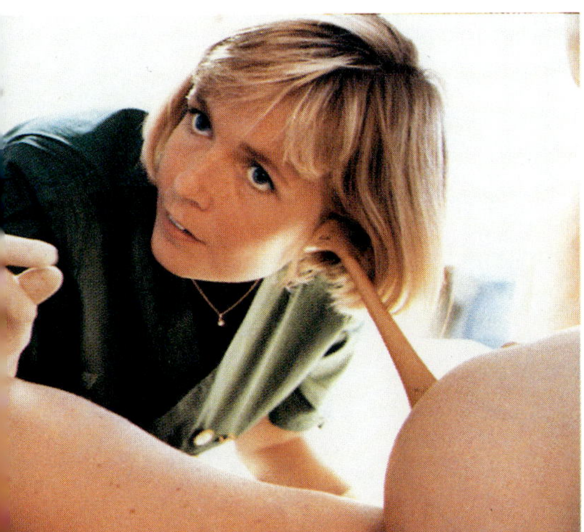

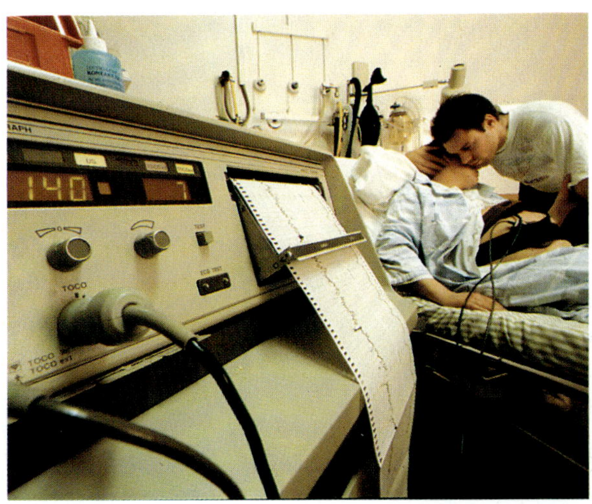

Thuisbevalling

Wanneer tijdens de zwangerschap geen belangrijke afwijkingen zijn vastgesteld kan er in ons land gekozen worden voor een thuis- of een ziekenhuisbevalling onder leiding van verloskundige of huisarts. Meer dan 40 procent van alle zwangeren kiest voor een bevalling thuis. 31 procent van hen blijkt ook werkelijk thuis te bevallen. Bij een thuisbevalling zijn de vrouw en haar partner in hun eigen vertrouwde omgeving. Tijdens de ontsluitingsfase kan ze wat rondlopen en eventueel een warme douche nemen. Een rustgevende omgeving bevordert het voorspoedige verloop van het baringsproces; pijnstilling met medicamenten is zelden nodig. Een zorgvuldige selectie op grond van risicofactoren tijdens de zwangerschap, en deskundige begeleiding van de baring door de verloskundige of huisarts, bijgestaan door een kraamverzorgster, zorgen ervoor dat de thuisbevalling in ons land veilig is. Toch zal soms, wanneer de bevalling minder voorspoedig verloopt, alsnog vervoer naar het ziekenhuis nodig zijn; maar dat kan snel. Het feit dat in ons land zoveel bevallingen geleid worden door zelfstandige en goed opgeleide verloskundigen heeft tot gevolg dat het aantal kunstverlossingen, bijvoorbeeld keizersneden, tot een minimum beperkt blijft.

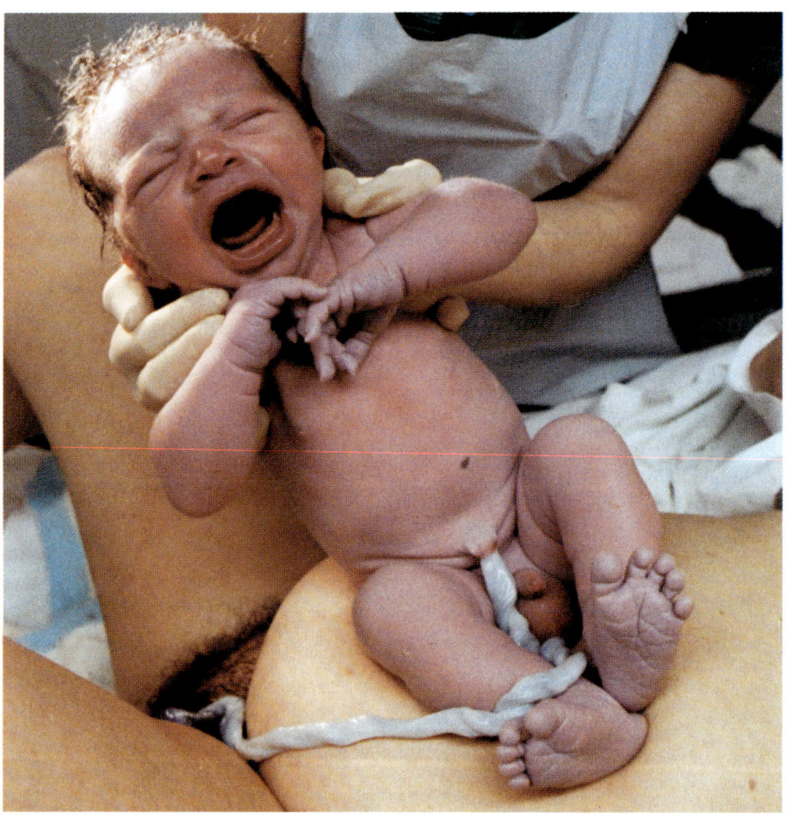

Bij een bevalling thuis kunnen de oudere kinderen de geboorte meemaken en de jongere kunnen al snel daarna kennismaken met hun nieuwe broertje of zusje. Op de foto is te zien dat de navelstreng wordt doorgeknipt, terwijl de familie toekijkt. Al korte tijd na de geboorte kan de baby voor het eerst aan de borst worden gelegd. De verloskundige helpt daarbij.

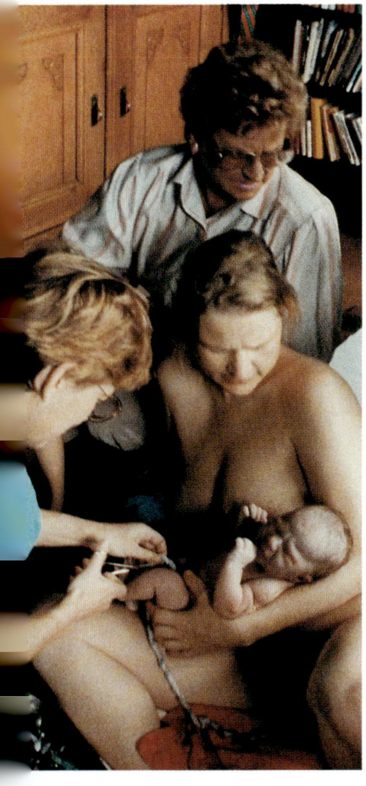

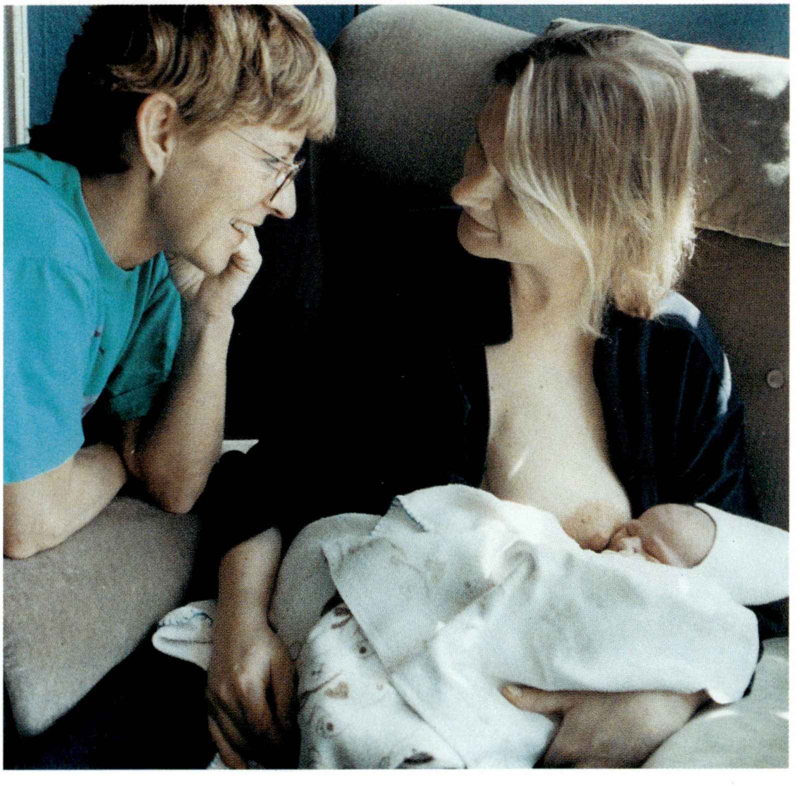

Eindelijk tijd om te persen

Nu komen de weeën kort na elkaar - de finale nadert. De vroedvrouw voelt hoe ver de baarmoederhals ontsloten is, ze luistert naar het kind. Haal rustig adem, rust uit tussen de weeën - houdt het dan nooit op? Het begint tegen haar stuit te drukken - probeer nu te persen, pers nog een keer - ik kan al een beetje van het haar en het hoofd zien. Nu is het zo voorbij.

Het kind heeft het ook niet gemakkelijk. De hoeveelheden stresshormonen adrenaline en noradrenaline schieten omhoog tot een niveau dat later in het leven nooit meer bereikt zal worden.

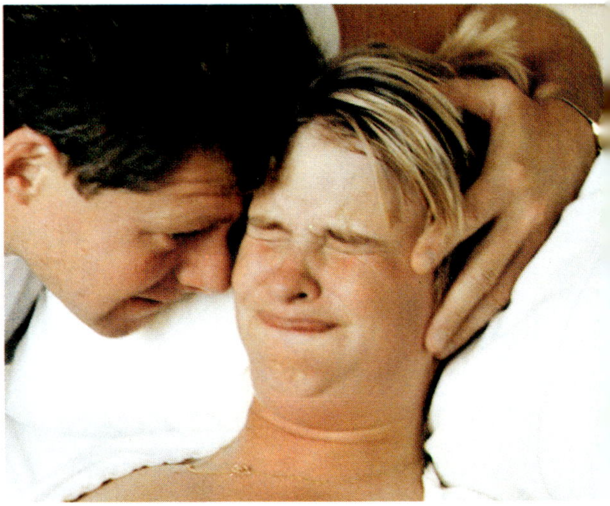

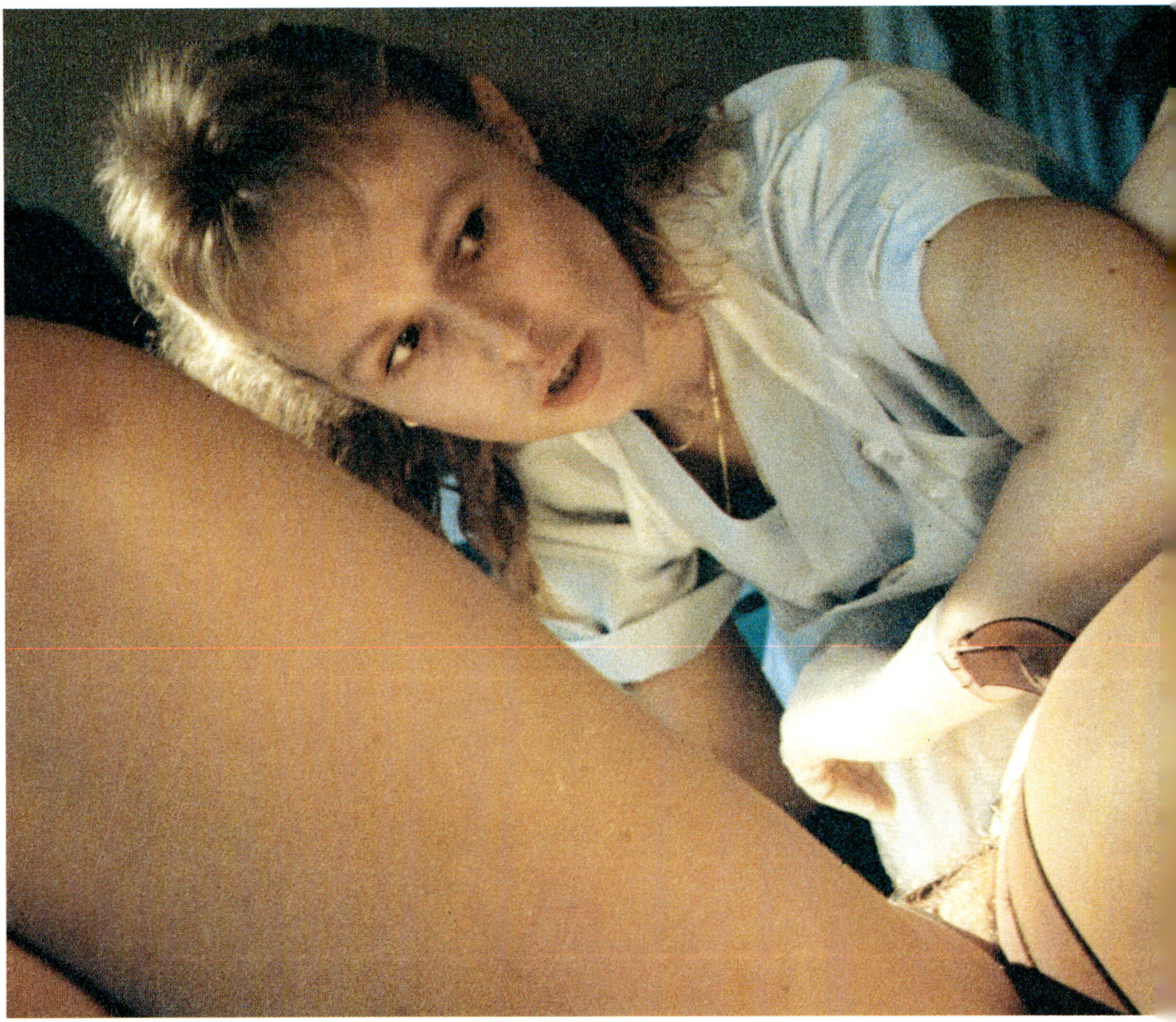

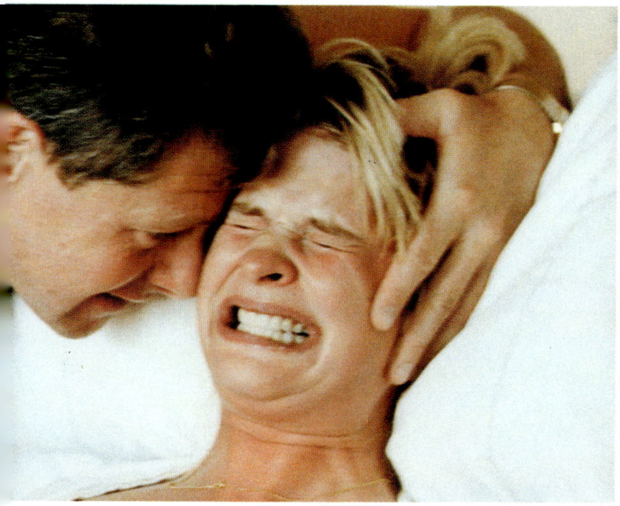
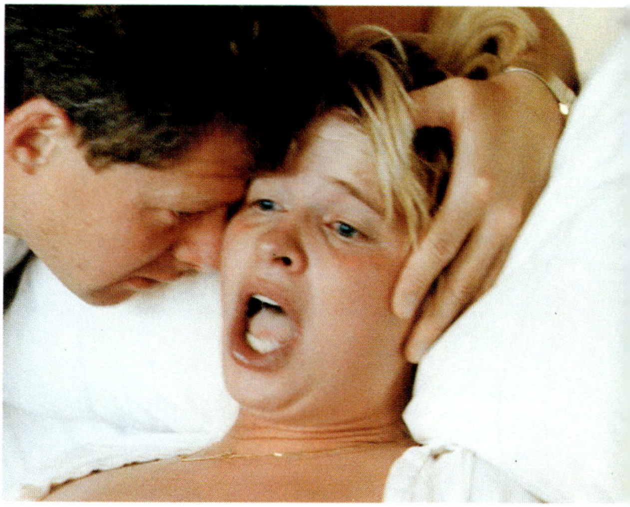
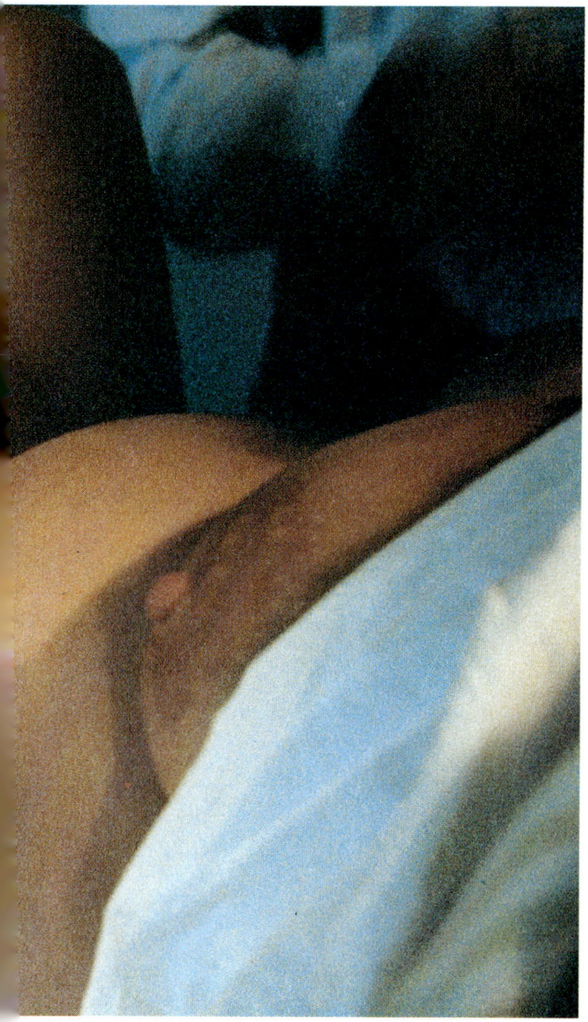
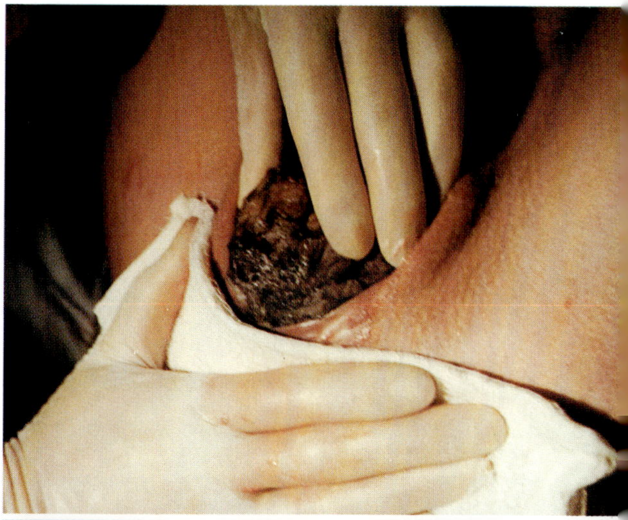
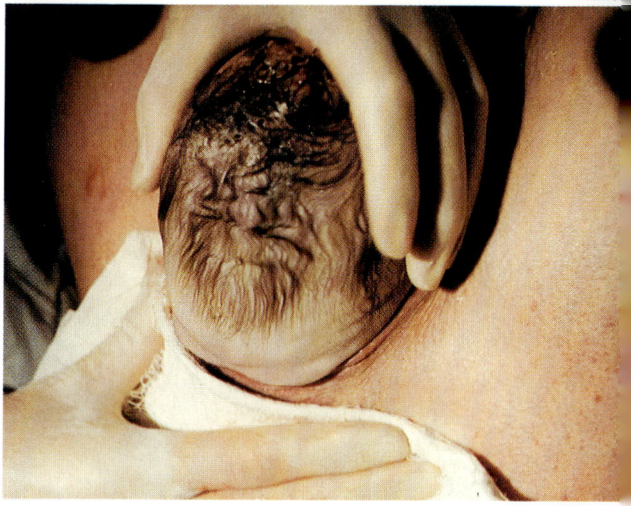

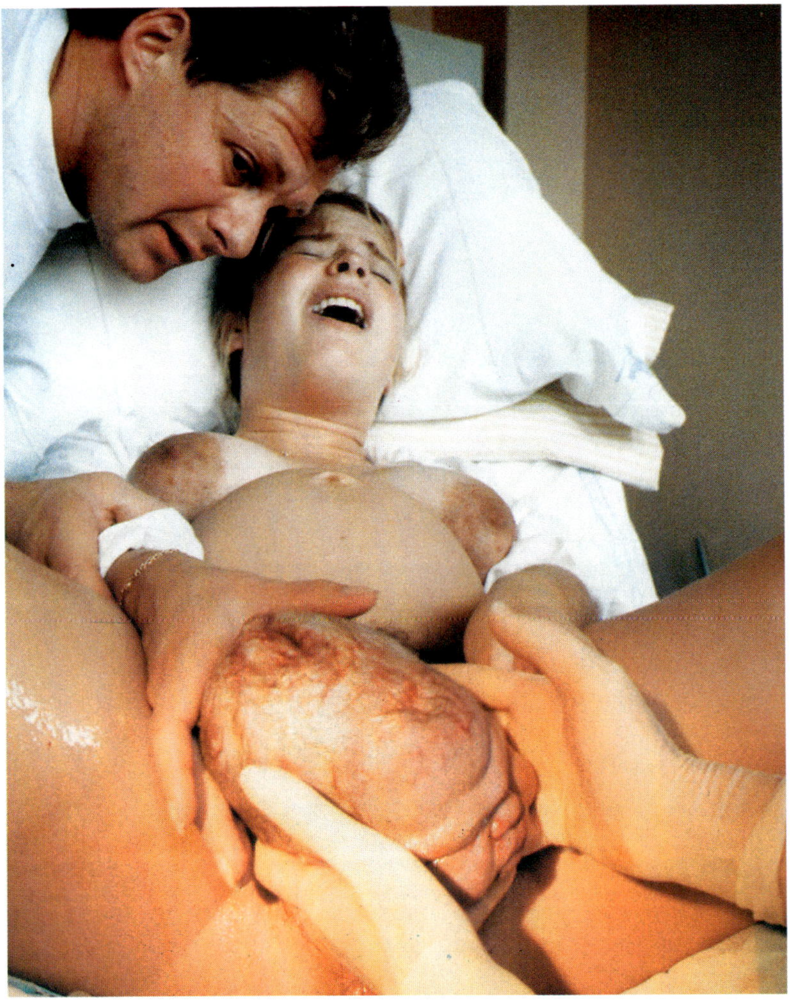

Het feest van de geboorte

Nu is het hoogtepunt bereikt - en toch: midden onder de soms bijna ondraaglijke pijn is er vreugde en nieuwsgierigheid. Hoe de pijn ervaren wordt, is van vrouw tot vrouw verschillend, afhankelijk van haar gevoeligheid voor pijn en haar verwachtingen.

Voor het kind is de bevalling een stormachtige gebeurtenis. De adrenalineschok gaat zuurstofgebrek in de laatste fase tegen en bereidt de plotselinge overschakeling op longademhaling voor.

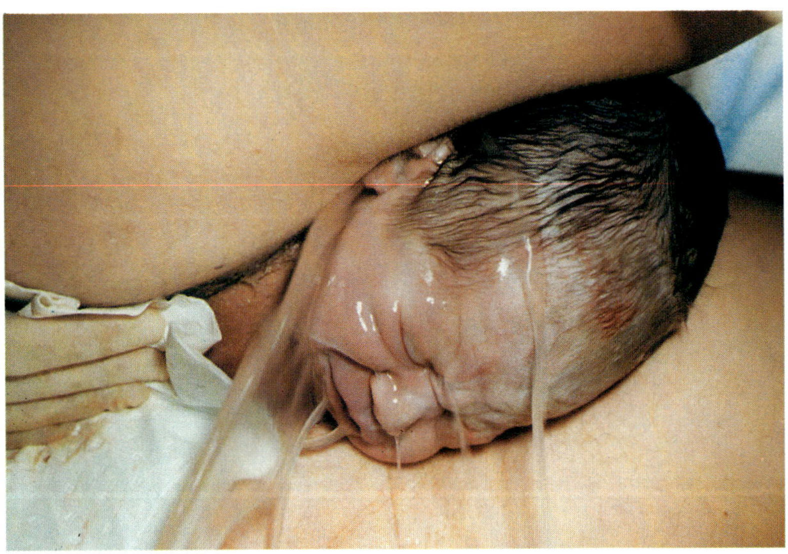

Het meeste vruchtwater is al eerder weggevloeid - het laatste beetje kan bij de geboorte meekomen.

De eerste ademhaling
Eindelijk buiten in de werkelijkheid: verblindend licht, koud en vol harde geluiden. De eerste schreeuw komt na een paar seconden - een bijzonder en soms wat aarzelend geluid. Nu moeten vijfentwintig miljoen longblaasjes met lucht gevuld worden. Tot nu toe hebben ze longvloeistof bevat, maar die wordt snel door bloed- en lymfvaten afgevoerd. De eerste ademtocht behoort tot de meest inspannende in het hele leven. Nu moet ook de bloedsomloop omschakelen. De opening in de scheidingswand tussen de twee hartkamers sluit zich. Tot nu toe kwam de zuurstof via de navelstreng van de moeder, maar nu kan het kind zichzelf voorzien: het bloed moet de longen ingepompt worden en vandaar het lichaam in. Voor de ouders is dit een fantastisch moment: zo klein, zo vol leven - ons eigen kind!

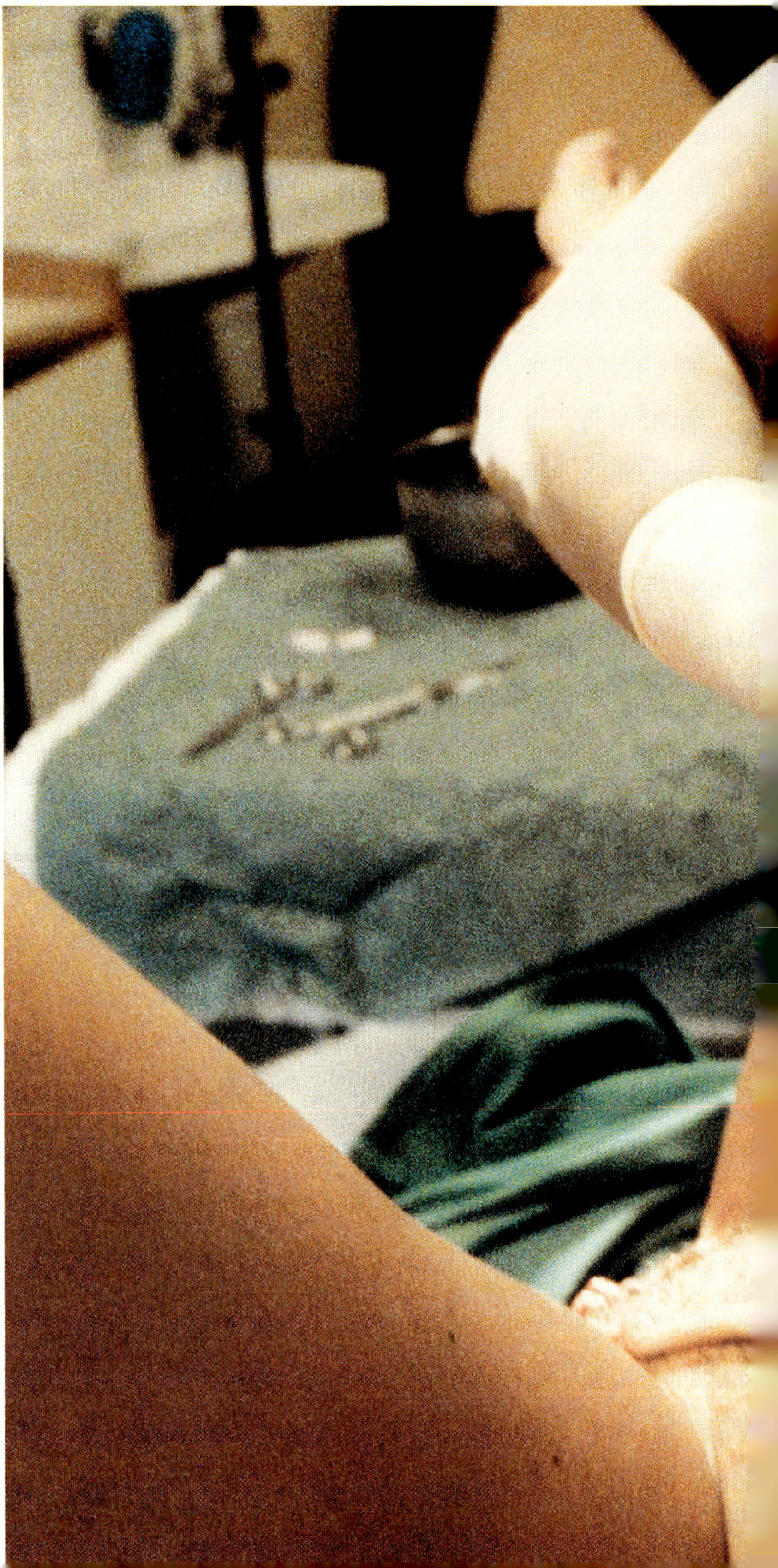

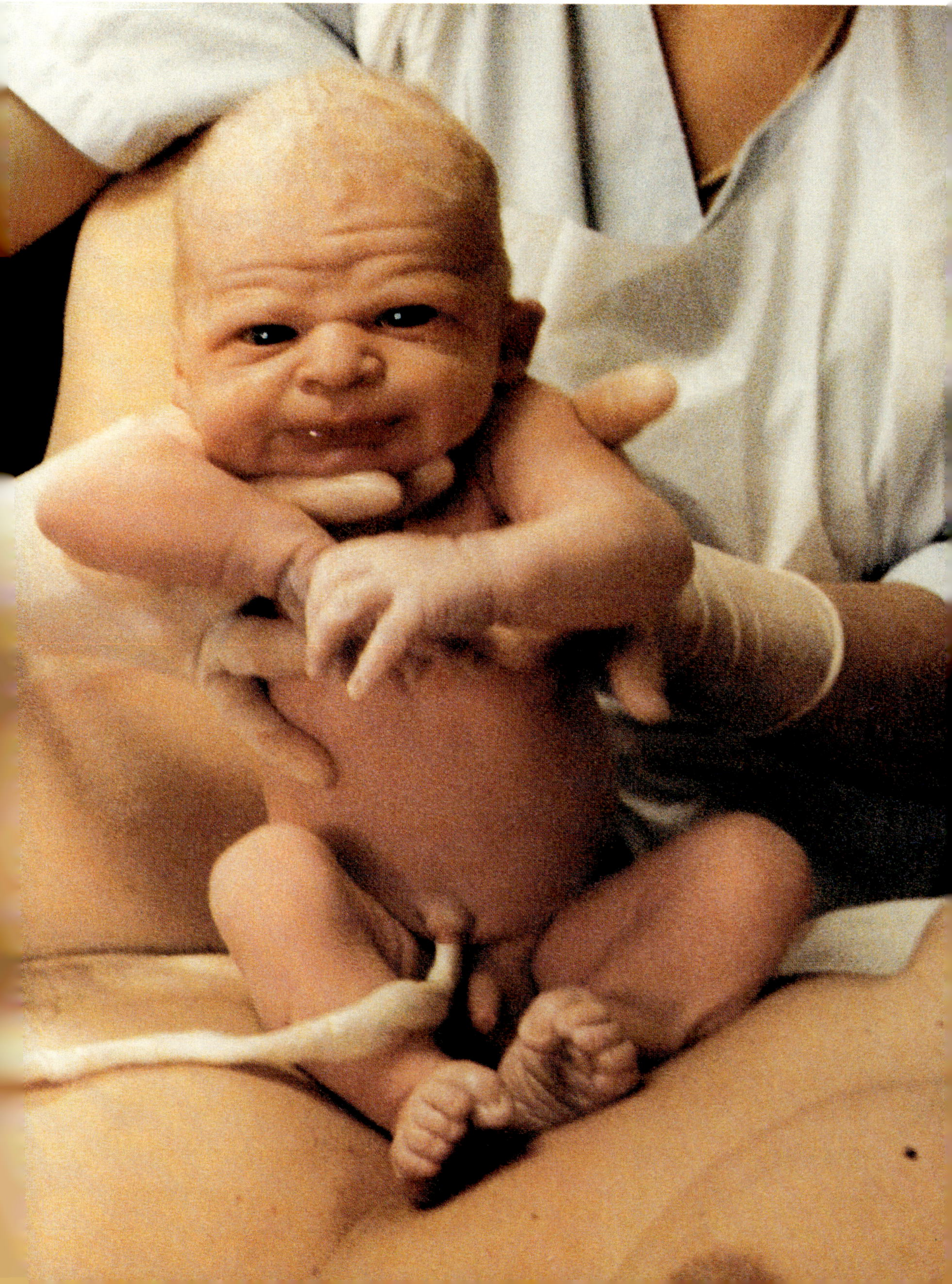

Ontmoeting met de buitenwereld
Kijk eens hoe mooi ik ben! Nog geen minuut oud, verblind door het licht, ingesmeerd met vernix caseosa, het beschermende huidvet, volledig in beslag genomen door het inademen van lucht in de longen.
Wat heerlijk om even op moeders buik te liggen en te ontspannen na al die veranderingen.

Wat gaat er om in het hoofd van een pasgeboren baby ? Plotseling is alles anders - weg is de warme beslotenheid van de vruchtwaterzak, nu overspoelen licht-, geluid- en reuksensaties de zintuigen. Het kind gluurt voorzichtig naar de buitenwereld, eerst met één oog, daarna met allebei. Nieuwsgierigheid is aangeboren!

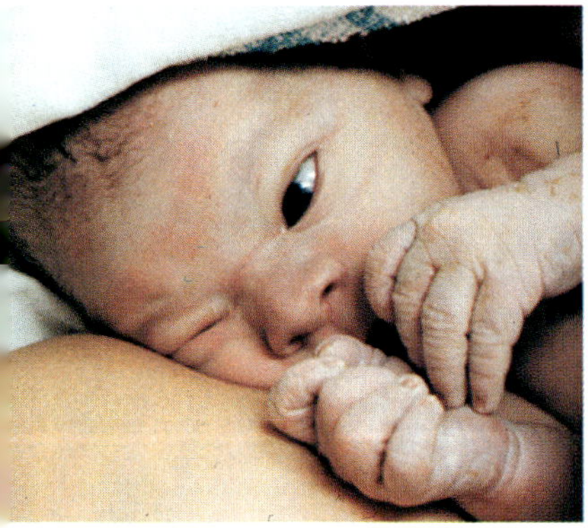

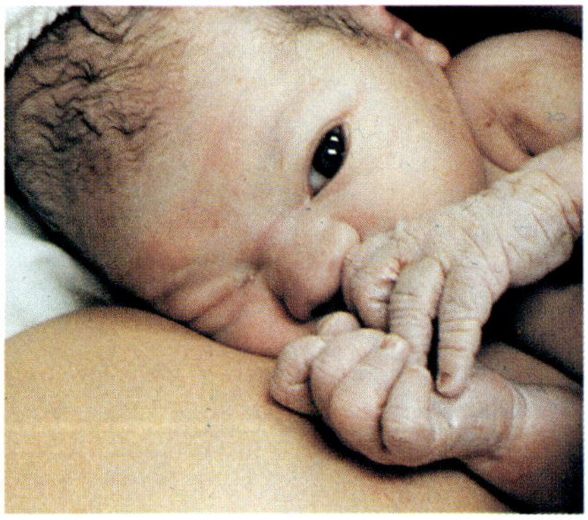

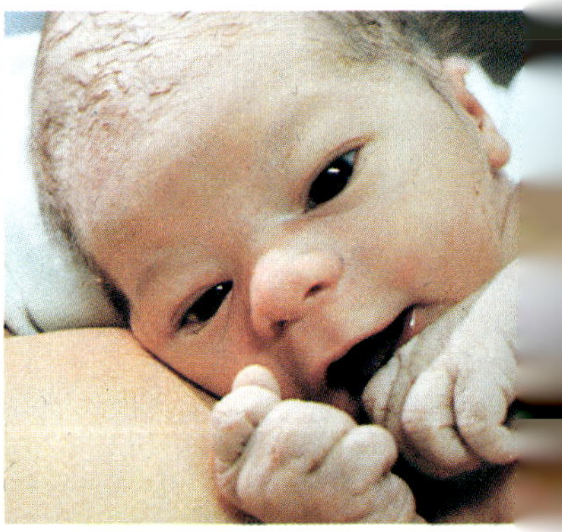

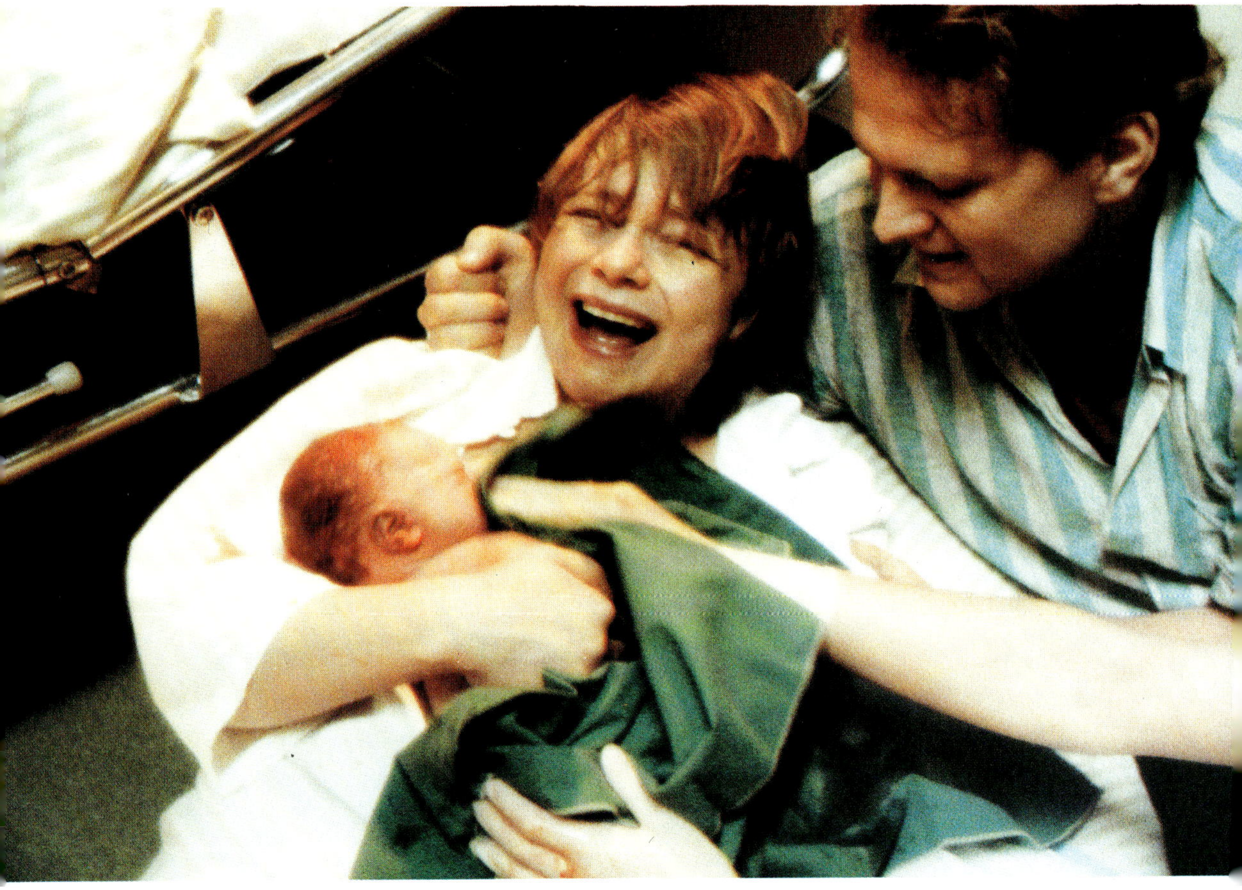

Onstuimig geluk
Maar - het is niet te geloven. Alles is voorbij, ons kind is geboren! Na wekenlang wachten, waarin ze misschien ook een beetje ongerust waren, kunnen de ouders eindelijk het nieuwe gezinslid omhelzen. Het is een meisje, precies wat we de hele tijd gehoopt hadden. Is ze gezond? Ziet ze er goed uit? Is alles in orde?

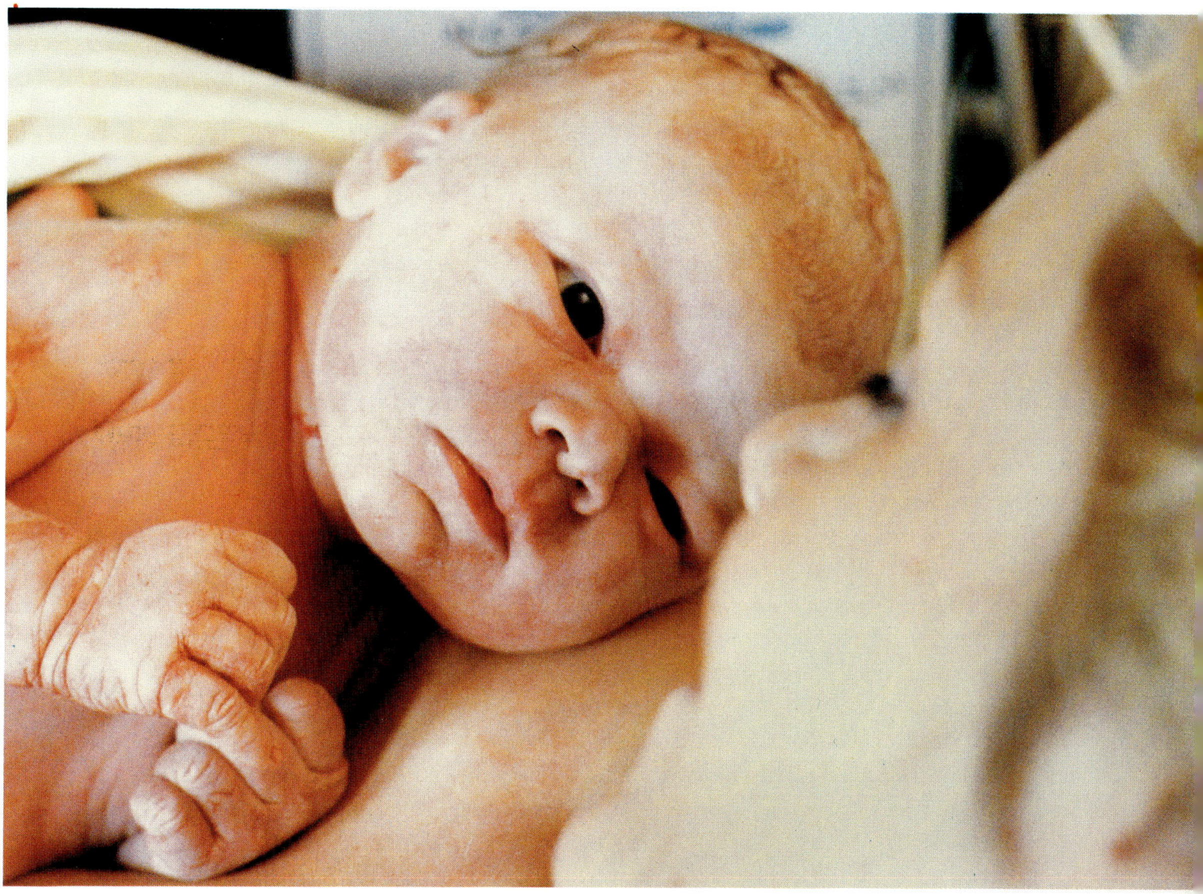

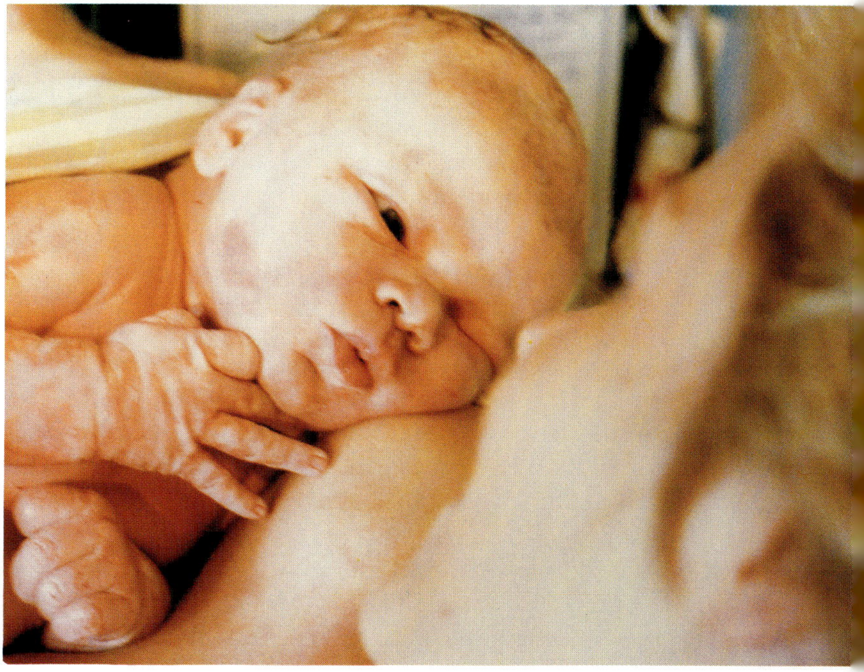

Het eerste oogcontact
Een wat vragende blik, na alle beroering van de laatste uren. Dit is een verrukkelijk moment. Ze hebben samen gezwoegd, moeder en kind, nu is het tijd om zich te ontspannen, om alleen maar van elkaar te genieten, een paar tedere woorden te fluisteren.
En ik ben eigenlijk pas vier minuten oud.

Pijn bij de bevalling

Een bevalling is pijnlijk. In de Bijbel kunnen we dat al lezen. Bij alle volken en culturen is de baringspijn een bekend gegeven, en in de tegenwoordige tijd is dat niet anders. De pijn heeft een nuttige functie: de vrouw wordt gewaarschuwd dat er iets belangrijks op komst is zodat ze zich tijdig kan voorbereiden op de grote gebeurtenis. Maar overmatige pijn heeft geen nut. Hoe kunnen we onnodige pijn voorkomen of bestrijden?
In de eerste plaats is het van belang dat de vrouw zich tijdens de zwangerschap goed heeft kunnen voorbereiden. Haar kennis van de ontspanningstechnieken waarin zij zich tijdens de zwangerschap heeft geoefend wordt nu belangrijk bij het verlichten van de pijn. Maar het is nog belangrijker dat de vrouw zich tijdens de bevalling op haar gemak voelt. Onrust en angst werken ongunstig op de pijn. Daarom is bij een thuisbevalling de behoefte aan pijnbestrijding door middel van medicijnen meestal minimaal: de vrouw is in haar eigen vertrouwde omgeving, haar partner en eventueel andere familieleden of vrienden zijn bij haar in de buurt. Onder die omstandigheden is de baringspijn meestal goed te dragen, ofschoon een vrij korte periode voordat de persweeën beginnen zeker nog wel eens moeilijk kan zijn. Het feit dat in ons land ongeveer een derde van alle bevallingen thuis plaatsvindt heeft tot gevolg dat de behoefte aan medicamenteuze pijnbestrijding bij de baring minder groot is dan in veel andere landen.
Bij een abnormaal lange of moeizame baring kan het echter zeker wel eens nodig zijn om een pijnstillend middel toe te passen. Dat zal vooral in het ziekenhuis gebeuren. Het meest toegepast wordt pethidine in de vorm van een injectie. Dit middel is verwant aan morfine. Het werkt effectief gedurende een aantal uren. De meest effectieve vorm van pijnbestrijding is de 'ruggeprik', de epidurale verdoving, die alle zenuwen blokkeert die van en naar het ruggemerg lopen. Daardoor wordt de onderste lichaamshelft gevoelloos. Dit type verdoving wordt door een anesthesist toegediend, bijvoorbeeld bij een keizersnede.
Alle methoden van medicamenteuze pijnbestrijding hebben ook nadelen. Pethidine kan het op gang komen van de ademhaling bij de pasgeboren baby nadelig beïnvloeden. Epidurale verdoving heeft onder meer tot gevolg dat de aanstaande moeder de persreflex niet goed voelt en de spieren die ze nodig heeft om te persen minder goed kan gebruiken. Vaker moet dan een kunstverlossing worden toegepast, via een tang of een vacuümextractor, om het kind geboren te laten worden.
Op zichzelf zijn deze nadelen niet zo ernstig, maar het beste blijft het om, indien mogelijk, geen medicamenten toe te passen tijdens de baring. In de meeste gevallen hoeft dat gelukkig ook niet.

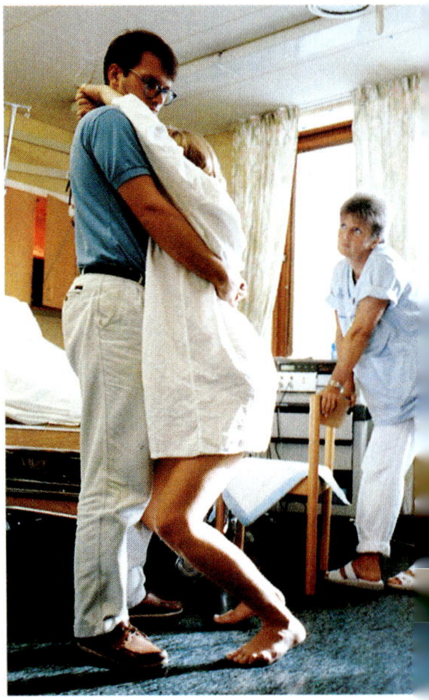

Heerlijk voor de rug: aan je man hangen en je spieren strekken! Ontspanning is belangrijk om de pijn bij de weeën te verlichten.

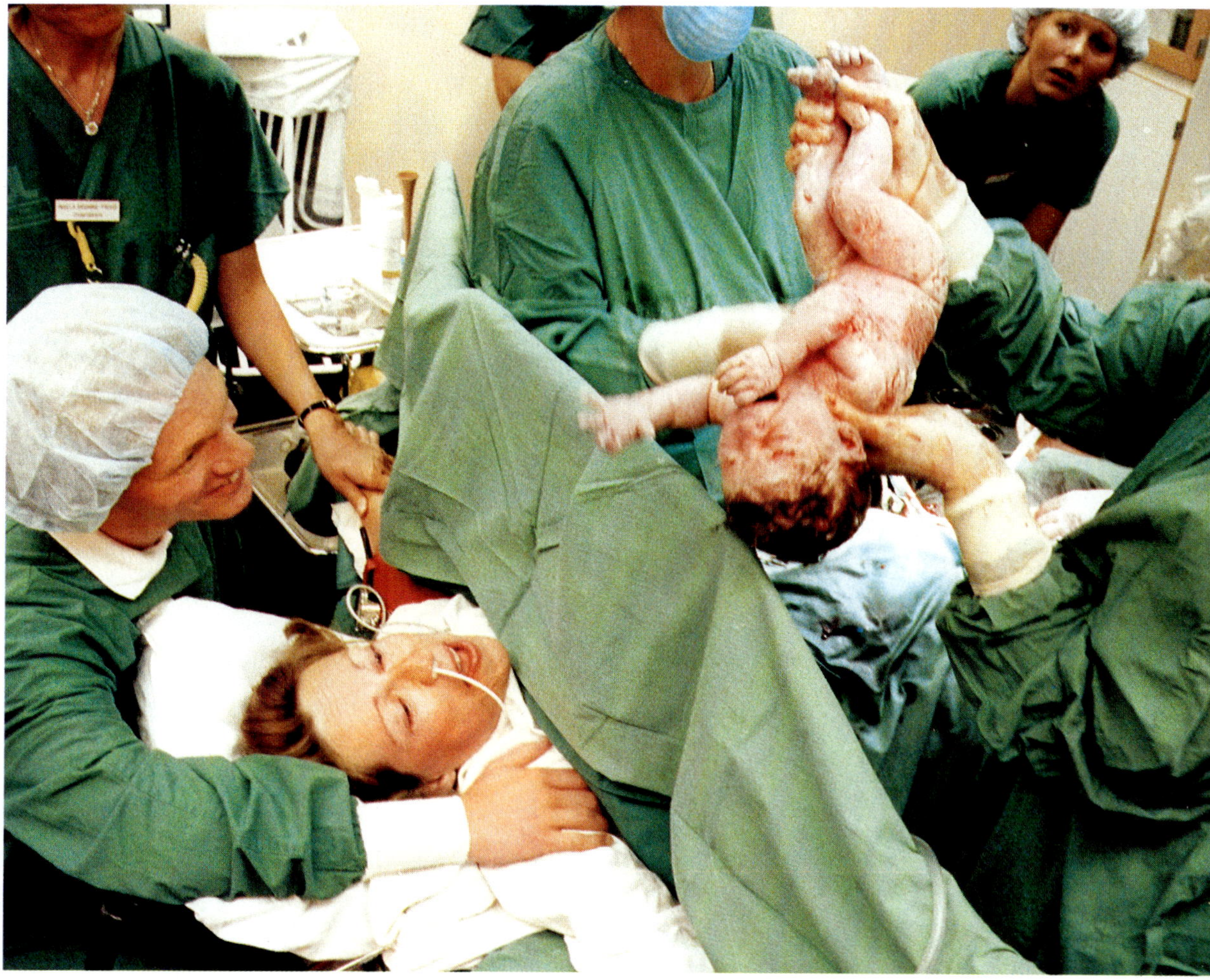

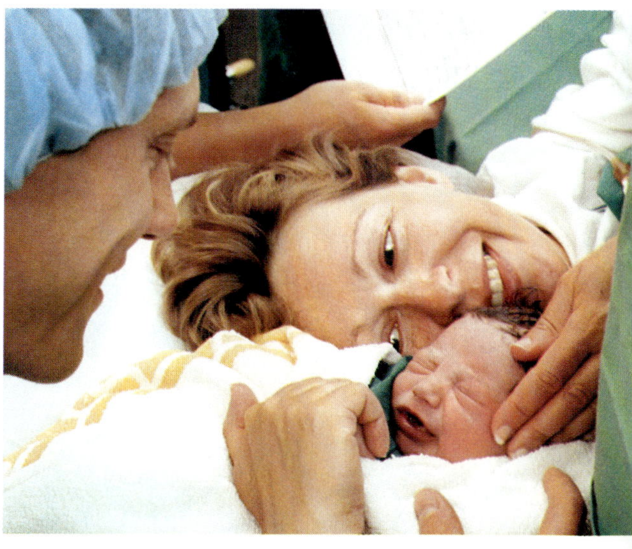

De keizersnede

De keizersnede wordt onder meer toegepast wanneer het kind te groot is om een nauw bekken te passeren of als de placenta voor de vrucht ligt.

Na een rugverdoving (epidurale verdoving) die alle pijnsensaties in de onderhelft van het lichaam opheft, wordt een snee in de buikwand gemaakt en de baarmoeder geopend. Het vruchtwater spuit naar buiten, het kind wordt eruit getild en meteen na het afbinden van de navelstreng bij de moeder gelegd. Bij een keizersnede duurt het maar een paar minuten voor het kind geboren is. De vader mag tegenwoordig ook bij de operatie zijn. Het te opereren gebied is afgeschermd, waardoor hij, noch de moeder de ingreep zelf hoeven te zien. Op die manier hebben beide ouders ook bij een keizersnede tegelijkertijd een eerste contact met hun kind.

Na de geboorte

De navelstreng wordt na de geboorte afgebonden, maar de placenta bevindt zich nog in de baarmoeder, waar zij langzaam begint los te raken. Nu moet er nog een laatste keer geperst worden en dan komt de placenta te voorschijn. De baarmoeder kan nu weer kleiner worden en de vroedvrouw masseert voorzichtig de buik om de baarmoeder te helpen zich samen te trekken. Daarna is het belangrijk dat de vroedvrouw grondig nagaat of de hele placenta en de vruchtvliezen naar buiten zijn gekomen. Achtergebleven stukjes van de placenta kunnen langdurige bloedingen veroorzaken en maken het ook moeilijk voor de baarmoeder om zich samen te trekken.
Hierna controleert de vroedvrouw of er misschien een scheurtje in de vagina of het perineum (de bilnaad) zit. In zo'n geval wordt het scheurtje onder plaatselijke verdoving gehecht. Het geneest meestal heel snel.
Wanneer de bevalling achter de rug is kunnen de ouders op verhaal komen, hun kind leren kennen en de eerste maaltijd van de baby afwachten. Al snel geeft het kind door middel van een zoekreflex te kennen dat het aan de borst wil.
Een kop thee of koffie en een boterham voor de ouders zijn zo langzamerhand ook welkom.

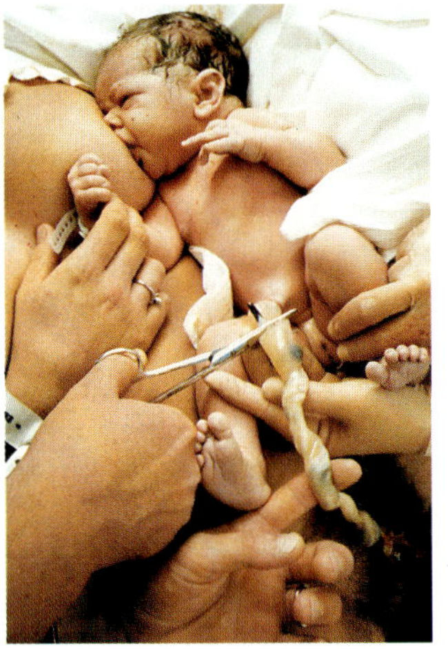

Terwijl de vader de afgedankte verzorgingslijn afknipt, doet het kind een eerste poging om aan de borst te zuigen.

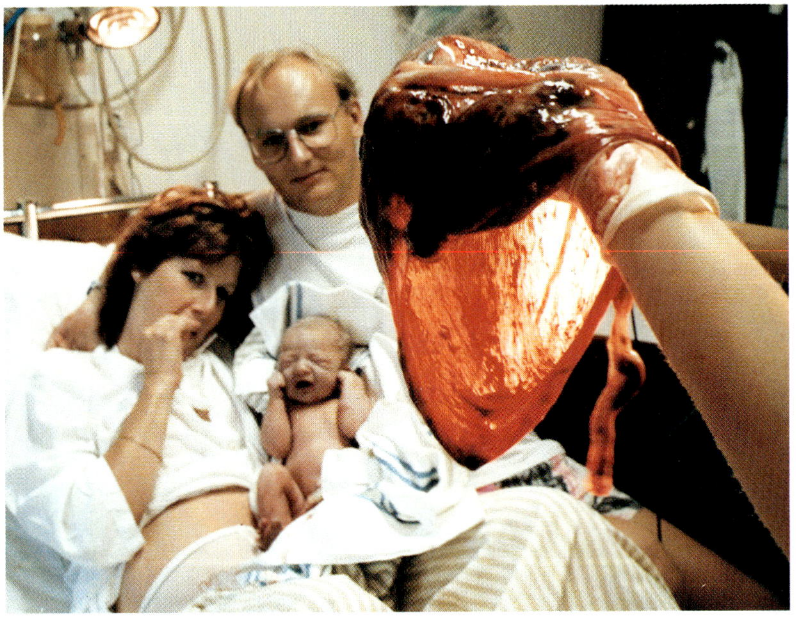

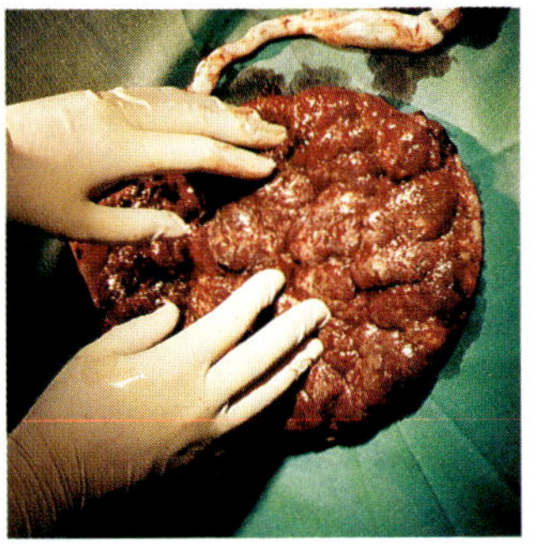

De ouders hebben het kind tussen zich in, en de vroedvrouw laat hun zijn eerste thuis - de vruchtvliezen met de placenta en de navelstreng, een 'eenkamerwoning met keuken' zien. Boven wordt gecontroleerd of de hele nageboorte meegekomen is.

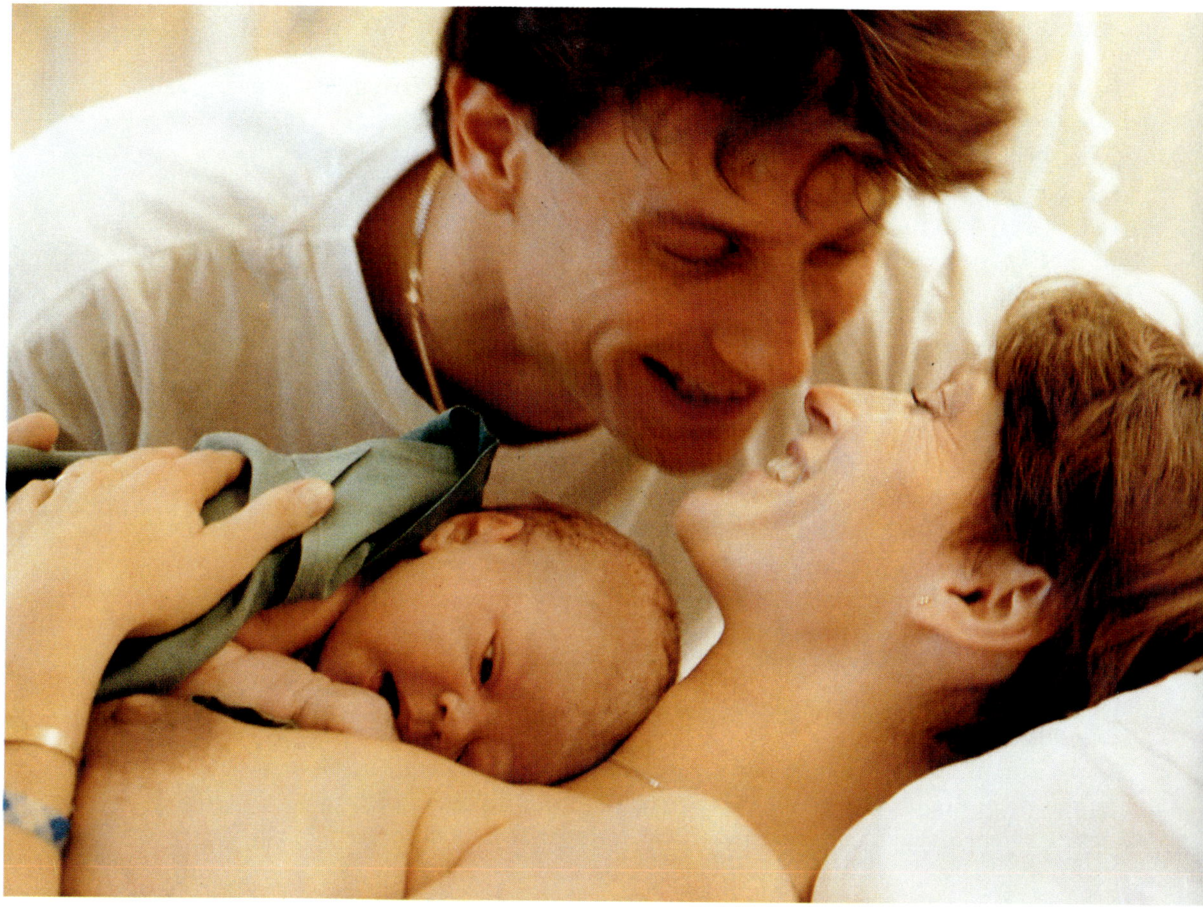

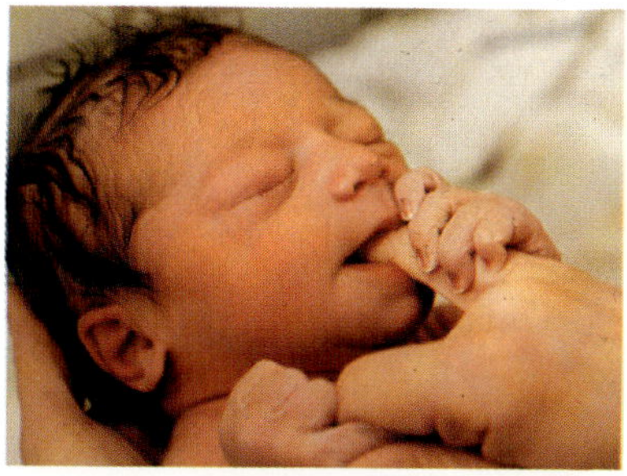

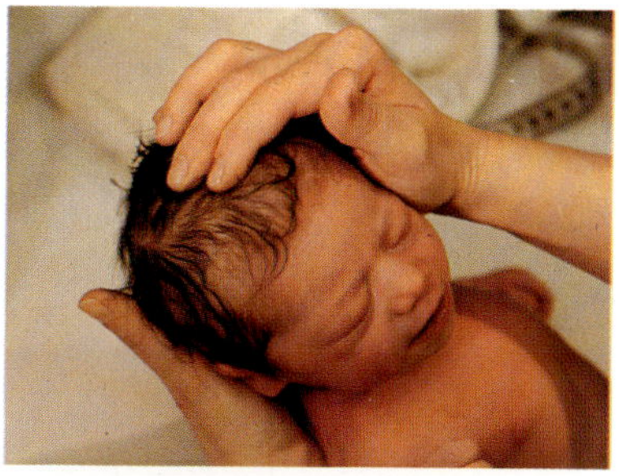

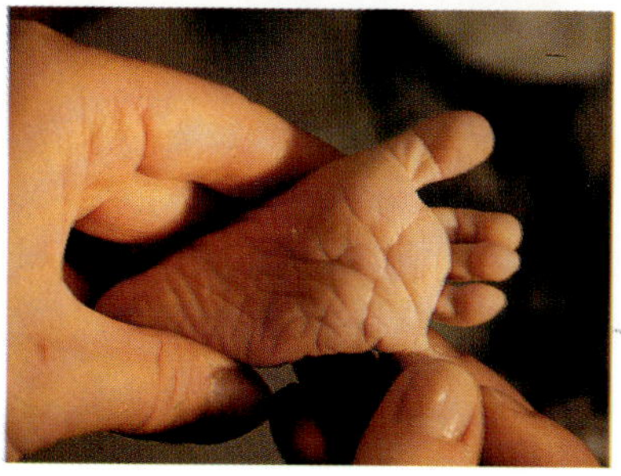

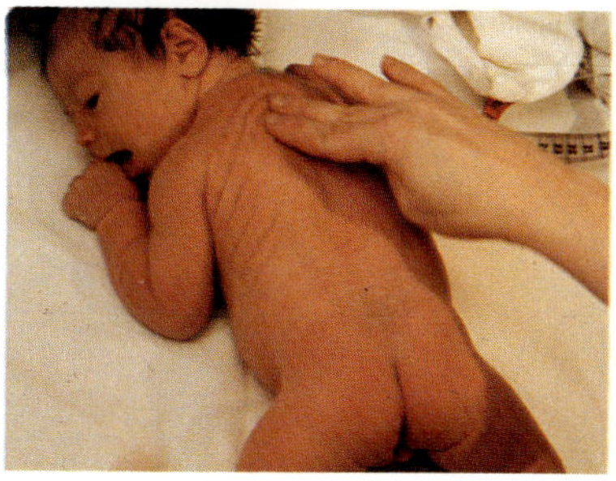

Nadat het kind eerst even bij zijn ouders geweest is, is het tijd voor de vroedvrouw om zijn verschillende lichaamsfuncties te onderzoeken. Vingers en tenen worden geteld, de keel en de beenderen in het hoofd worden bevoeld, en de vroedvrouw controleert of de ruggegraat niet misvormd is.

Even later - het kind doet zijn vader na, of omgekeerd?

Het vermogen om de gezichtsuitdrukking van zijn ouders na te doen heeft een baby merkwaardig genoeg al meteen na de geboorte. Pas veel later begint het kind ook met zijn stem te werken en probeert het de geluiden van zijn vader en moeder na te bootsen. Al in de zesde maand van de zwangerschap kan het kind de stem van zijn moeder enigszins herkennen.

Het patroon in de manier waarop een baby imiteert, is bijna altijd hetzelfde en kan gedurende het eerste halfuur na de geboorte, wanneer het kind wakker is en levendig door een overmaat aan stresshormonen in verband met de geboorte, voor de eerste keer bestudeerd worden. Het allereerst hoort het kind de stem. Dan wendt het zijn ogen naar het gezicht van zijn ouder en probeert het praten en de uitdrukking van diens gezicht te volgen. Stap voor stap worden de indrukken van het kind aan elkaar gekoppeld tot een totaalindruk. Dan wendt het kind zijn hoofd af ten teken dat hij het contact wil verbreken. Dat is het moment waarop het nabootsen wordt voorbereid. En dan komt het antwoord van het kind in een zeer duidelijke poging om zijn mond of zijn handen open of dicht te doen of zijn voorhoofd te fronsen om de uitdrukking van zijn ouders te imiteren.

Tot het drie maanden oud is concentreert het kind zich op het imiteren van bewegingen van het gezicht, zoals de mond open en dicht doen, de lippen tuiten, de tong uitsteken, knipperen met de ogen, enzovoort. In de derde maand begint het kind steeds meer stemgeluid te imiteren en in de vierde maand komen de meer bewuste handbewegingen op gang. Uiteraard hoeft een lichte vertraging in dit ontwikkelingspatroon niet te betekenen dat er iets mis is met het kind. De variatierijkdom van de natuur is, zoals we allemaal weten, enorm.

De eerste levensles
De vader probeert op alle mogelijke manieren de aandacht te trekken. Eindelijk oogcontact, wat een rare grimas. Zou ik dat ook kunnen?

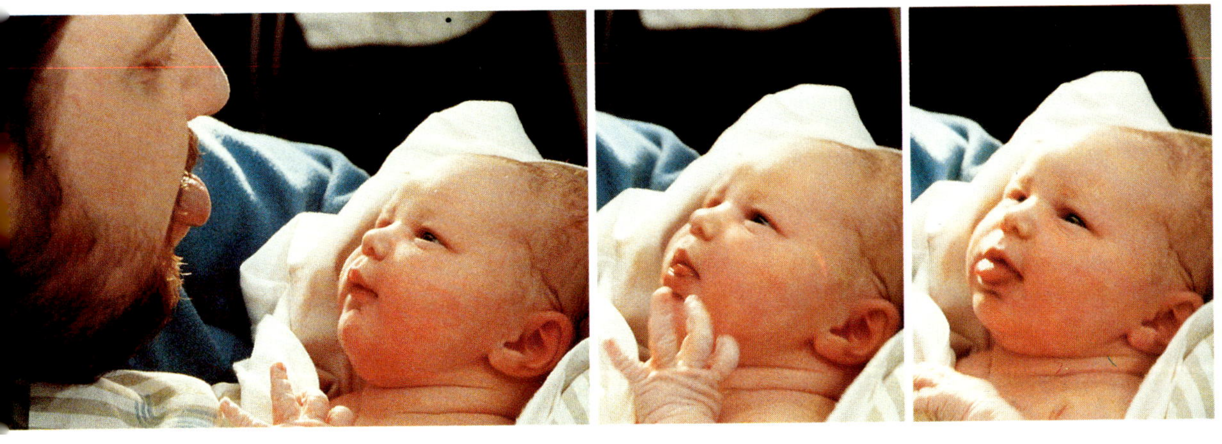

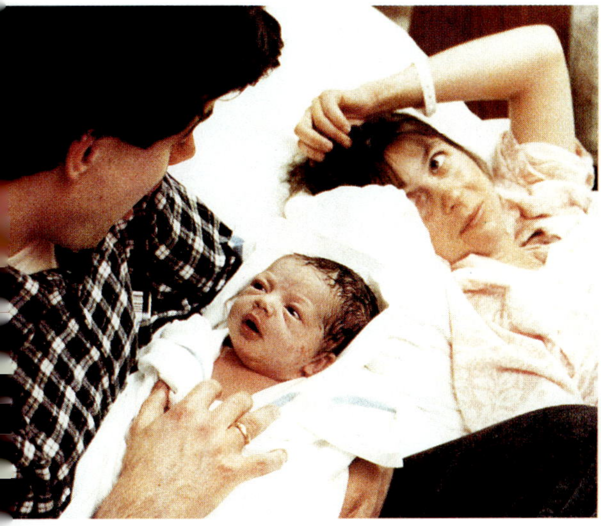

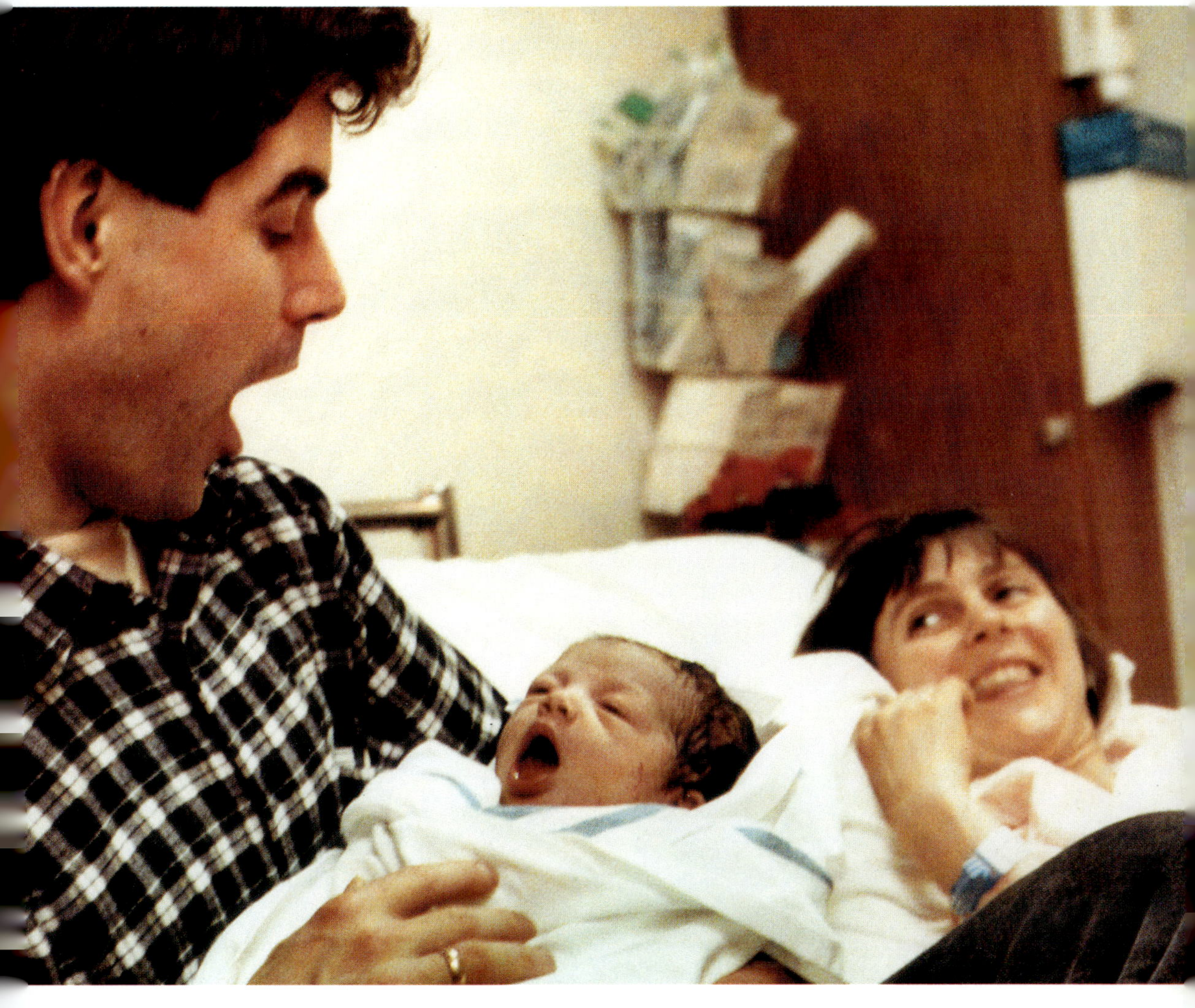

Borstvoeding

Direct na de bevalling of op zijn laatst een paar uur na de geboorte wordt het kind aan de borst gelegd om te leren zuigen. Het zuigen van het kind is ook nodig om de melkproduktie in de borst op gang te brengen. Een zenuwreflex van de tepels bereikt bepaalde centra onder in de hersenen en zet de hypofyse aan om een voor de melkproduktie belangrijk hormoon (prolactine) af te scheiden. Een ander hormoon uit de achterkwab van de hypofyse werkt tegelijkertijd op de borstklieren en de melkgangen zodat de melk uit de borst geperst wordt. Dit hormoon heet oxytocine en kan via het bloed ook de baarmoeder bereiken, die zich eveneens samentrekt. Een moeder kan dat vaak voelen als ze pas begonnen is met borstvoeding geven. De eerste dagen zijn de borsten vaak gezwollen en pijnlijk. In het begin bevatten de borsten het zogenaamde colostrum (biest) in een kleine hoeveelheid, die vooral van belang is voor de opbouw van het immuunsysteem van de pasgeborene. Na twee tot drie dagen komt de melkproduktie goed op gang en de moeder kan zich dan vaak een beetje neerslachtig of leeg voelen. Hoe eerder ze het kind na de bevalling aan de borst legt, des te gemakkelijker is het om het kind te leren effectief te zuigen.

Over de hele wereld wordt borstvoeding, in elk geval in de eerste levensmaanden, maar liefst langer, als belangrijk voor het kind beschouwd, en dat niet alleen omdat het een intiem contact tussen moeder en kind totstandbrengt, maar ook omdat de moedermelk het kind alle voedingsstoffen en mineralen geeft die het nodig heeft en bovendien een zeer goede bescherming tegen infecties biedt. Onlangs is aangetoond dat moedermelk stoffen bevat die een kalmerende invloed op de baby hebben. Misschien is dat de verklaring voor het feit dat kinderen die borstvoeding krijgen rustiger zijn en minder huilen dan andere kinderen.

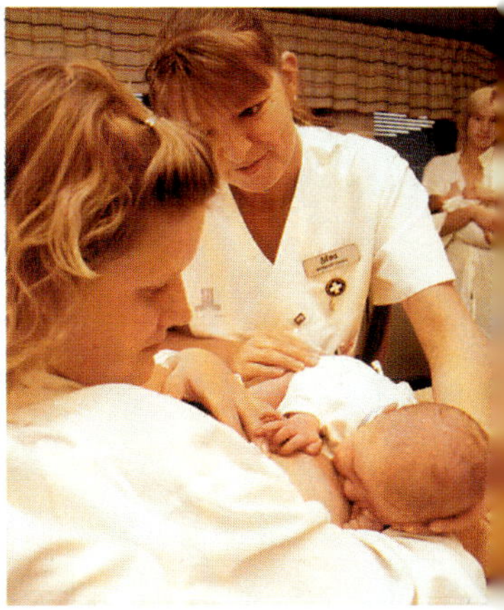

Zes borstvoedingen per etmaal is in het begin meestal voldoende om het kind een verzadigd en tevreden gevoel te geven. Als er meer nodig is, is het geen enkel bezwaar vaker de borst te geven. Eventueel kan er flesvoeding worden bijgegeven.

Binnen een half uur weet het kind de borst te vinden, ook al wordt het veel lager op moeders buik gelegd. De foto's onder laten zien hoe het zich energiek omhoog worstelt en tenslotte de tepel in het oog krijgt. Zowel dieren als mensen hebben dit instinct.

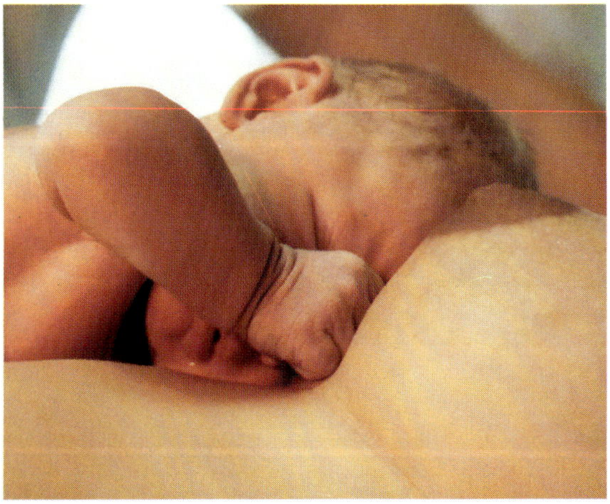

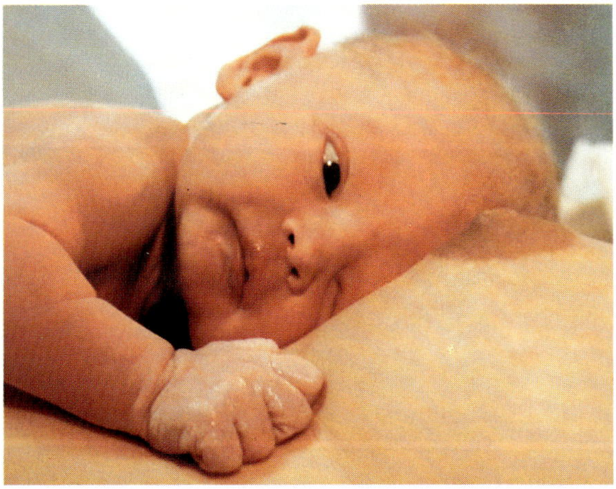

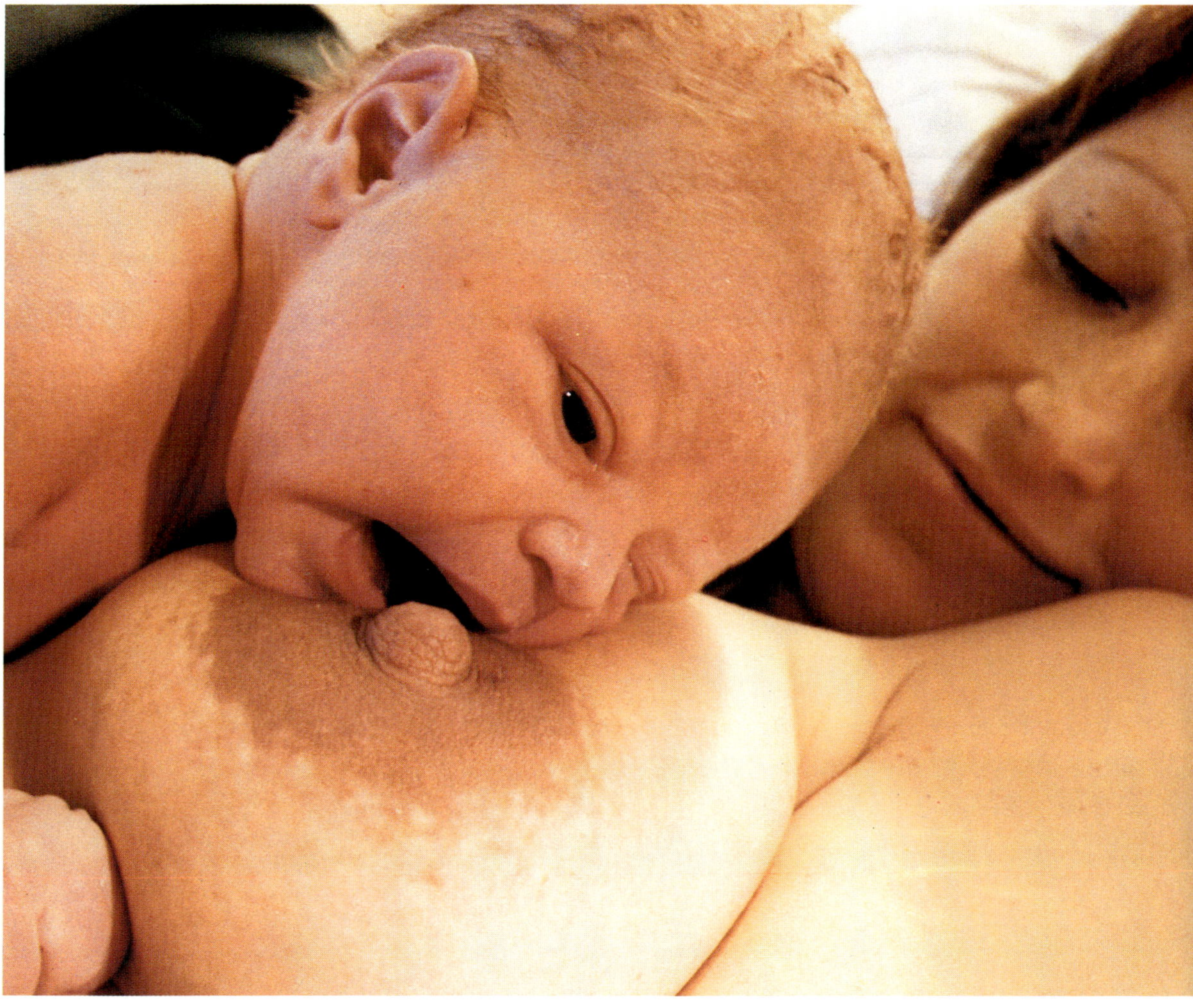

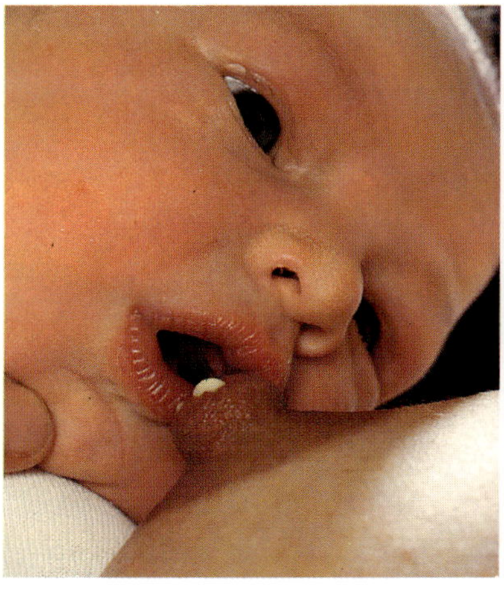

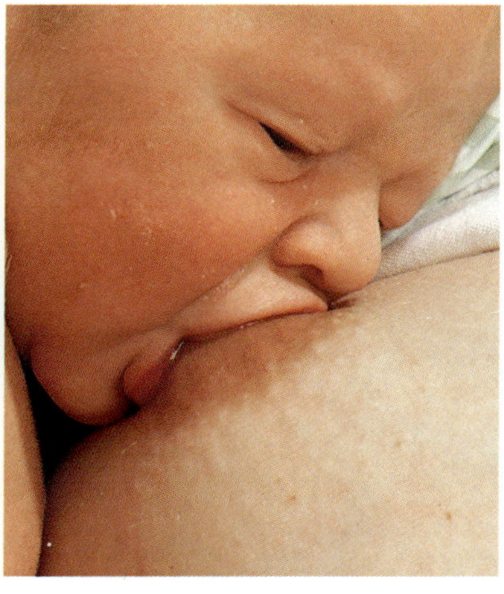

De borst geeft de beste voeding

Moedermelk bevat alle voedingsstoffen en mineralen die een kind nodig heeft. De voeding heeft bovendien de juiste temperatuur en is uiterst hygiënisch verpakt. Daarbij komt het gevoelsmatige aspect: moeder en kind hebben nooit zo'n prachtige gelegenheid om elkaar te leren kennen en zich aan elkaar te hechten als juist tijdens de borstvoeding.

De kraamperiode

In landen waar bijna alle bevallingen in het ziekenhuis plaatsvinden, blijven moeder en kind na de bevalling als regel een aantal dagen op de kraamafdeling van het ziekenhuis. In ons land zal de kraamperiode meestal thuis worden doorgebracht.
Ook na een bevalling in het ziekenhuis zullen moeder en kind na een aantal uren naar huis gaan, wanneer zij in goede conditie zijn. Daar wordt de moeder bijgestaan door de kraamverzorgster, die gedurende de eerste acht dagen dagelijks komt, naar keuze twee uur per dag of meer, maximaal acht uur. De vroedvrouw (of de huisarts) komt dagelijks langs voor controle.
Na een normale bevalling is de vrouw al na een paar dagen redelijk hersteld. De moeder is het grootste deel van de dag met haar kind bezig. Ze krijgt instructies hoe ze haar buik- en bekkenbodemspieren het beste kan trainen. Ze moet vroeg met knijpoefeningen beginnen. In de eerste weken verliest ze bloed uit de uitgerekte baarmoeder, ongeveer zoals bij de menstruatie of iets minder. De bloeding gaat gedurende vier tot vijf weken geleidelijk over in een overvloedige afscheiding. De bloeding en de afscheiding zijn een teken dat het genezingsproces nog niet voltooid is, en de vrouw kan daarom beter nog geen geslachtsgemeenschap hebben, tegen een bad is geen enkel bezwaar.

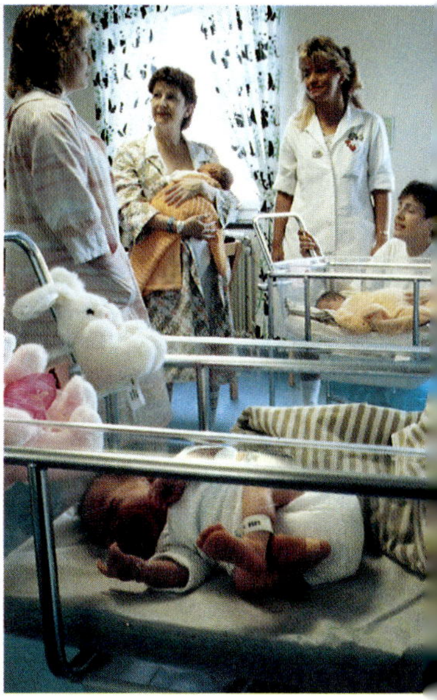

Een kind krijgen is een belangrijke gebeurtenis in het leven van de vrouw, en de nieuwe moeders wisselen hierover van gedachten op de kraamafdeling van een ziekenhuis.

Voor kinderen is het soms moeilijk te begrijpen waarom hun moeder zoveel tijd aan de baby besteedt. Bij het eerste kind moet een moeder nog leren hoe ze haar baby het beste verzorgt.

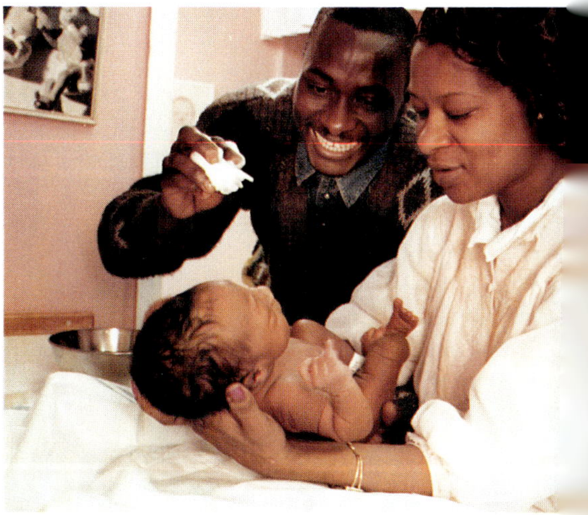

Weer thuis

De eerste dagen thuis moet natuurlijk vooral het kind zorgvuldig worden gecontroleerd. Er is dan nog betrekkelijk weinig voeding beschikbaar en de darmfunctie is nog niet goed op gang. Kinderen vallen dan altijd een ons of meer af. Sommige kinderen hebben een gelige huid doordat een aantal bloedlichaampjes die in het nieuwe milieu buiten de baarmoeder niet meer nodig zijn, afgebroken worden. Als het kind sterk geel ziet (geelzucht van de pasgeborene), moet soms het bloed van het kind worden gecontroleerd.
De periode na de thuiskomst kan vaak een zware tijd zijn, speciaal voor een vrouw die haar eerste kind gekregen heeft. Plotseling heeft ze zelf veel verantwoordelijkheid. Gelukkig heeft ze de eerste acht dagen hulp van de kraamverzorgster en de vroedvrouw aan wie ze allerlei vragen kan stellen. Na acht dagen staat ze er echter weer alleen voor, tenzij haar partner of familie haar nog bijstaan. Borstvoeding, luiers verschonen en verzorging kosten veel tijd en daartussenin hebben jonge moeders behoefte aan rust. De nachtrust wordt in het begin immers ook behoorlijk verstoord door zowel de vroege als de late voedingen tengevolge van het dag-en-nachtritme van het kind. En dan wordt de moeder ook nog geacht energie te hebben voor al het bezoek van familieleden en vrienden. Helemaal hersteld voelen de meeste vrouwen zich pas na vijf of zes weken, soms duurt dat echter nog langer.
Een grote steun zijn in ons land de consultatiebureaus. Zij bieden regelmatige controle en adviezen, nadat de kraamperiode voorbij is. De moeder is altijd welkom met haar kind op het consultatiebureau als ze zich ergens zorgen over maakt, maar ze kan natuurlijk ook de huisarts raadplegen.

Wanneer daar reden voor is, wordt het kind na de geboorte onderzocht door de kinderarts. Dat is bijvoorbeeld het geval na kunstverlossingen, zoals een keizersnede.

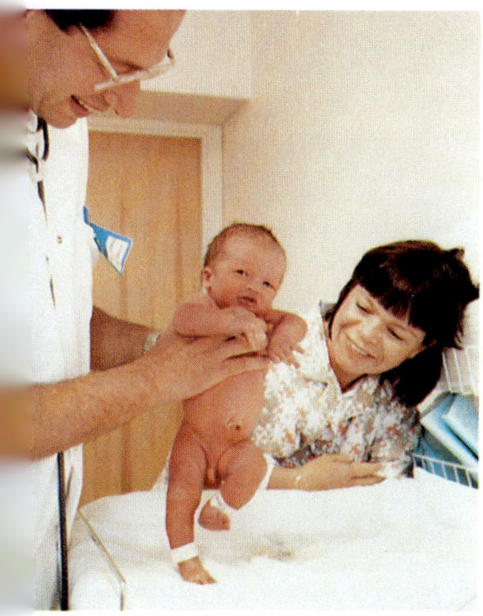

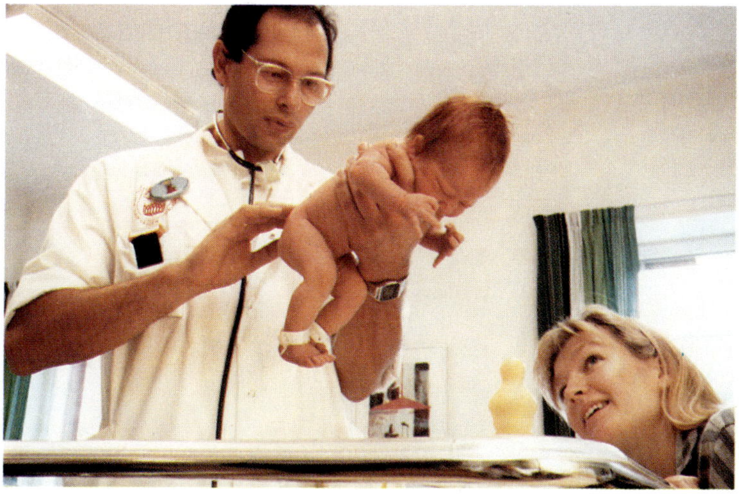

Ook bij de verloskundige zijn de moeders na de kraamperiode welkom. Ongeveer zes weken na de bevalling is het tijd voor een laatste bezoek aan de verloskundige. Bij dit bezoek hoort een onderzoek met een controle van de baarmoeder en de eierstokken, en misschien ook een uitstrijkje van de baarmoedermond. De nieuwbakken moeder kan problemen met de borstvoeding of andere zorgen bespreken. Het tijdstip is ook goed gekozen om een geschikte vorm van anticonceptie te vinden gedurende de zoogtijd en daarna.
Na dit laatste bezoek is de cirkel rond, ziel en lichaam hebben zich niet alleen goed door de zwangerschap en de bevalling heen geslagen maar hebben zich bovendien over een nieuwe kleine aardbewoner kunnen ontfermen, die tot de soort hoort die in het dierenrijk verreweg het langst hulp en steun bij zijn ontwikkeling nodig heeft voor hij op eigen benen kan staan - en dat is niet alleen een grote verantwoordelijkheid maar ook een bron van grote vreugde.

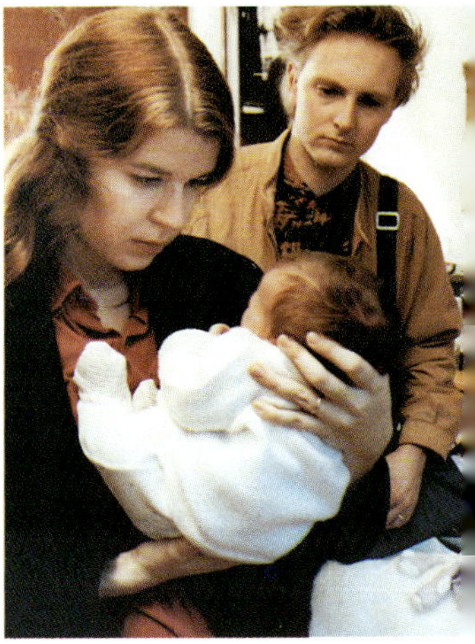

De eerste dagen thuis! Heerlijk, maar ook wel een beetje eng. Gelukkig komen de kraamverzorgster en de vroedvrouw nog langs om te helpen, maar toch! Op de foto beneden is de situatie anders. Oma heeft de oudere kinderen thuis opgevangen tijdens een bevalling in het ziekenhuis, en nu heet ze de jongste welkom.

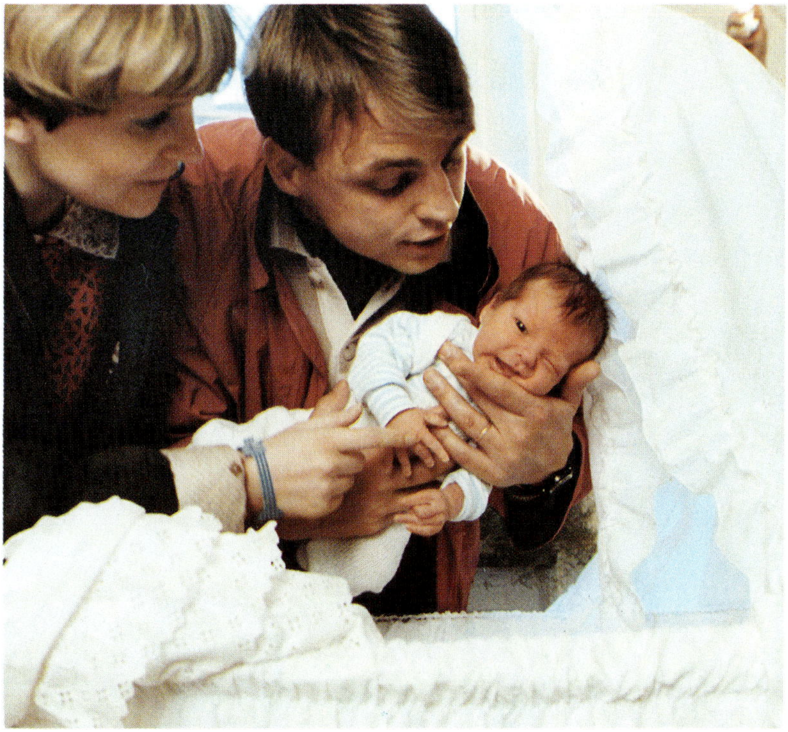

Het gewone leven begint
Ondanks alle steun van zwangerschapscursussen, verloskundige, consultatiebureau, familie en vrienden kan het toch een beetje een onveilig gevoel geven om alleen met de eerstgeborene te zijn. Als hij huilt: waarom houdt hij maar niet op? Als hij niet huilt: ademt hij soms niet meer? De moeder wordt 's nachts van het minste geluidje wakker en haast zich meteen uit bed om te gaan kijken.
Het gewone leven is begonnen, en met de baby in het wiegje is het hele leven zo anders geworden. Wat een fantastische mogelijkheden om samen met deze kleine persoonlijkheid van eigen vlees en bloed op te groeien!

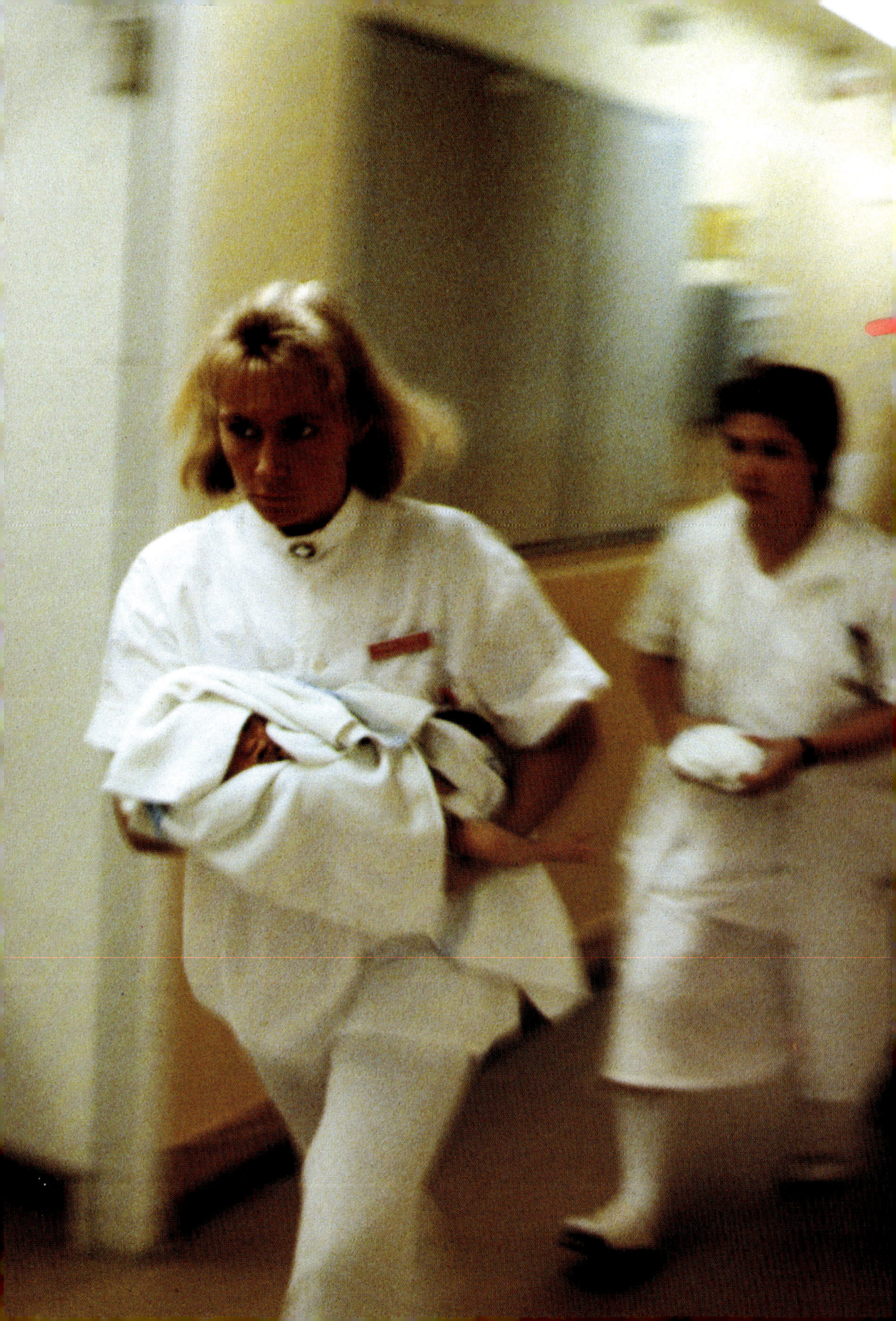

Voortdurend gereed zijn

Tot nu toe hebben we een zwangerschap en een bevalling beschreven die zonder complicaties zijn verlopen, en zo gaat het in de meeste gevallen ook. Bijna alle aanstaande ouders weten tegenwoordig echter dat zwangerschap en bevalling risico's met zich meebrengen, vooral voor de groeiende vrucht maar ook voor het leven en de gezondheid van de vrouw.

Een vroege miskraam is de manier waarop de natuur voorkomt dat een ernstig zieke en zwaar misvormde vrucht zich verder kan ontwikkelen. In ons land en in vele andere landen, hebben vrouwen de keus om tenminste vroeg in de zwangerschap te weigeren: nee, ik kan niet, ik wil niet, ik voel me niet in staat om deze zwangerschap af te maken! Maar bij 22 tot 23 weken na de laatste menstruatie loopt er zowel in biologisch als in wettelijk opzicht een magische grens. Tegenwoordig heeft een vrucht die na dat tijdstip geboren wordt kans om te blijven leven en een gezond en normaal leven te leiden. Vooral om die reden hebben de wetgevers in de meeste landen bepaald dat na dat tijdstip geen abortus meer mag worden uitgevoerd.

De artsen die zich erin hebben gespecialiseerd om te vroeg geboren kinderen te behandelen zijn daarin de laatste jaren steeds bekwamer geworden en hebben een steeds verfijnder uitrusting tot hun beschikking gekregen. Het komt soms voor dat kinderen die na minder dan 26 weken zwangerschap geboren worden en een zeer laag geboortegewicht hebben (500 tot 700 gram), zonder gebreken of andere problemen in leven blijven. Waarom is het voor een aanstaande moeder belangrijk om dit te weten?

Vooral voor vrouwen bij wie de weeën te vroeg beginnen of waarbij het vruchtwater te vroeg wegvloeit is het belangrijk om de moed niet te verliezen. Een bevalling in de dertigste week brengt niet meer zoveel gevaar voor de gezondheid van het kind met zich mee als vroeger. Er bestaat dan al een grote kans dat het kind in leven blijft en zich erdoorheen slaat. Het is een geruststelling voor alle aanstaande ouders om te weten dat de gezondheidszorg over de kennis en de middelen beschikt om ook heel vroeg geboren kinderen een goede start in het leven te geven.

De overlevingskansen van te vroeg levend geboren kinderen zijn volgens een Nederlands onderzoek onder ruim duizend kinderen:

Volledig uitgedragen zwangerschapsweek:	24 - 25	26 - 27	28 - 29	30 - 31
Overleving in procenten:	10,5	47,2	63,0	85,7

Het is een langdurige en zware bevalling geworden, zowel voor de moeder als voor het kind. De baby moet onmiddellijk extra zuurstof hebben. De hartslag zal spoedig normaal worden.

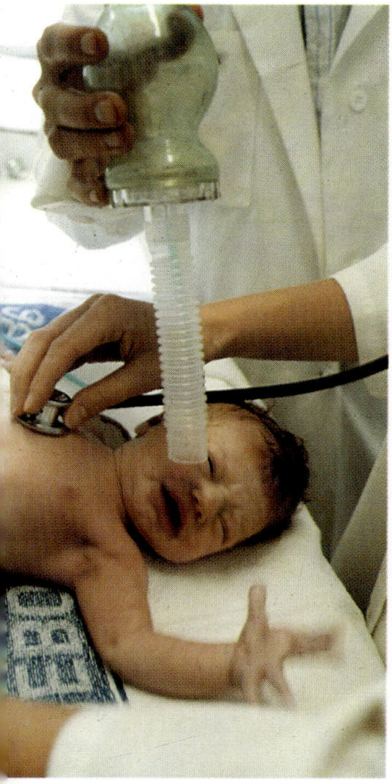

Op de couveuse-afdeling

Gynaecologen hebben ervaring gekregen in de behandeling van een dreigende te vroege bevalling. Vroege weeën zijn op zichzelf niet zo belangrijk, maar wel wanneer daarbij ontsluiting van de baarmoedermond optreedt. Dan kan het nodig zijn dit te behandelen met bedrust en met een weeënremmend infuus.

Te vroeg verlies van vruchtwater kan een belangrijke complicatie zijn omdat er gevaar is voor een infectie die vanuit de vagina de baarmoeder bereikt. Maar ook in dat geval is de kans dat alles met rust en ziekenhuisopname toch nog goed gaat, tegenwoordig groter.

Een tweeling - drieling - vierling - vijfling - veel kinderen tegelijk baren betekent een veel grotere kans op complicaties, die toeneemt met elke vrucht waaraan de baarmoeder plaats moet bieden. Dit type zwangerschap is in de natuur vrij zeldzaam, maar meerlingen komen vaker voor nu bijvoorbeeld bepaalde vormen van onvruchtbaarheid in toenemende mate met hypofysehormonen worden behandeld. Bij meerlingen is er een grotere kans dat ze niet allemaal een even goede toevoer van voedingsstoffen krijgen. Vroeggeboorte en vroeg verlies van vruchtwater komen vaker voor en zelfs bij een zwangerschap van normale duur zijn de kinderen over het algemeen

De kunstmatige baarmoeder, de couveuse, heeft er samen met vele andere technische verfijningen en een toegenomen kennis toe bijgedragen dat veel kinderen die te vroeg geboren worden, gered kunnen worden en een normaal leven kunnen leiden. Nog maar een paar jaar geleden zouden ze geen overlevingskans gehad hebben.

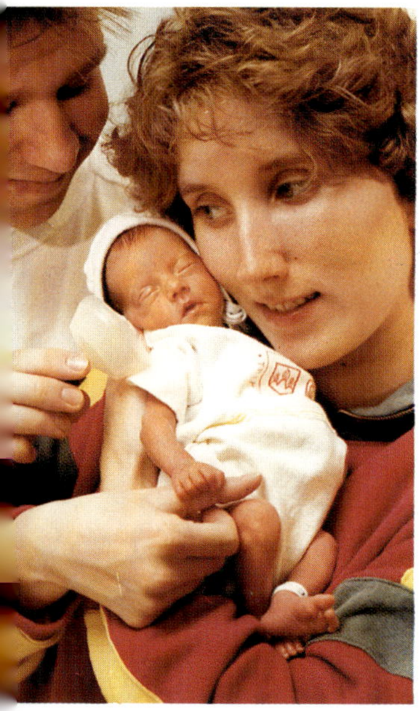

Het gezin voor het eerst bijeen. Zo klein, zo broos. Wat een heerlijk gevoel om je kind vast te kunnen houden.

kleiner dan het geval zou zijn geweest als één kind de baarmoeder voor zichzelf gehad zou hebben.

Tot nu toe hebben we het gehad over volkomen gezonde en normaal ontwikkelde kinderen met als enige probleem dat ze bij de geboorte een te laag gewicht hebben en niet geheel volgroeid zijn. Zo'n klein kind kan moeite hebben met het gebruik van zijn longen voor zuurstofopname en van zijn darmen voor de spijsvertering, maar de zware stress zorgt ervoor dat de meesten snel volgroeid raken en dat bij hen deze essentiële functies normaal gaan werken. Een niet normaal ontwikkelde vrucht, of hij nu een lichamelijke of een geestelijke handicap heeft, of een combinatie van beide, stelt bij de geboorte echter heel andere eisen aan de beschikbare hulpmiddelen. Soms kan binnen een paar dagen een spoedoperatie nodig zijn om het kind in leven te houden, soms kan een arts geen actieve behandeling toepassen maar moet hij de verdere ontwikkeling afwachten. Het is van belang dat de middelen aanwezig zijn om snel vast te kunnen stellen of een baby een gebrek heeft aan bijvoorbeeld hart, nieren of maag-darmkanaal.

Misvormingen die voor de ouders enorm angstaanjagend kunnen zijn, zijn misschien uit medisch oogpunt niet ernstig, zoals bijvoorbeeld een gespleten verhemelte. Het is belangrijk dat een arts de

Na een paar zware weken met hoge bloeddruk en flink oedeem, en nog een acute keizersnede op de koop toe, maakt de schok plaats voor vreugde omdat ze een levend kind heeft. Het kind rechts woog bij de bevalling iets meer dan zevenhonderd gram. Nu mag de moeder mee het kind verzorgen. De couveuse heeft een behaaglijke temperatuur en de juiste luchtvochtigheid (de eerste week wel tachtig procent). Een respirator geeft het kind verder hulp bij de ademhaling en de hartslag wordt geregistreerd.

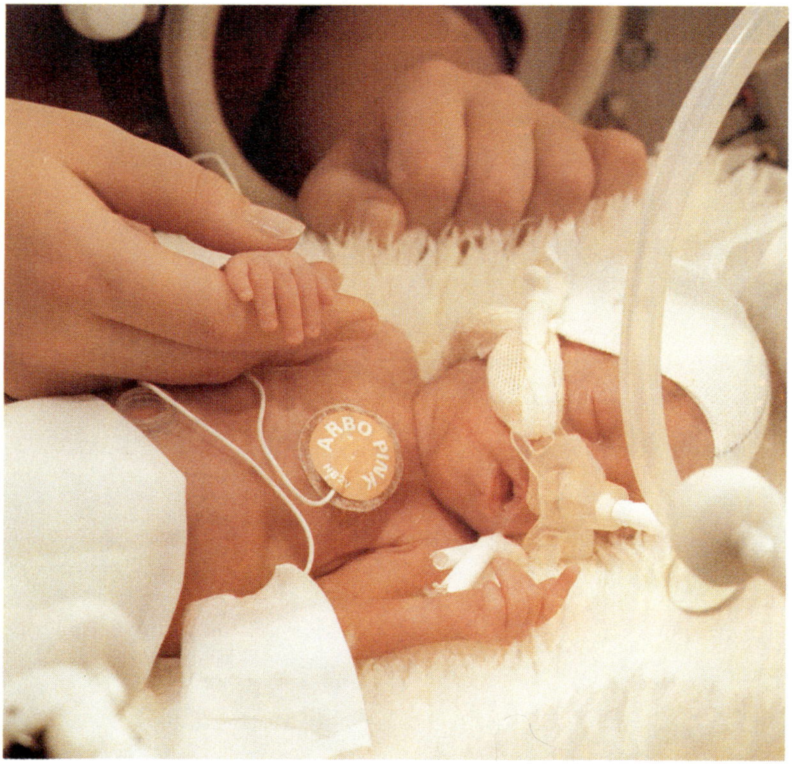

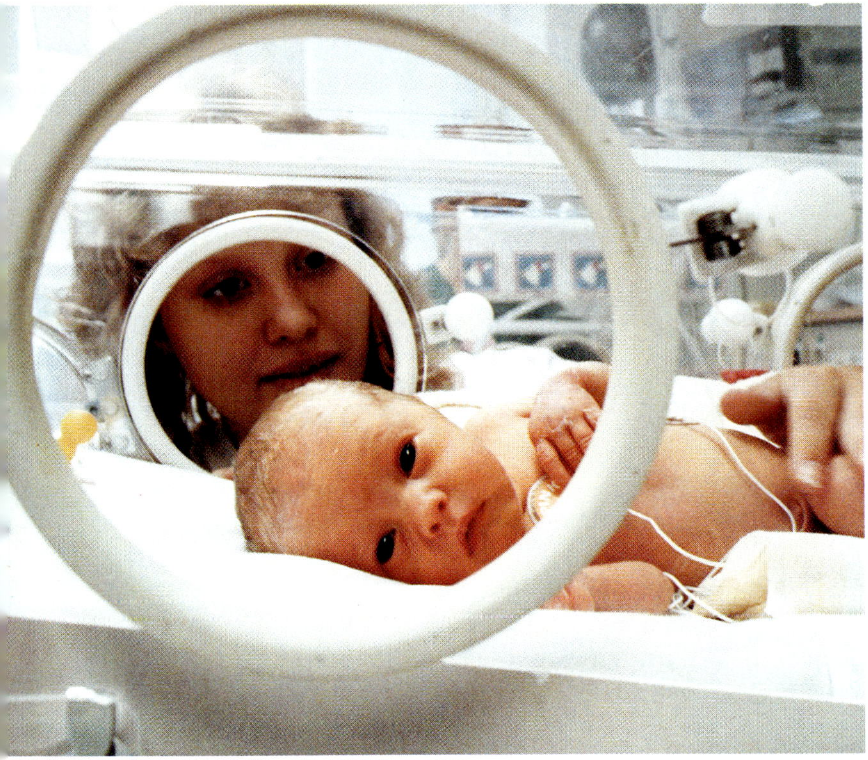

De dagen of weken in de couveuse moeten voor het kind geen tijd van isolatie worden - lichamelijk contact met de ouders is van het grootste belang. Liefkozingen, omarmingen, huidcontact en geborgenheid hebben alle kinderen nodig.
Het doet het kind goed om af en toe uit de couveuse te mogen (linksonder). Bij de zogenaamde kangoeroemethode wordt de ademhaling van het kind verlicht, deels doordat het rechtop gehouden wordt en deels met wat extra zuurstof uit de slang op vaders borst.
De moeder kan de zuigreflexen van het kind oefenen door het aan haar borst te laten nippen, terwijl het gelijktijdig met behulp van een slangetje gevoed wordt. De melk heeft de moeder van tevoren uit haar borst gekolfd (rechtsonder).

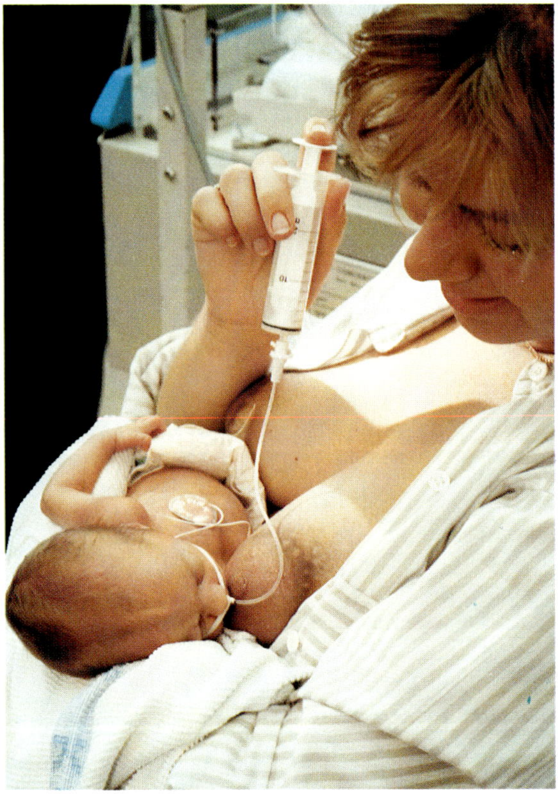

ouders inlicht en uitleg geeft. Hoe klein en hoe gehandicapt een kind ook is, de relatie met de ouders moet centraal staan. De ouders moeten steeds in de buurt van het kind zijn en krijgen ook herhaaldelijk gelegenheid om met de artsen over de ontwikkeling en de prognose voor de toekomst te praten. Misschien hebben deze kinderen die te klein zijn of afwijkingen hebben nog wel meer dan andere kinderen het contact met hun ouders nodig om de kracht op te brengen voor hun eerste strijd om te overleven. De verzorging van een kind dat de eerste maanden een laag gewicht heeft, of een kind met een ziekte of een afwijking, vereist dat de ouders goed voorgelicht zijn en veel steun krijgen van alle categorieën verplegend en verzorgend personeel.

Toch loopt deze strijd niet steeds goed af. Het is mogelijk dat het kind al bij de geboorte sterft, of binnen een week of een maand. De kans daarop is niet gering. Een mens moet statistisch gezien ouder dan zeventig jaar worden om weer een even grote sterftekans te hebben als in de eerste levensweek. Als het kind een ernstige afwijking heeft kan de dood voor de ouders natuurlijk vaak als een bevrijding komen, maar er zijn ook kinderen waarvan het lijkt of ze onnodig zijn overleden, bijvoorbeeld aan de zogenaamde wiegedood. Op dit gebied wordt intensief onderzoek gedaan.

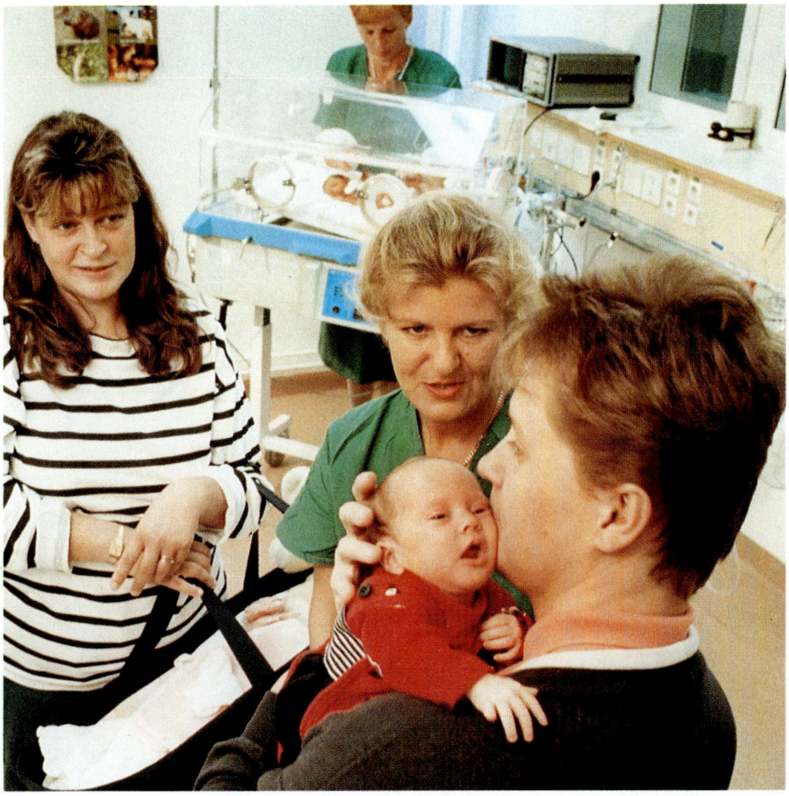

Tijd om naar huis te gaan! Eindelijk kunnen de ouders hun kind na vier weken op de couveuse-afdeling mee naar huis krijgen.

Onze erfelijke eigenschappen

Waarom zien we eruit zoals we eruitzien? Waarom zijn sommigen van ons lang, anderen kort, sommigen donkerharig, anderen blond? Hoe komt het dat we ondanks alle onderlinge verschillen toch direct het verschil zien tussen een mens en andere levende wezens? Op deze vragen is het antwoord dat ons erfelijk materiaal uniek is voor onze soort. Als mensen lijken wij wat onze erfelijke eigenschappen betreft geweldig sterk op elkaar. We kunnen niet met andere soorten verward worden en we kunnen ons ook niet buiten onze soort voortplanten. Dit is een belangrijke voorwaarde voor de ontwikkeling van de soorten op aarde. Al ligt de genetische boodschap 'mens' vast, toch is de rijkdom aan variaties vrijwel oneindig. Er zijn geen twee mensen op aarde met precies dezelfde erfelijke eigenschappen - met uitzondering van eeneiige tweelingen die juist wel identieke genen hebben.

Binnen een familie komen bepaalde gelijkenissen voor die op erfelijke eigenschappen terug te voeren zijn. Kleur van haar en ogen, lengte, gewicht, gezondheidstoestand en levensduur worden in meerdere of mindere mate binnen een familie van generatie op generatie overgeërfd. Kinderen krijgen vaak te horen dat ze op hun ouders en hun grootouders lijken. De helft van hun erfelijke eigenschappen komt van hun vader en de helft van hun moeder. Van sommige eigenschappen wordt gezegd dat ze dominant (overheersend) zijn (bijvoorbeeld bruine ogen) en van andere dat ze recessief (terugwijkend) zijn (bijvoorbeeld blauwe ogen). Ook bij ingewikkelder geestelijke eigenschappen kan binnen een familie gelijkenis voorkomen, maar hierbij spelen het milieu waarin iemand opgroeit

Drie generaties, het overerven gaat door. In elke cel van elk individu bevindt zich het erfelijk materiaal, een gecodeerde erfelijke boodschap, die de geheimen van het leven zelf bevat en die duizenden jaren met de mens is meegegaan. Deze boodschap, die de aanleg van een individu tot in het kleinste detail bepaalt, komt in het kind tot uitdrukking. Rechts een deel van de 46 chromosomen van de mens die het erfelijk materiaal bevatten.

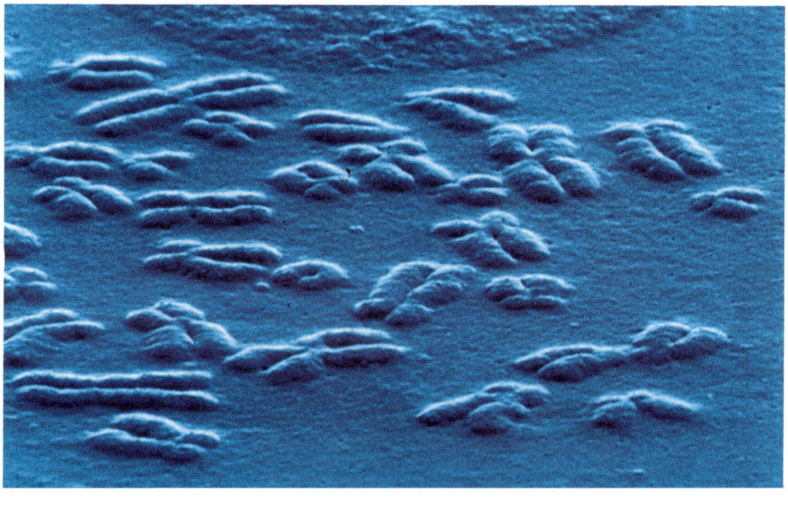

en andere invloeden van buitenaf vaak een belangrijke rol. De genen laten dus toe dat een individu door invloeden van buitenaf verandert. Zonder die mogelijkheid zouden opvoeding en onderwijs totaal geen zin hebben.
Iedere cel in ons lichaam heeft een celkern en in die kern bevindt zich ons erfelijk materiaal. Dat erfelijk materiaal is niet een vormeloze homp, maar voor de mens wordt het gevormd door 46 exact vormgegeven structuren die chromosomen genoemd worden. Alle cellen in ons lichaam hebben precies dezelfde chromosomen, en door één enkele cel in het lichaam van een mens te onderzoeken kan men te weten komen hoe het erfelijk materiaal van die persoon er in detail uitziet.
De chromosomen zijn de 'verpakking' van de DNA-moleculen die het geheugen van de cel vormen. DNA-moleculen vormen zich tot een lange spiraalvormige ladder met code-achtige chemische formules. Hun codes hebben de naam A, C, G en T gekregen. Door de letters op verschillende manieren te combineren, kunnen miljoenen verschillende mededelingen verkregen worden. In elke cel zijn ongeveer honderdduizend erfelijke eigenschappen opgeslagen. Ze besturen tot in het kleinste detail alle functies van de cel en de voortplanting ervan. De cellen vermeerderen zich door deling en zo ontstaan twee nieuwe cellen met precies hetzelfde erfelijk materiaal. Elke seconde worden in het lichaam talloze nieuwe cellen gevormd die precies hetzelfde zijn als de oude. Veel van de oudste cellen sterven tegelijkertijd af en op die manier houdt ons lichaam zich gedurende lange tijd jong en levenskrachtig. Een aantal cellen, bijvoorbeeld de hersencellen en de eicellen in de eierstok, heeft niet het vermogen zich te delen en nieuwe cellen te vormen. Daarom moeten we er extra voorzichtig mee omgaan zodat ze zo lang mogelijk blijven functioneren.

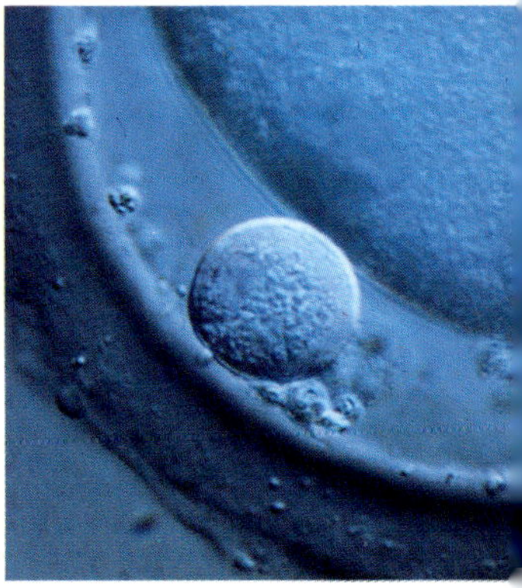

De erfelijke boodschap 'mens' is een thema met veel variaties, bijvoorbeeld lichaamslengte, kleur van huid en ogen, geslacht, gelaatstrekken en begaafdheid.

Tijdens de rijping in de eileider halveert de eicel het aantal chromosomen tot 23 en plaatst het overschot in een zogenaamd poollichaampje, linksonder in vergroting. Dezelfde halvering geschiedt bij de zaadcellen in de teelbal (onder). Iedere gezonde zaadcel draagt dus 23 chromosomen bij zich, een paar ervan zijn op de foto vaag te zien.

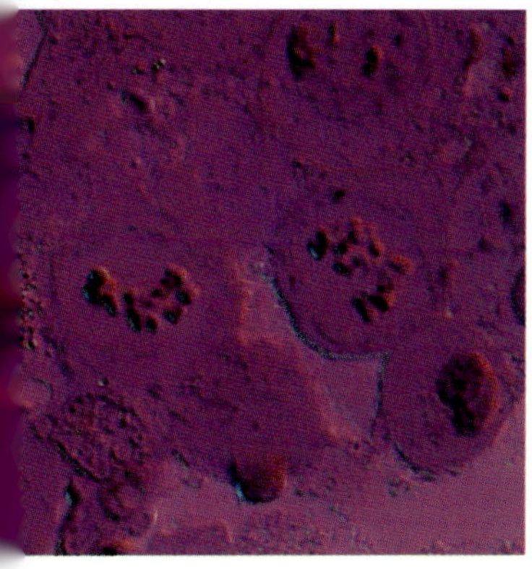

Onder: Het Y-chromosoom licht als een wit plekje op in drie zaadcelkoppen. Als een daarvan de eicel bevrucht, wordt het een jongen. De andere vijf zaadcellen bevatten X-chromosomen. Rechts de 23 chromosomen van de zaadcel, waarvan het Y-chromosoom fel oplicht.

Een jongen of een meisje?

Welk geslacht een kind zal krijgen, wordt al bepaald wanneer een zaadcel een eicel bevrucht. 23 chromosomen van de moeder en 23 van de vader geven samen de hele genetische informatie die voor het nieuwe individu nodig is. De chromosomen vormen paren waarbij de eerste 22 paren precies gelijk zijn, terwijl het 23ste paar het geslacht aangeeft. Bij een meisje bestaat het 23ste paar uit twee X-chromosomen, bij een jongen bestaat het 23ste paar uit een X-chromosoom en een kleiner chromosoom dat Y genoemd wordt.
Hoe gaat het versmelten van de chromosomen van de zaadcel en de chromosomen van de eicel in zijn werk? Normaal bevatten de cellen van een mens 46 chromosomen, maar om het mogelijk te maken dat een zaadcel een eicel bevrucht krijgen ze elk maar 23 chromosomen. De eicel van een vrouw wordt aanvankelijk met 46 chromosomen gevormd, maar wanneer de eisprong plaatsvindt en de eicel rijpt, ontdoet deze zich van de helft van de chromosomen. Deze gaan buiten de eicel liggen en vormen met behulp van een klein omhulsel een zogenaamd poollichaampje.
Op soortgelijke wijze bevatten de cellen die het voorstadium van de zaadcellen vormen 46 chromosomen. Maar hier gaan de chromosomen elk naar een kant en vormen zo twee gelijkwaardige zaadcellen met 23 chromosomen. Een van de op deze manier gevormde zaadcellen bevat een Y-chromosoom met de aanleg voor een jongen en de andere een X-chromosoom met de aanleg voor een meisje. De eicel bevat wanneer zij bevrucht kan worden altijd alleen een X-chromosoom. Wanneer vervolgens de bevruchting plaatsvindt en de zaadcellen met hun 23 chromosomen de eicel binnendringen en daar de 23 chromosomen van de eicel ontmoeten, is het noodzakelijke aantal van 46 chromosomen weer bereikt.

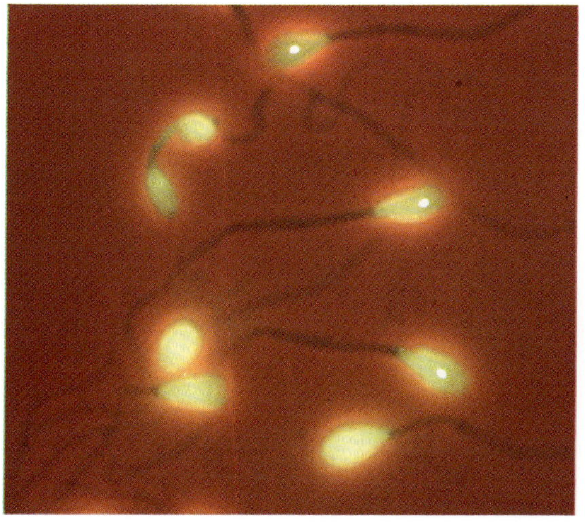

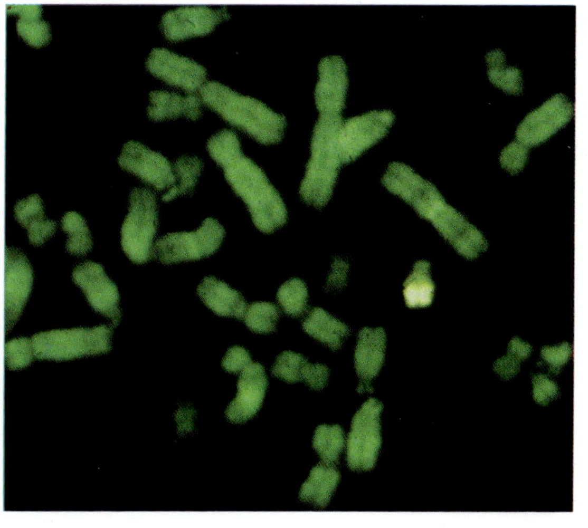

De vruchtwaterpunctie

Soms mislukt het bevruchtingsproces op chromosoomniveau: de chromosomenparen vinden elkaar niet, delen van chromosomen breken af, een afgebroken stukje chromosoom kan zich aan een ander chromosoom vasthechten - mogelijkheden te over. In bijna alle gevallen zijn de beschadigingen aan de chromosomen zo groot en zo ernstig dat de vrucht zich niet normaal kan ontwikkelen en dat leidt tot een vroege miskraam. Soms zijn de beschadigingen zo klein dat ze geen betekenis hebben maar soms zit het type schade zo ongeveer tussen de uitersten in en dan kan men een kind krijgen met misvormingen of ziekten. Om te voorkomen dat het kind (en wij zelf!) daarvan te lijden krijgt wordt in toenemende mate gebruik gemaakt van het zogenaamde genetisch vruchtonderzoek, waarbij

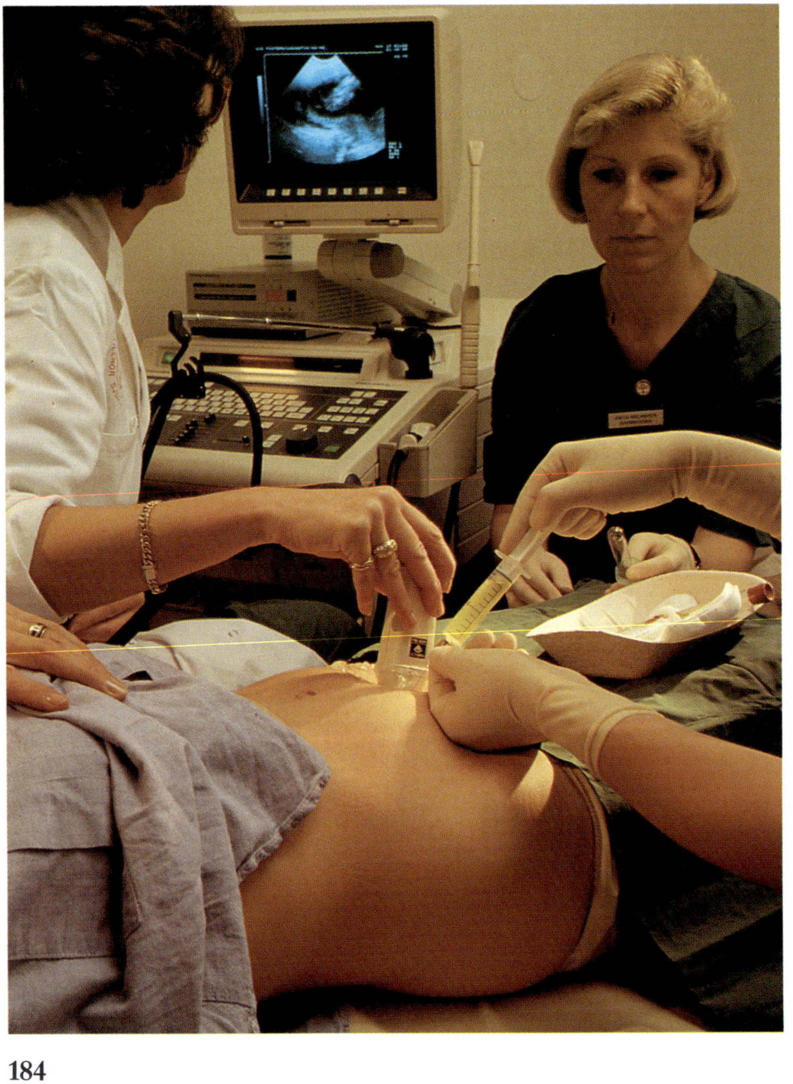

In het vruchtwater bevinden zich cellen die van de huid van de vrucht afgestoten worden, en daarin bevinden zich de chromosomen. Met behulp van ultrageluid (echoscopie) wordt de ligging van de vrucht bepaald, daarna wordt de naald ingebracht en de vloeistof opgezogen. Het vruchtwater wordt aan de moeder getoond (rechts) en naar het laboratorium gezonden, waar het aantal cellen door middel van een kweek wordt vergroot (rechtsonder).

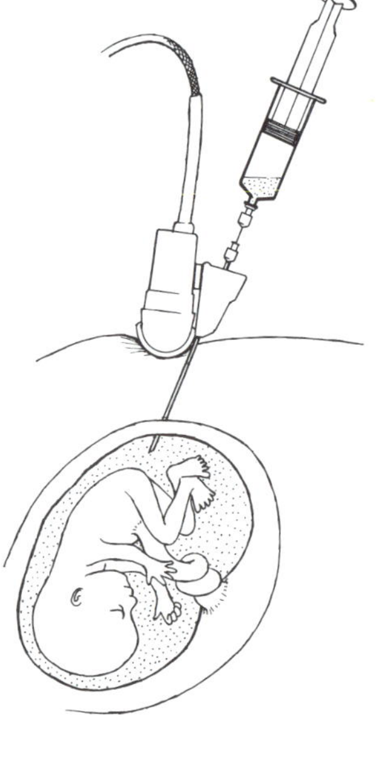

de chromosomen van de vrucht lang voor de geboorte kunnen worden onderzocht en beoordeeld.

Deze methoden van chromosoomanalyse hebben uiteraard voordelen maar ze zijn ook omstreden.

Een vruchtwaterpunctie die bij vijftien of zestien weken zwangerschapsduur wordt uitgevoerd, is de langst bekende methode en is gebaseerd op het feit dat cellen van de vrucht afgestoten worden en in het vruchtwater terechtkomen. Wanneer met behulp van een naald en een spuitje twintig milliliter vruchtwater opgezogen wordt, komen daarbij cellen van de vrucht mee. In een weefselkweek kunnen na een paar weken de chromosomen bepaald worden. Alle chromosomenparen kunnen dan nauwgezet bestudeerd worden om te zien of ze er normaal uitzien en natuurlijk wordt ook de vraag beantwoord of de vrucht een jongen of een meisje is.

De chromosomen kunnen alleen bestudeerd worden als de cel zich deelt. Dan worden de chromosomen in de microscoop gefotografeerd, de negatieven worden vergroot, gegroepeerd en onderzocht. De chromosomen kunnen aan het licht brengen of de vrucht een erfelijke afwijking heeft.

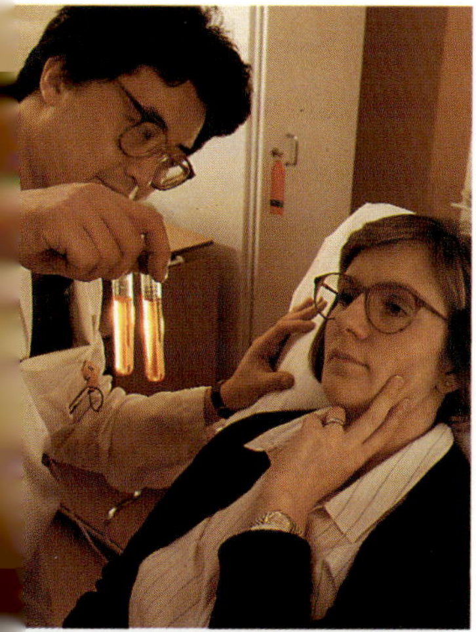

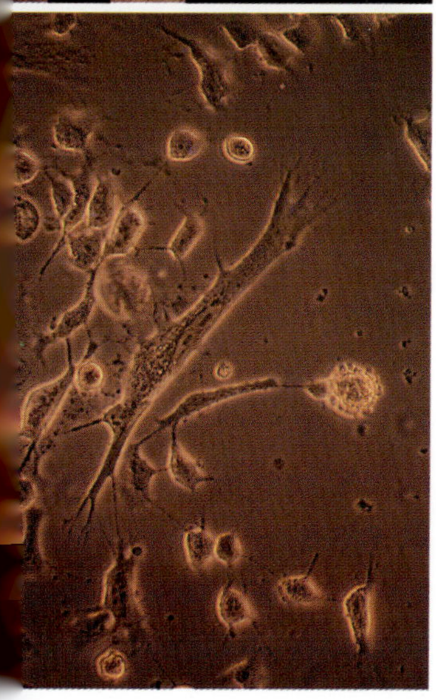

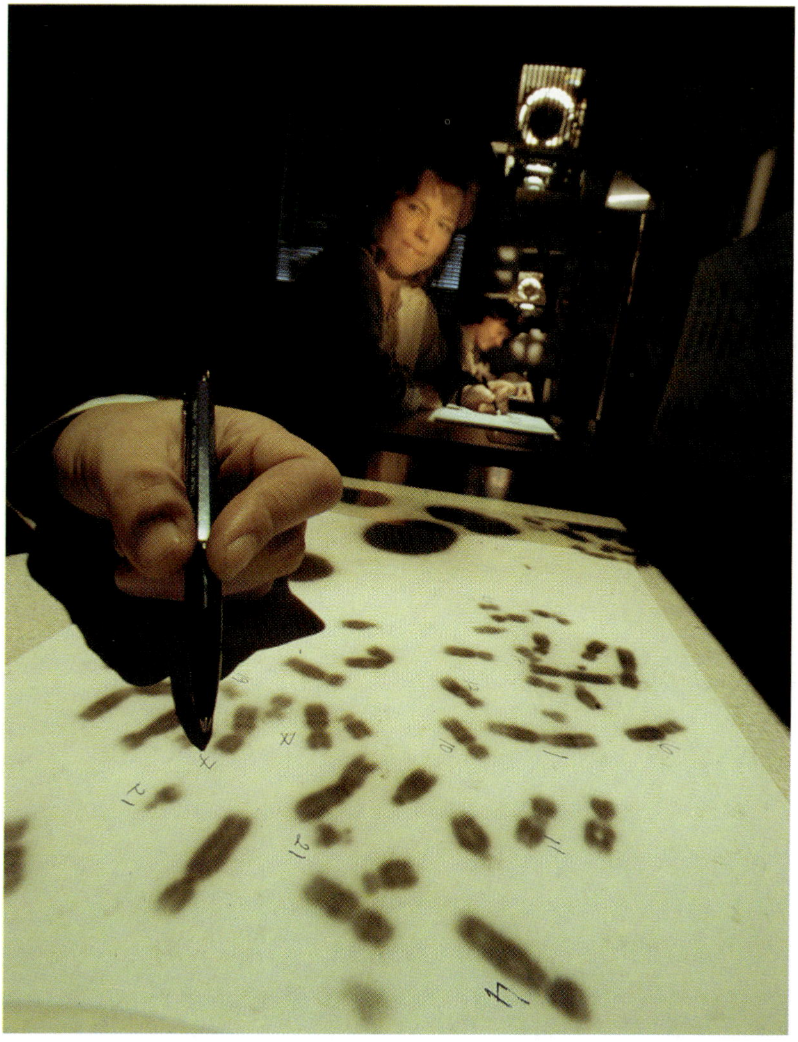

Kunnen we al eerder antwoord krijgen?

Een late abortus is - ongeacht de reden ervan - altijd een groot psychisch trauma voor de getroffen vrouw en daarom heeft men de laatste jaren een methode van chromosoomanalyse ontwikkeld die al bij ongeveer tien weken zwangerschapsduur kan worden gebruikt. Bij deze methode neemt de arts een klein stukje weefsel uit de placenta (placentabiopsie), die in het algemeen dezelfde chromosoomsamenstelling heeft als de vrucht. Dankzij het feit dat men met deze methode meer cellen krijgt in vergelijking met de vruchtwaterpunctie kan de chromosoomanalyse al na enkele dagen klaar zijn, en als er chromosoomafwijkingen gevonden worden is het zowel psychisch als medisch minder ingrijpend om zo vroeg een abortus uit te voeren dan veel later. Er is een kleine kans dat de chromosoomsamenstelling van de placenta en die van de vrucht verschillen en dat men daarom de verkeerde informatie krijgt. Als men nog geen zekerheid heeft, zal alsnog een vruchtwateronderzoek bij vijftien weken worden aangeraden, omdat dit onderzoek grotere zekerheid biedt.

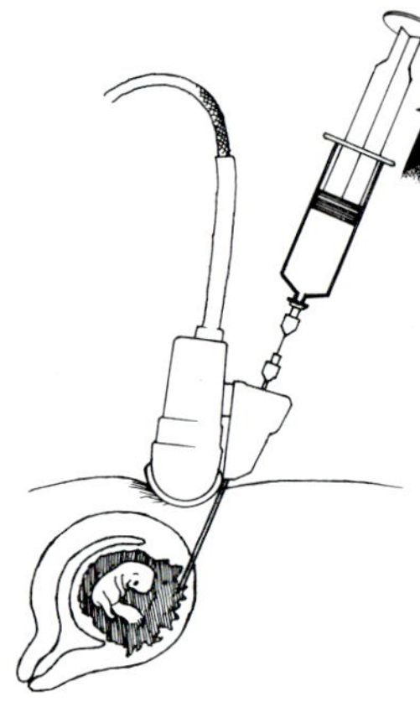

Een nieuwe methode is de vlokkentest, waarbij de arts met een naald een klein stukje van de placenta wegneemt. Dit stukje bevat zogenaamde chorionvilli (inzet) die zijn opgebouwd uit grote hoeveelheden kleine cellen met dezelfde chromosoomsamenstelling als die van de vrucht. Al na korte tijd kan de analyse klaar zijn.

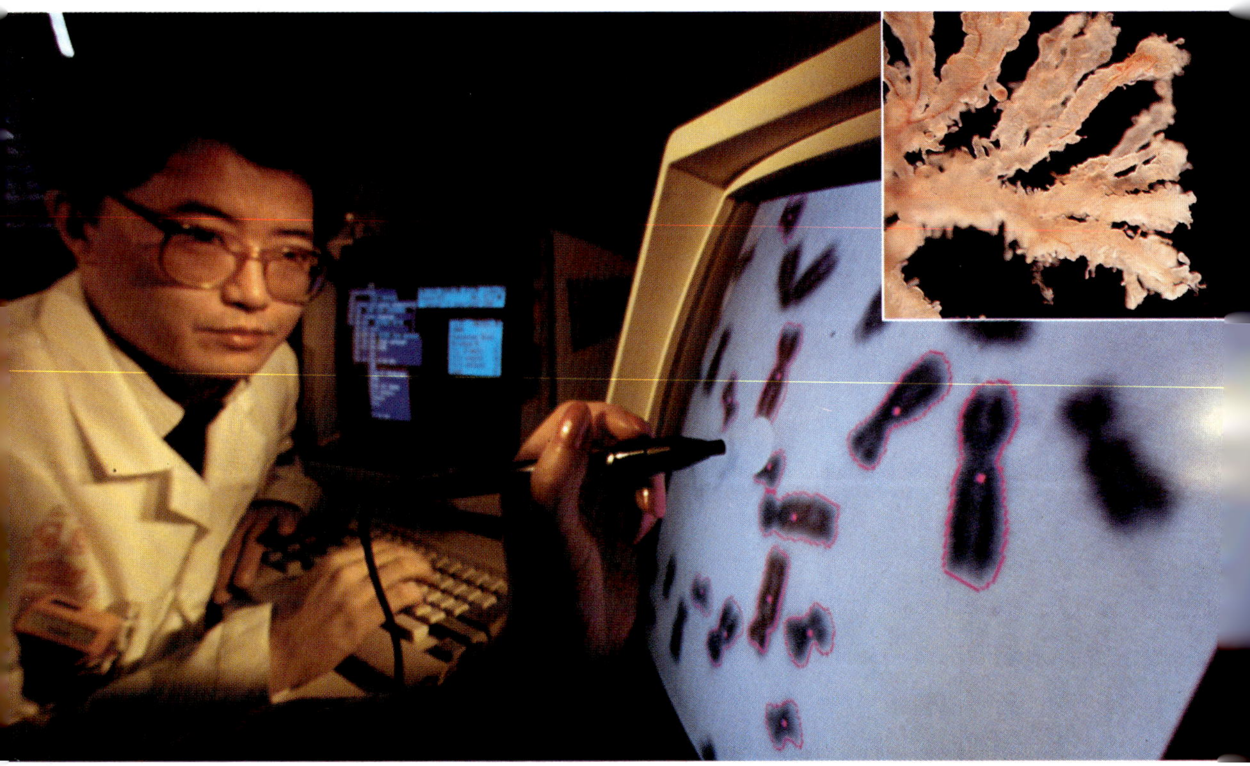

Het wachten op bericht na een vruchtwaterpunctie valt vaak lang en zwaar. Voor deze moeder, die al eerder een kind met een ernstige genetische afwijking had gekregen, duurde het verscheidene weken.

Maar nu kwam eindelijk het bericht: de proef is goed, het kind gezond. Wat een geluk! Ze kan zonder angst haar zwangerschap uitdragen. Rechts de ouders met het zeven maanden oude kind. Zonder vruchtonderzoek zou dit ouderpaar nauwelijks een nieuw kind op de wereld hebben durven zetten.

Het antwoord van de arts: een chromosoom te veel

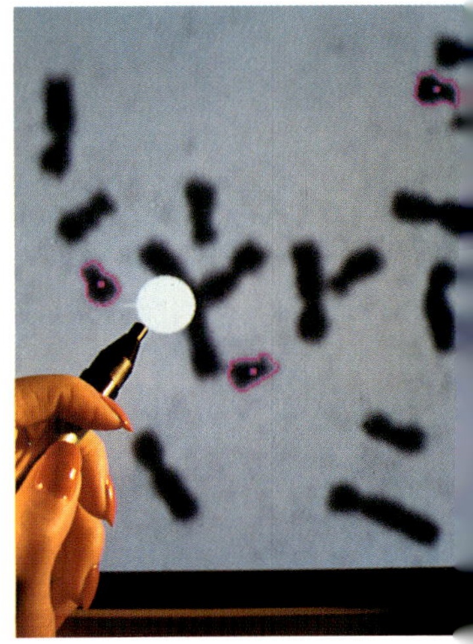

Als er een chromosoomafwijking gevonden wordt begint een hele reeks problemen. Een enkele maal kan de afwijking zodanig zijn dat de arts niet met zekerheid kan zeggen tot welke eventuele gebreken zij kan leiden en zelfs als hij het wel met een aan zekerheid grenzende waarschijnlijkheid kan zeggen, blijft het voor de vrouw moeilijk zo laat nog tot een abortus te besluiten. Toch gaan verreweg de meeste zwangere vrouwen die dit onderzoek laten verrichten over tot het afbreken van de zwangerschap wanneer een ernstige afwijking wordt gevonden. Chromosomen en afzonderlijke genen kunnen tijdens de ontwikkeling van de vrucht schade oplopen en waarschijnlijk is in het algemeen een ongeboren vrucht veel gevoeliger dan een volwassene voor stoffen die de chromosomen aantasten. Zulke stoffen kunnen in sommige chemische produkten aanwezig zijn. Radioactieve straling kan ook chromosoomafwijkingen veroorzaken, die tot miskramen of misvormingen kunnen leiden. Dit werd bekend na de atoombombardementen van de Tweede Wereldoorlog, maar misschien zijn de denkbare gevolgen van een ongeluk in een kerncentrale een meer voor de hand liggend voorbeeld.
De meest voorkomende chromosoombeschadiging die vastgesteld kan worden is een fout in chromosomenpaar 21, dat een derde, extra chromosoom erbij heeft gekregen (zogenaamde trisomie) en dit leidt altijd tot het syndroom van Down, ook mongolisme genaamd. Een kind met het syndroom van Down heeft dus 47 chromosomen. De informatie van het extra chromosoom wil ook meewerken aan de opbouw van het lichaam en dat geeft een reeks uiterlijke veranderingen die makkelijk te herkennen zijn: schuinstaande ogen, misvormde oren en veranderingen in de handen. Deze veranderingen betekenen natuurlijk niet zo veel in vergelijking met een reeks inwendige veranderingen die onder andere het intellectuele vermogen aantasten. Het syndroom van Down treedt vaker op wanneer de vrouw ten tijde van de zwangerschap wat ouder is. Ook aan de leeftijd van de man wordt in dit verband enige betekenis toegekend. Maar ook een zeer jong stel kan een kind met het syndroom van Down krijgen. Aangezien het relatief vaker voorkomt dat men op jeugdige leeftijd kinderen krijgt, zullen de meeste ouders van kinderen met het syndroom van Down jong zijn, dat wil zeggen, op een leeftijd waarop genetisch vruchtonderzoek nog niet wordt aangeboden (in ons land vanaf 36 jaar). Sommige ouders en broers en zusjes van kinderen met het syndroom van Down hebben getuigd van positieve ervaringen en de nieuwe dimensie die deze kinderen in het gezin inbrengen.
Daarom is het geen uitgemaakte zaak dat een abortus bij deze diagnose altijd de beste oplossing is. Niet alle vrouwen van 36 jaar en ouder laten daarom onderzoek van de vrucht verrichten.

Het syndroom van Down

Het syndroom van Down, zo genoemd naar de Engelse arts die al 125 jaar geleden de aandacht op deze handicap vestigde, wordt veroorzaakt door een chromosoom te veel. Dat extra chromosoom is aan het 21ste chromosomenpaar gekoppeld, de zogenaamde trisomie (foto links). Waardoor deze ernstige chromosoombeschadiging optreedt is niet bekend, maar wel is vastgesteld dat zij vaker bij oudere dan bij jongere vrouwen voorkomt.
Volgens sommige ouders van deze kinderen, die zo anders zijn, geven zij hun ouders een nieuwe dimensie in hun leven en een diep inzicht in de wisselvalligheid ervan. Op de foto rechts twee mongoloïde jongeren die elkaar gevonden hebben.

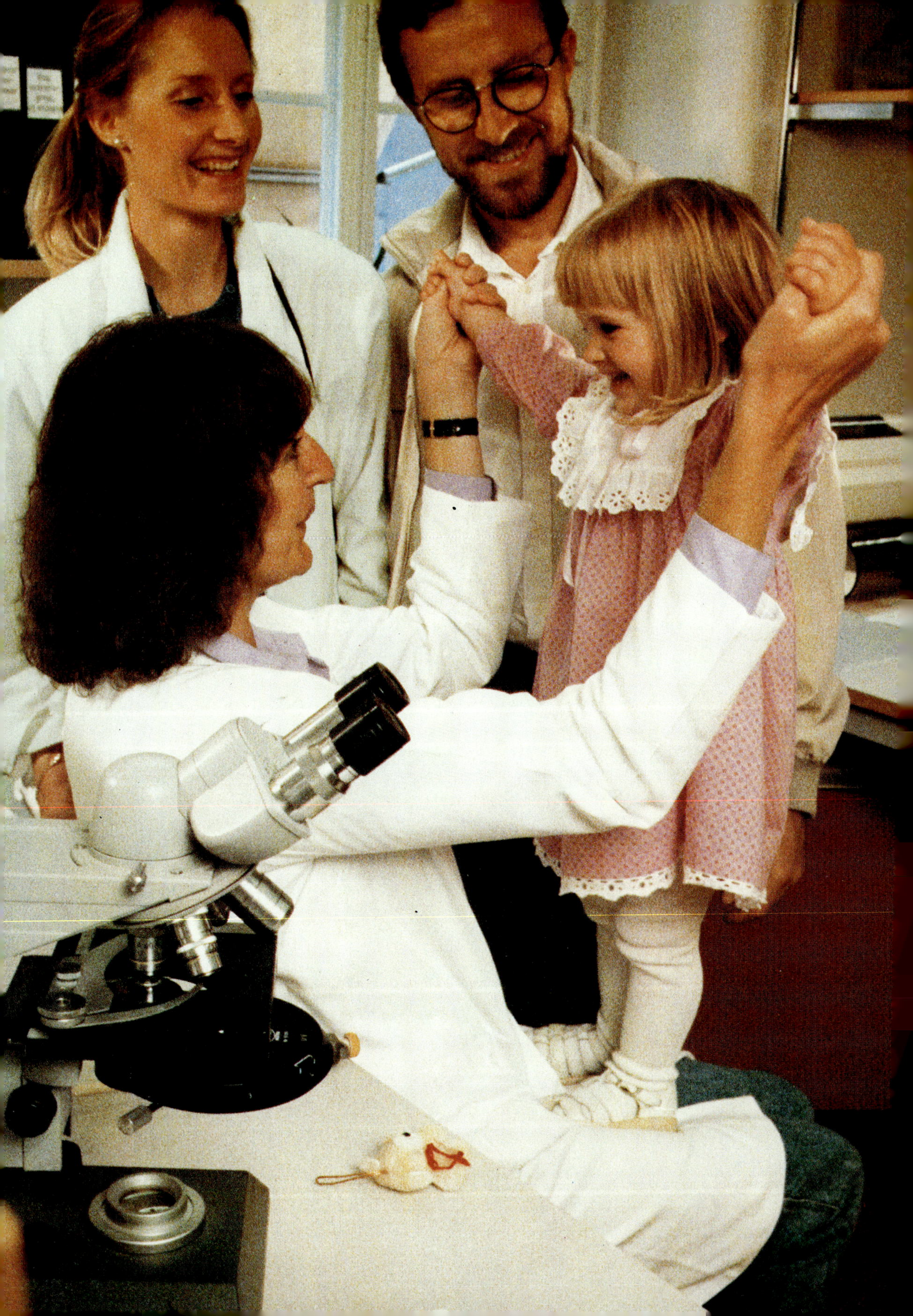

Problemen om kinderen te krijgen

Ongeveer tien procent van alle paren is infertiel (onvruchtbaar). Het is moeilijk om precieze cijfers te krijgen, omdat we niet weten wat onvrijwillig en wat vrijwillig is. Er zijn in een samenleving veel factoren van invloed op het krijgen van kinderen, bijvoorbeeld politieke en religieuze opvattingen die zowel in positieve als in negatieve richting kunnen werken. Ons inwendig en uitwendig milieu, bijvoorbeeld de milieuverontreinigingen en de stress die bij een moderne samenleving horen, hebben vanzelfsprekend ook effect op ons vermogen tot voortplanting. Het werk in de gezondheidszorg is zowel op voorkomen als op genezen gericht. Een belangrijke taak is de voorlichting over en de behandeling van 'nieuwe' typen infecties, zoals chlamydia, die het vermogen van een mens om zich voort te planten aantasten.

Is het trouwens zonder meer een recht van alle mensen om kinderen te nemen? Is onvruchtbaarheid een ziekte, een handicap? Moet de samenleving alle onderzoek betreffende onvruchtbaarheid bevorderen en economisch ondersteunen? Moet de behandeling van kinderloosheid in onze ziekenhuizen wel gratis en vrij toegankelijk zijn? Wat zijn de ethische en juridische problemen? Er zijn talloze vragen en voor een groot deel zijn die tot op heden niet beantwoord. Ook zijn er geen gemeenschappelijke internationale regels of conventies die een leidraad of een antwoord op deze vragen kunnen geven, en de explosieve ontwikkeling in het biologisch onderzoek dwingt voortdurend tot nieuwe stellingnames.

De kundige mensen op het laboratorium bouwen vaak een goede band op met de paren voor wie het moeilijk is om kinderen te krijgen. Voor dit paar was vorige keer het resultaat schitterend: een prachtig meisje. Nu zou een nieuw kind heel welkom zijn.
Bepaalde vormen van onvruchtbaarheid kunnen door kunstmatige inseminatie worden opgelost (onder). De zaadcellen van de man worden met behulp van een catheter in de baarmoeder gebracht. Daarna is het een kwestie van afwachten en hopen.

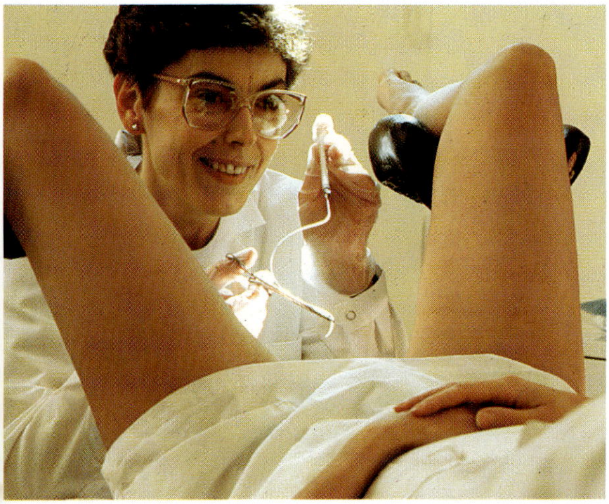

Wereldwijd is de bevolkingsexplosie een enorm probleem en een bedreiging. Daarentegen is in ons land, zoals in de meeste landen van West- en Noord-Europa, het aantal geboorten de laatste 25 jaar gedaald. Het gemiddelde aantal kinderen per paar is minder dan twee. Dat zou op den duur kunnen leiden tot vermindering van het aantal inwoners. Maar er is al weer een tendens waarneembaar tot wat grotere gezinnen. Bovendien is het aantal immigranten toegenomen. Het gedrag van de mensen wat betreft de voortplanting blijkt moeilijk voorspelbaar. Wanneer wij onszelf met bijvoorbeeld China vergelijken, dat problemen heeft met overbevolking, is het duidelijk en logisch dat de Chinezen een andere weg hebben gekozen (dat wil zeggen een in de wet vastgelegde vermindering van het aantal geboorten). Maar voor elk afzonderlijk paar is het een individueel probleem. Het kan in China net zo zwaar vallen om kinderloos te zijn als in Nederland.

Aangezien het opsporen van de oorzaak en de behandeling veel geld kosten, zou dat normaal gesproken beperkt moeten blijven tot samenlevingen die het kunnen bekostigen. En toch is uit recente gegevens bekend dat in de ontwikkelingslanden ongeveer de helft van alle bezoeken aan een arts te maken hebben met onvrijwillige kinderloosheid. In veel van deze landen is namelijk een groot kindertal de enige verzekering voor een verzorgde oude dag.

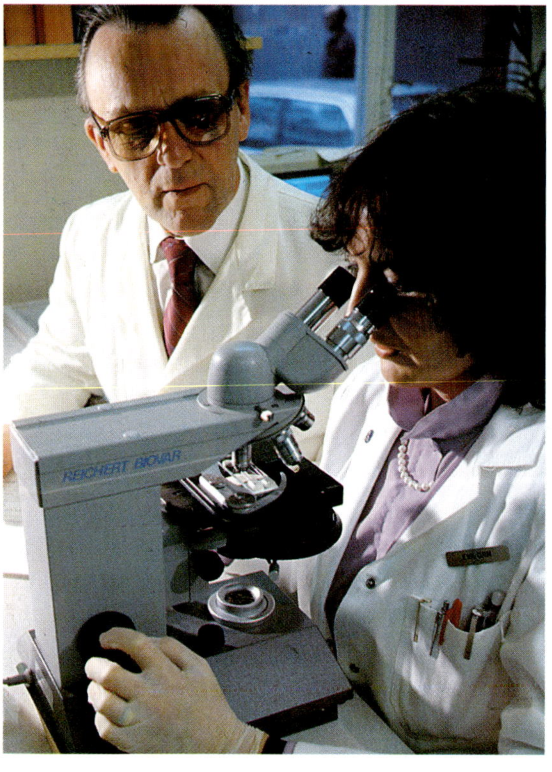

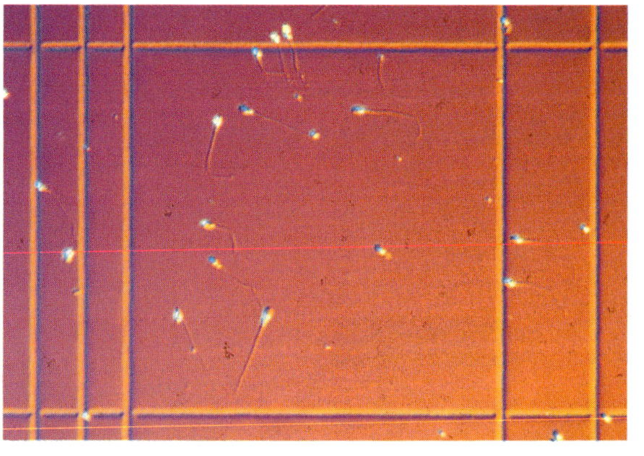

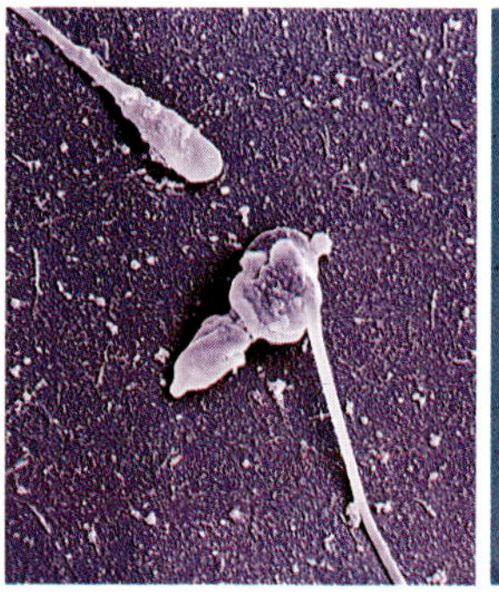

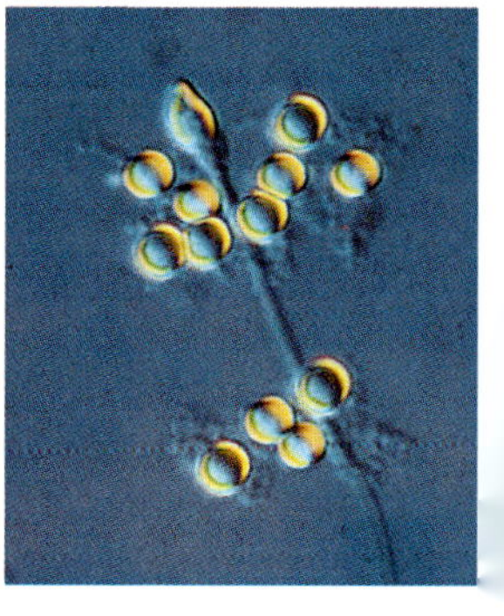

Zo worden de problemen van de man opgelost

Als we de verschillende oorzaken van kinderloosheid puur medisch bekijken, dan ligt, globaal gezegd, de 'fout' in veertig procent van de gevallen alleen bij de vrouw, in veertig procent alleen bij de man, en in twintig procent bij allebei. Tot dusverre boekten de onderzoekers de meeste successen bij de behandeling van onvruchtbaarheid bij vrouwen, terwijl de mogelijkheden voor hulp aan mannen met een slechte kwaliteit zaadcellen heel beperkt bleven.
Gelukkig is de belangstelling voor de problemen van mannen en de mogelijkheden om hen te behandelen de laatste jaren toegenomen. Een van de preventieve maatregelen is het gezonder maken van het milieu in de industrie, een andere is het invriezen van zaadcellen. Als er eenmaal problemen ontstaan, kunnen methoden als inseminatie van zaadcellen in de baarmoeder, in de eileiders en zelfs in de buikholte een succesvolle manier zijn om de problemen van zaadcellen om de baarmoederhals van een vrouw te passeren te ondervangen. Bij reageerbuisbevruchting zijn ook niet zoveel zaadcellen nodig als bij gemeenschap. De nieuwste methode is een injectie van een enkele zaadcel direct in een eicel. Wanneer deze methode verder ontwikkeld kan worden, zullen nog maar heel weinig mannen als onvruchtbaar beschouwd worden.

Hoeveel zaadcellen zijn er? Hoe beweeglijk zijn ze? Zijn er veel misvormd? Een microscopisch onderzoek van een vers spermamonster (ejaculaat) geeft op die vragen antwoord (links). Het aantal wordt berekend met behulp van een raster. De paarse foto laat een gezonde en een defecte zaadcel zien.
Een man kan allergisch zijn voor zijn eigen zaadcellen, een vrouw kan het zijn voor de zaadcellen van een man. Dit kan worden onderzocht met behulp van kleine glasbolletjes waarop antilichamen vastgehecht worden (links).
Inzet: een snelzwemtest voor zaadcellen in slijm uit de baarmoederhals. Op de grote foto worden zaadcellen en slijm uit de baarmoederhals bij elkaar gevoegd voor verdere microscopische proeven.

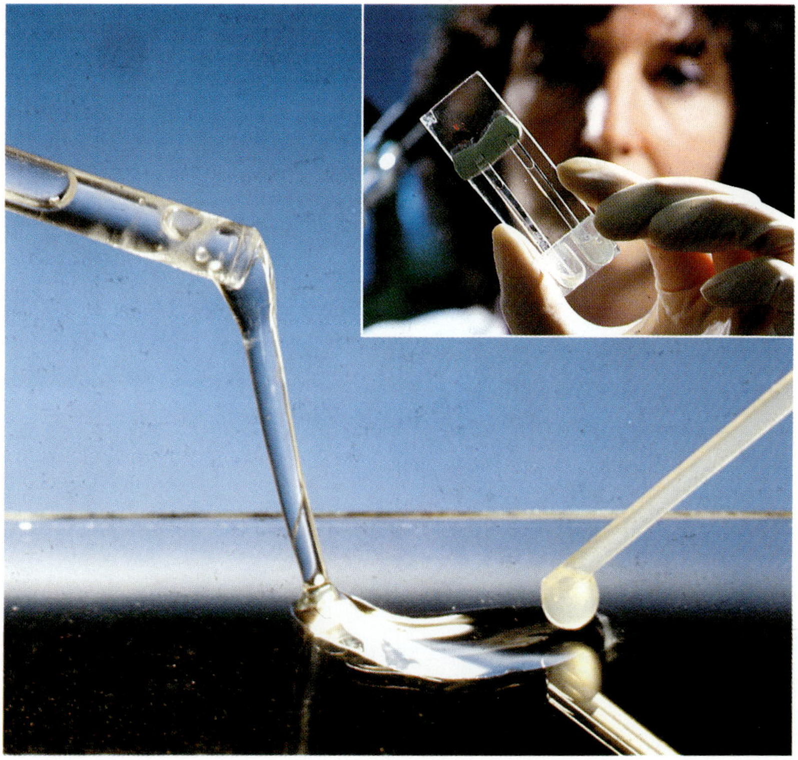

Behandeling van een vrouw met hormonen

Een veel voorkomende oorzaak van onvruchtbaarheid bij vrouwen is een stoornis in de hormoonbalans waardoor geen eisprong plaatsvindt. De oorzaak is zelden een ernstige ziekte, maar zonder behandeling leidt hij wel tot kinderloosheid. De eenvoudigste behandeling van die hormoonstoornis is de toediening van tabletten clomifeencitraat die een vrouw gedurende de eerste vijf dagen van de menstruatie moet innemen. Door de behandeling worden door de hypofyse meer hormonen afgescheiden, die op hun beurt de vorming van hormonen door de eierstokken stimuleren, zodat meerdere eiblaasjes rijp worden en barsten. Het tijdstip van de eisprong en tevens de meest geschikte tijd voor bevruchting kan bijna op het uur nauwkeurig bepaald worden door herhaalde hormoonbepalingen en door onderzoek van de eierstokken met behulp van de ultrageluidstechniek.

Als de hormoonstoornis van ernstiger aard is, is een behandeling met tabletten niet voldoende. In plaats daarvan wordt dagelijks gedurende een tiental dagen hypofysehormoon in de bilspieren ingespoten. De behandeling leidt in bijna alle gevallen tot een eisprong en het tijdstip wordt op dezelfde manier vastgesteld als bij de behandeling met tabletten.

Zijn de eileiders open zodat eicel en zaadcellen bij elkaar kunnen komen? Dat wordt met een röntgenonderzoek gecontroleerd. Via de baarmoederhals wordt contrastvloeistof ingespoten die de baarmoeder vult, en zo te zien is de doorgang door de eileider vrij.

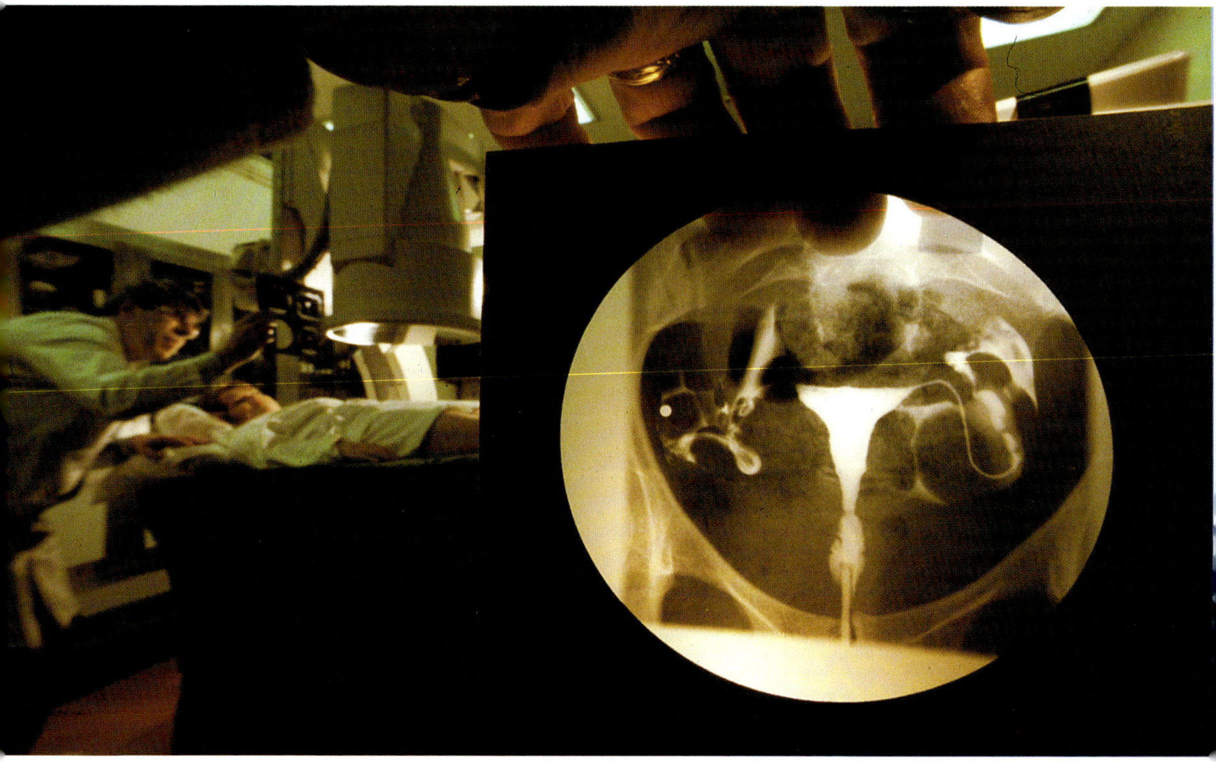

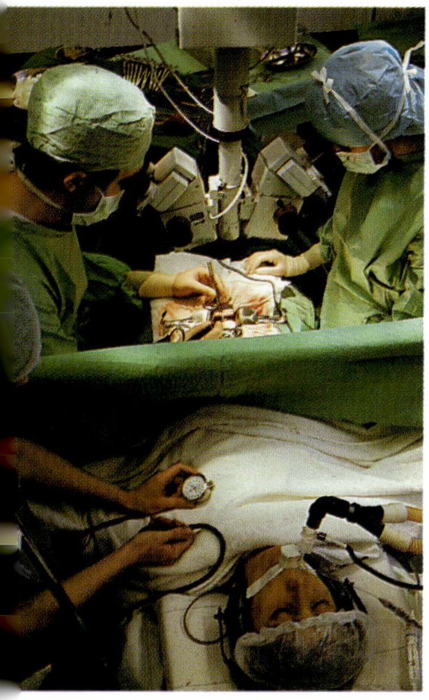

De chirurgen maken gebruik van een microscoop om defecte eileiders te herstellen. Vroegere infecties hebben het defect veroorzaakt.

Microchirurgie

De voorwaarde voor het welslagen van een behandeling met hormonen is uiteraard dat de eileider en de baarmoeder gezond zijn zodat de eicel door de eileider kan worden opgevangen en daar bevrucht. Als de eileiders beschadigd zijn, wat ook een vaak voorkomende oorzaak van kinderloosheid bij vrouwen is, probeert een arts vaak door middel van een operatie het defect aan de eileiders te verhelpen. Een dergelijke operatie vereist grote chirurgische kundigheid en wordt alleen in speciale klinieken uitgevoerd met behulp van een operatie-microscoop. Het resultaat van zulke operaties hangt natuurlijk af van de omvang van het defect, maar gemiddeld wordt een op de drie vrouwen na deze operatie zwanger.

Voordat tot een microchirurgische operatie wordt besloten, wordt gewoonlijk een contrast-röntgenopname gemaakt en een kijkoperatie (laparoscopie) uitgevoerd. De informatie die uit deze onderzoeken verkregen wordt vormt de basis voor de operatie.

De laatste jaren is de reageerbuisbevruchting gedeeltelijk in de plaats gekomen van de microchirurgie, of heeft in elk geval de toepassing ervan beperkt. Ongetwijfeld is er voor de chirurgie nog steeds een plaats weggelegd in gevallen waarin het defect aan de eileiders niet zo groot is. Dan worden ook de beste resultaten bereikt en het is een voordeel dat de vrouw meerdere kinderen kan krijgen, omdat het resultaat van de operatie vele jaren in stand blijft.

Als veranderingen in de baarmoederhals van de vrouw de oorzaak van de onvruchtbaarheid zijn, kan dat soms te maken hebben met een vernauwing die met een eenvoudige operatie te verhelpen is, maar doorgaans gaat het om een immunologische onvruchtbaarheid. De zaadcellen van de man reageren allergisch op het slijm of op het oppervlak van het slijmvlies van de baarmoederhals, zodat de zaadcellen snel hun beweeglijkheid verliezen en afsterven. Deze reactie beperkt zich meestal tot de baarmoederhals en door de zaadcellen voorbij het baarmoederhalskanaal direct in de baarmoeder te brengen kan deze toestand soms met succes behandeld worden.

Wat een geluk! Na jaren van onvrijwillige kinderloosheid is de vrouw behandeld - en nu is ze zwanger. Daar krijgt de dokter een zoen voor.

Bevruchting buiten het lichaam

Een nieuwe methode om kinderloosheid bij zowel vrouwen als mannen te behandelen, is bevruchting buiten het lichaam (in vitrofertilisatie). In de jaren tachtig is de methode wijd verbreid geraakt en over de hele wereld zijn in die periode dankzij deze techniek meer dan vijfentwintigduizend kinderen ter wereld gekomen.

De eerste 'reageerbuisbaby' werd in 1978 in Engeland geboren. De Engelse artsen Robert Edwards en Patrick Steptoe kwam daarvoor alle eer toe. Maar het idee was al veel ouder. Al in 1890 beschreef August Strindberg in een verhaal in de novellenbundel 'Aan de rand van de zee' met een bijna griezelig vooruitziende blik hoe de ikfiguur een menselijke eicel bemachtigt en die onder een microscoop bestudeert na het in een broedstoof met een temperatuur van 36 tot 41 °C te hebben gesloten. Hij voegt er zaadcellen bij en ziet hoe ze zich bewegen en de eicel bevruchten, die zich daarop gaat delen. Hij beschrijft in verband daarmee hoe hij een ogenblik van trots voelde over deze schepping van hem, dit idee om in een reageerbuis nieuw leven te doen ontstaan.

Reageerbuisbevruchting nu houdt in dat een of meer eicellen uit de eierstokken van een vrouw worden weggenomen op een moment dat met het tijdstip van de eisprong overeenkomt. De eicellen worden in een voedingsoplossing gelegd bij een temperatuur van 37 °C. Na een paar uur wordt een kleine hoeveelheid zaadcellen van de man toegevoegd en eicellen en zaadcellen kunnen gedurende een etmaal met elkaar versmelten. Daarna wordt de eicel in een nieuwe voedingsoplossing gelegd en onder de microscoop geïnspecteerd. Daarna wordt zij gedurende nog ongeveer een etmaal verder gekweekt. De moderne broedstoof heeft dus het milieu diep in de eileider van de vrouw, waar de bevruchting normaal plaatsvindt, vervangen. Als bevruchting heeft plaatsgevonden, wat in vier van de vijf gevallen gebeurt, heeft de eicel zich nu in twee tot zes cellen gedeeld en is gereed om voorzichtig in het lichaam van de vrouw teruggeplaatst te worden. Via de vagina en de baarmoederhals wordt de bevruchte eicel met behulp van een dunne kunststofcanule in de baarmoeder ingebracht. In ongeveer één op de vijf gevallen leidt reageerbuisbevruchting tot een voldragen zwangerschap.

Een methode om onverklaarbare kinderloosheid te behandelen heeft de naam GIFT gekregen, een afkorting van 'Gamete Intra Fallopian Transfer'. De methode komt er in het kort op neer dat een of meer eicellen uit de eierstokken gezogen worden en direct samen met zaadcellen van de man in de eileider worden geplaatst. Deze methode leidt bij dertig procent van de behandelingen tot zwangerschap, maar daarbij moet niet vergeten worden dat zij alleen gebruikt kan worden als de eileiders normaal functioneren en dat zij dus geen alternatief is voor reageerbuisbevruchting.

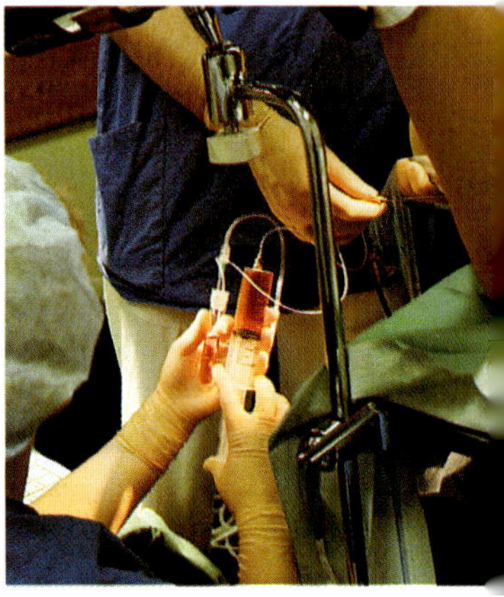

Het opzuigen van eicellen. De vrouw ligt gewoon op de behandeltafel net als bij een gynaecologisch onderzoek. Op het tijdstip rond de eisprong worden een of meer eicellen uit de eierstok gezogen. Met behulp van ultrageluid wordt een naald via de vagina, die plaatselijk verdoofd is, naar het eiblaasje gedirigeerd. De inhoud van het eiblaasje wordt met onderdruk een reageerbuisje ingezogen.

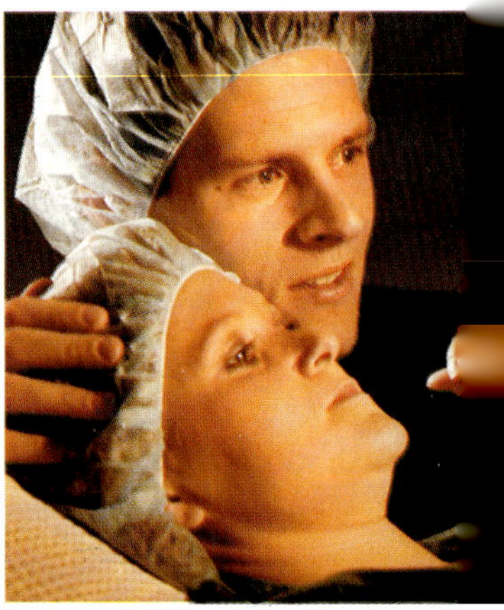

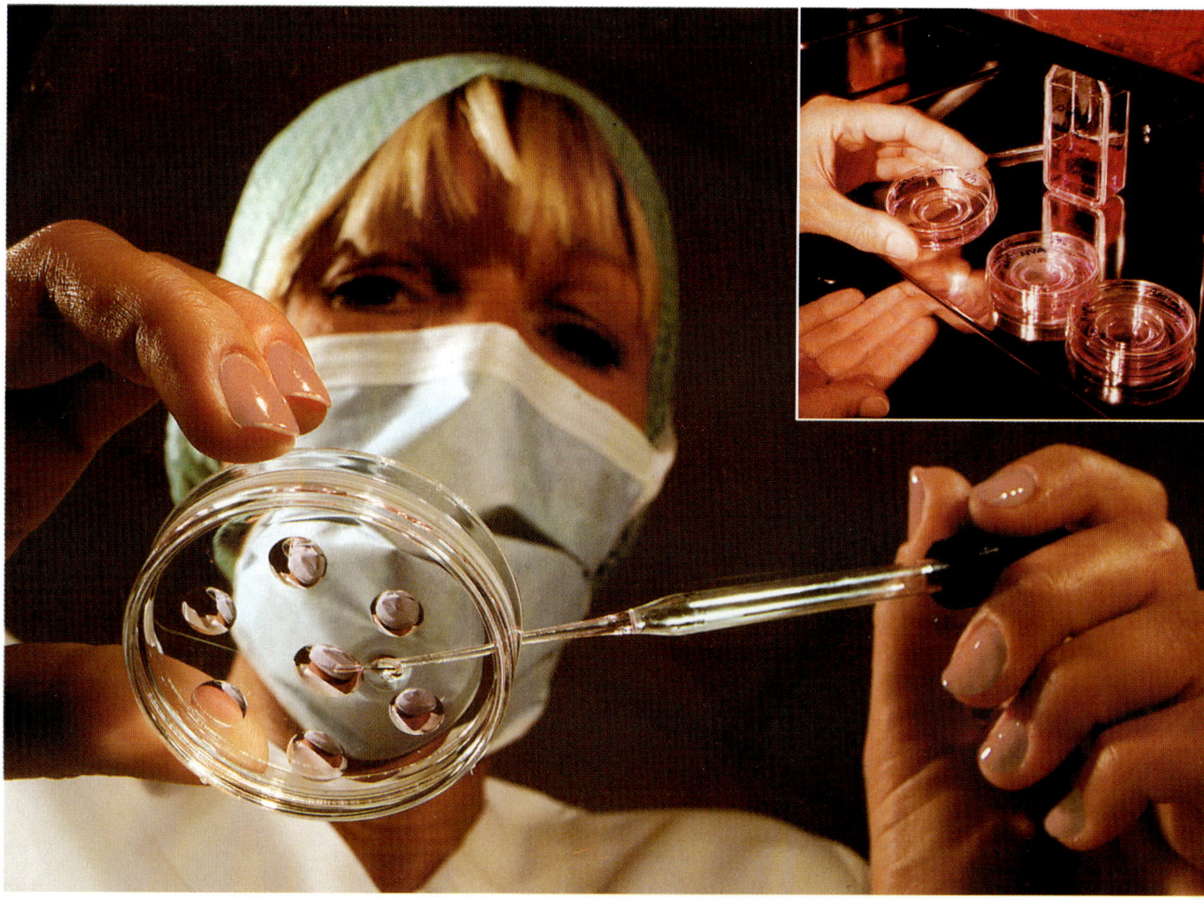

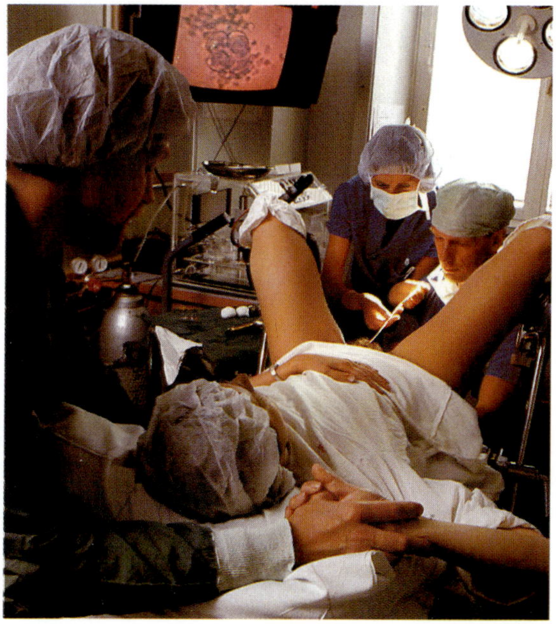

Er komt een kind tot stand

Bij bepaalde vormen van kinderloosheid moet de rijpe eicel uit het lichaam van de vrouw genomen worden om bevrucht te kunnen worden. De foto's op deze bladzijde laten zien hoe een reageerbuisbaby totstandkomt.
Boven liggen zeven eicellen, omgeven door een voedingsoplossing, op een glazen schaaltje. Met een pipet worden de zaadcellen toegevoegd. Eicel en zaadcellen worden daarna in een broedstoof, een incubator, geplaatst, met een nauwgezet gecontroleerde temperatuur en luchtvochtigheid (inzet).
Twee dagen later heeft de op deze wijze bevruchte eicel zich in twee tot zes cellen gedeeld. Met een dunne kunststofcanule worden een of meer bevruchte eicellen voorzichtig in de baarmoeder ingebracht. In één op de vijf gevallen leidt de behandeling tot het krijgen van een kind. Als dat mislukt, kunnen met de bevruchte en ingevroren reserve-eicellen nieuwe pogingen ondernomen worden.

Inzet: de bevruchte eicel wordt met behulp van een dunne kunststofcanule in de vrouw ingebracht en boven in de baarmoeder geplaatst. De lichte plek is de monding van de eileider. Op de grote foto is te zien hoe de eicel op het slijmvlies van de baarmoeder is beland. Zij ontwikkelt zich tot een blastocyste die stevig aan het slijmvlies vastgroeit, bouwt een placenta op en ontwikkelt zich tot embryo en vervolgens tot vrucht.

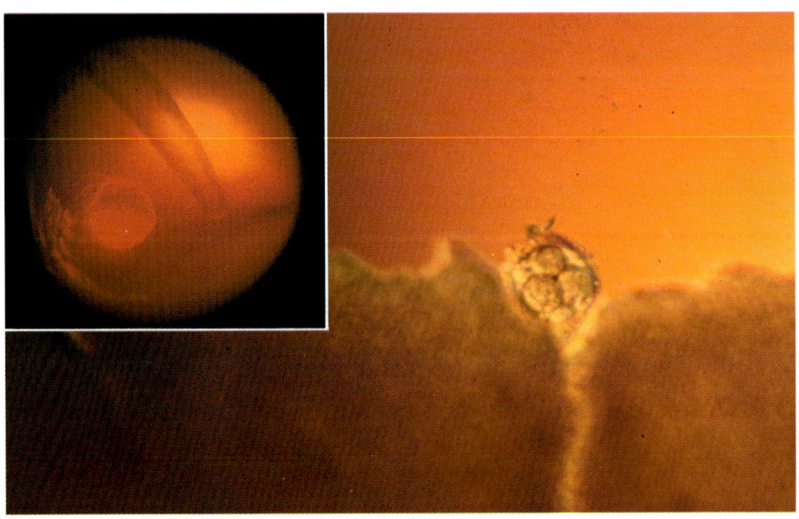

Twee portretten van ons kind

,,Kijk, de eicel heeft zich gedeeld!'' Op de foto links toont de verpleegster de hoopvolle ouders op een beeldscherm een vergroting van hun eigen bevruchte eicel, vlak voordat die in de baarmoeder van de vrouw wordt ingebracht. De eicel is twee dagen in een voedingsoplossing gekweekt en heeft zich nu in vier cellen gedeeld.
In dit geval leidden de gezamenlijke inspanningen van de ouders en het onderzoeksteam tot resultaat: de vrouw werd zwanger en het paar verheugt zich erop dat het binnenkort een eigen kind zal hebben.
Onder: de trotse ouders na afloop met hun zo vurig gewenste kind. Het is een duizelingwekkende gedachte dat het kind ontstaan is uit de vier cellen op het beeldscherm.

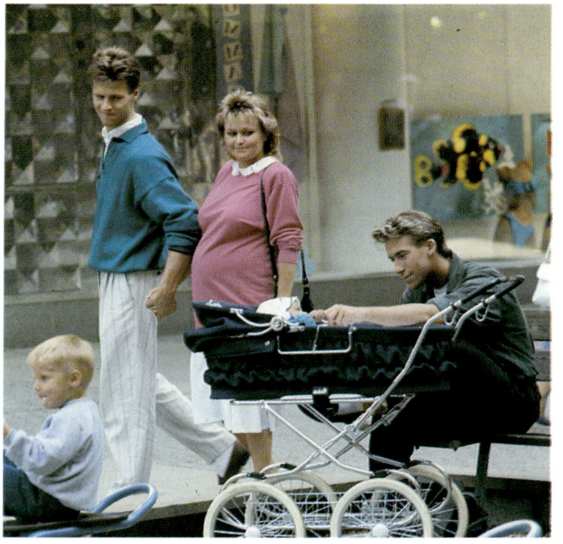

Waar we voor de toekomst op kunnen hopen

Wat is de toekomst en wat is de tegenwoordige tijd? Net als op veel andere terreinen gaan de ontwikkelingen zo duizelingwekkend snel, dat veel van wat wij op het moment als toekomstige mogelijkheden zien al binnen een paar jaar in de meeste van onze ziekenhuizen toegepast zal worden.

Het invriezen van zaadcellen bij een zeer lage temperatuur (-196°C) met behulp van vloeibare stikstof is een methode om zaadcellen lange tijd levenskrachtig te houden. Nadat ze voorzichtig ontdooid zijn beginnen de zaadcellen zich langzaam weer te bewegen en zij hebben dan nog steeds het vermogen om eicellen te bevruchten. Deze methode wordt sinds een tiental jaren op veel plaatsen in de wereld gebruikt. Momenteel krijgen vooral mannen met tumoren in hun teelballen, waarbij een operatie of een behandeling met celgiften de zaadcellen zullen vernietigen, de mogelijkheid om hun zaadcellen te laten invriezen. In de toekomst kan de methode gebruikt worden voor mannen die in bepaalde gevaarlijke industrieën werken waar het risico bestaat dat chemische vergiften geleidelijk de zaadcellen en de vruchtbaarheid zullen aantasten.

Het invriezen van onbevruchte eicellen is aanzienlijk moeilijker gebleken en slechts een paar pogingen met kinderen als resultaat zijn tot nu toe gelukt.

Het invriezen van bevruchte eicellen is daarentegen gemakkelijker en er zijn al duizenden kinderen geboren na invriezing en ontdooiing van bevruchte eicellen in verschillende stadia van ontwikkeling. Waarom wordt deze techniek toegepast? De belangrijkste reden is dat er soms bij in vitro-fertilisatie bij een en dezelfde poging veel eicellen bevrucht worden. Ze kunnen niet allemaal teruggeplaatst worden in de baarmoeder, omdat dan de kans op drie- en vierlingen te groot zou zijn. De bevruchte eicellen kunnen dan ingevroren worden en een aantal maanden bewaard, en als de vrouw bij de eerste poging niet zwanger wordt kunnen de bevroren eicellen gebruikt worden. Een andere mogelijkheid kan zijn om de bevruchte eicellen voor een latere zwangerschap te gebruiken als de vrouw bij de eerste poging wel zwanger wordt.

Pogingen om zaadcellen direct in de eicel te injecteren zijn al met succes uitgevoerd en dit is een methode die van betekenis zou kunnen zijn voor mannen met bijna onbeweeglijke of met te weinig zaadcellen. Een kleine hoeveelheid van een ejaculaat dat minder dan vijf miljoen zaadcellen bevat kan in het algemeen bij normale gemeenschap niet tot zwangerschap leiden. Bij bevruchting buiten het lichaam zijn misschien tien- tot honderdduizend zaadcellen toereikend, maar bij de nieuwe injectiemethode zijn slechts enkele zaadcellen voldoende.

In de toekomst zal men ook op verschillende manieren de speciale

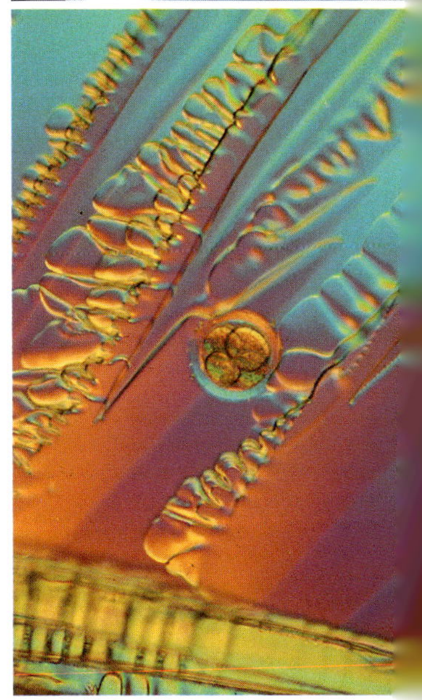

Zaadcellen en bevruchte eicellen kunnen lange tijd in vloeibaar stikstof (-196 °C) ingevroren blijven. Bij voorzichtig ontdooien komen de levensprocessen na hun 'doornroosjesslaap' weer terug. De ijskristallen die de bevruchte eicel omgeven smelten langzaam.

eigenschappen van de bevruchte eicel bij het vruchtonderzoek kunnen benutten. De cellen van een bevruchte eicel hebben namelijk tijdens de eerste delingen een zogenaamde totipotentie (toti betekent volledig, potentie betekent vermogen), dat wil zeggen dat elke cel het vermogen heeft om de hele boodschap 'mens' tot uitdrukking te brengen. Een deel van de cellen kan zonder het embryo te beschadigen voor een chromosoomanalyse of een bepaling van het geslacht gebruikt worden. Dergelijke pogingen zijn al op menselijke eicellen uitgevoerd en ze zouden grote betekenis kunnen krijgen voor paren die een bekende erfelijke ziekte hebben die slechts één geslacht treft of misschien alleen gemiddeld om de twee kinderen optreedt. Dan zou men er zeker van kunnen zijn dat de bevruchte eicel die in de baarmoeder wordt ingebracht een normale chromosoomsamenstelling heeft en dan zou een abortus doordat met het conventionele vruchtonderzoek een defect pas veel later wordt ontdekt, niet nodig zijn.

Wanneer we een blik werpen op de toekomst van de voortplanting moeten we tenslotte iets vermelden over de mogelijkheden om met behulp van behandeling in de baarmoeder de omstandigheden van een vrucht tijdens de zwangerschap te verbeteren. Een vrucht kan net als opgroeiende en volwassen mensen ziekten of beschadigingen oplopen die verlicht of genezen kunnen worden. Een verbeterd en

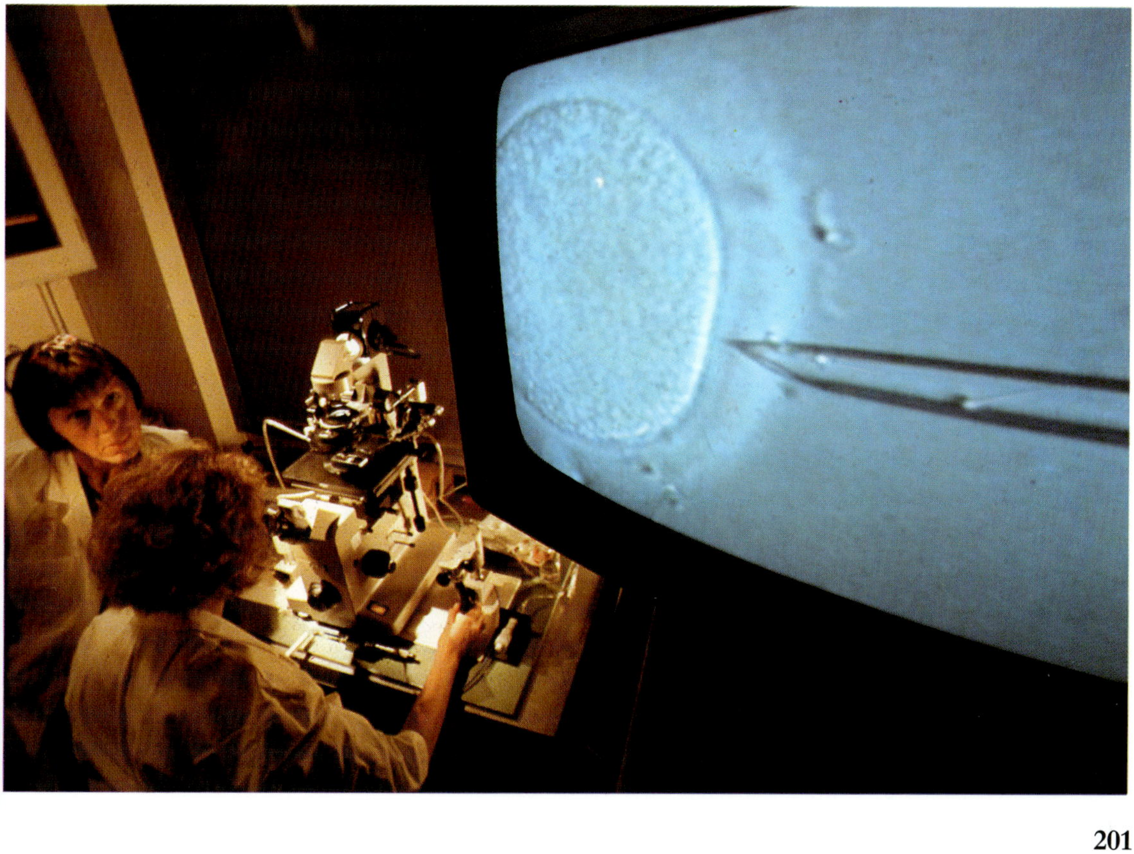

Een micro-injectie van zaadcellen direct in de eicel. Deze methode van de toekomst kan van grote betekenis worden voor mannen met weinig zaadcellen of met zaadcellen die zich niet goed bewegen. We zien een zaadcel in de naald, die door de eicelschaal gestoken wordt. Afmetingen: de eicel is 0,1 millimeter lang, de zaadcel 0,06 millimeter.

nauwkeurig vruchtonderzoek kan ons met behulp van onder andere laboratoriumproeven en de ultrageluidstechniek vertellen of de gezondheid of het leven van een vrucht in de baarmoeder bedreigd worden.
Bloedarmoede van de vrucht bij resus-immunisatie is een van de weinige voorbeelden waarbij de artsen tegenwoordig met behulp van bewegende ultrageluidsbeelden met een catheter naar binnen kunnen gaan en bloedtransfusies toedienen. Een ander voorbeeld is de toediening van medicijnen aan de moeder ter behandeling van een hartaandoening van haar ongeboren kind. Er zijn verder wel eens pogingen gedaan om het ongeboren kind nog in de baarmoeder chirurgisch te behandelen voor ernstige afwijkingen, maar die pogingen zijn tot nu toe niet erg succesvol gebleken, en het is de vraag of zij dat in de toekomst zullen zijn.
Al deze methoden en mogelijkheden zetten de ouders van vandaag en morgen soms onder zware psychische druk. Moeten we werkelijk al deze mijlpalen van de wetenschap benutten? Kunnen de zwangerschap en de bevalling niet 'natuurlijk' en ongecontroleerd blijven? Kunnen we als ouders niet gewoon hopen dat alles vast hoe dan ook wel goed zal gaan? Natuurlijk moet de opvatting van het individu op dit gebied gerespecteerd worden en vanzelfsprekend moet al het personeel van de verloskundige praktijk en het ziekenhuis dat met een zwangere vrouw en haar man in contact komt een open oor hebben voor de ongerustheid en de angst van het paar en er altijd naar streven om hun diepste wensen te respecteren.
En laten we tenslotte niet vergeten dat zwangerschap geen ziekte is. Het is het meest natuurlijke levensproces dat we doormaken en de selectiemechanismen van duizenden jaren hebben onze voortplanting steeds doelmatiger en volmaakter gemaakt.

Zo klein en broos, zo oneindig hulpeloos en afhankelijk van zijn omgeving - en misschien juist daarom zo sterk. Kinderen wekken gevoelens bij ons op en brengen bindingen van een uniek soort teweeg. Kinderen krijgen is in een wereld met vijf miljard mensen waar een bevolkingsexplosie aan de gang is natuurlijk de gewoonste zaak van de wereld. Maar voor een vrouw die het kind gedragen en gebaard heeft is het heel iets anders. Het is het wonder van haar leven, het grote wonder.

LONDON

Een woord van dank

Dit boek is tot stand gekomen door samenwerking van een groot aantal mensen. Een zeer belangrijke bijdrage leverde een kleine groep van naaste medewerkers, die op verschillende manieren voortdurend met ideeën en adviezen aan dit werk van vele jaren hebben bijgedragen. Hartelijk dank aan Bo Berling, Ebbe Carlsson, Anne en Thomas Fjellström, Lars Hamberger, Svend Lindenberg, Anita Sjögren, Hanne Tinggaard en Per Wivall.
Voor al haar liefde, aanmoediging en hulp bij de totstandkoming van dit boek wil ik ook mijn vrouw Catharina bedanken.
Diep gevoelde dank ook aan alle echtparen die zo'n groot vertrouwen hebben getoond door mij aanwezig te laten zijn en te laten fotograferen bij dat zeer intieme ogenblik toen hun kind geboren werd. En hartelijk dank aan het personeel van de kraamafdeling, dat mij en mijn assistent zij aan zij met hen heeft laten werken.

Lennart Nilsson

Een groot aantal onderzoekers, artsen, technici en ziekenhuispersoneel is een onschatbare hulp geweest bij de totstandkoming van dit boek. Niet iedereen kan hier met name genoemd worden, maar de fotograaf, de schrijver en de uitgever willen hen allemaal hartelijk bedanken voor hun grote bereidwilligheid en tegemoetkomendheid.

Bevruchting, implantatie en reageerbuisbevruchting: prof. Anne Grete Byskov, Svend Lindenberg, arts en Hanne Tinggaard, laboratoriumassistent, Rijksziekenhuis, Kopenhagen; Ann-Louise Dahl, universiteitssecretaris, prof. Lars Hamberger, prof. Per Olof Janson, dr. Peter Sjöblom en drs. Anita Sjögren, Vrouwenkliniek Sahlgrenska Ziekenhuis, Gotenburg; Anita Peura, laboratoriumassistente, Monash Medical Center Melbourne, Australië; The-Hung Bui, arts, prof. Marc Bygdeman, György Csemiczky, arts, Maria Edler, verloskundige, Marita Johansson, laboratoriumingenieur, Gunilla Landberg, verloskundige, Anita Malmgren, verloskundige, en Håkan Wramsby, wetenschappelijk medewerker, Vrouwenkliniek van het Karolinska Instituut, Stockholm; Örjan Lundqvist, wetenschappelijk medewerker en Måns Palmstierna, arts, Vrouwenkliniek van het Academisch Ziekenhuis Uppsala; Lars Marsk, wetenschappelijk medewerker, K.G. Nygren, wetenschappelijk medewerker, Margareta Stefansson, verloskundige, Peter Svallander, wetenschappelijk medewerker en Anne-Marie Thörnblad, laboratoriumassistent, IVF-afdeling van het ziekenhuis Sofiahemmet, Stockholm.
Mannelijke voortplanting: prof. Leif Plöen, Instituut voor Anatomie en Histologie van de Faculteit der Diergeneeskunde SLU, Uppsala; prof. Lennart Andersson, Urologische Kliniek van het Karolinska Ziekenhuis; Ulrik Kvist, wetenschappelijk medewerker en Inger Söderlund, laboratoriumassistente, Andrologie-sectie van het Karolinska ziekenhuis; Bengt Fredricsson, wetenschappelijk medewerker, Andrologie-eenheid van de Vrouwenkliniek van het ziekenhuis van Huddinge; Rune Eliasson, wetenschappelijk medewerker, en Öivind Johnsen, wetenschappelijk medewerker, Afdeling Voortplantingsfysiologie van het Karolinska Instituut; Marie Antonsson, verloskundige, Rune Eliasson, wetenschappelijk medewerker, Staffan Norén, wetenschappelijk medewerker en Eva Örn, laboratoriumassistente, Andrologische afdeling van het ziekenhuis Sofiahemmet.
Gezondheidszorg voor moeder en kind: Eivor Björkman, verloskundige, Lena Lagerström-Lindberg, arts, Verloskundige praktijk van Zinkensdamm, Stockholm; Gunilla Primén, verloskundige, Verloskundige praktijk van het ziekenhuis van Danderyd voor de redactionele correctie, en een aantal consultatiebureaus in Stockholm en de kraamafdelingen van het Karolinska ziekenhuis en het ziekenhuis van Zuid-Stockholm.
Ultrageluid: Gunilla Landberg, verloskundige, Harry Lindholm, wetenschappelijk medewerker, Ella Söderlind, verpleegkundige, Britt Trygg-

Hemmingsson, verloskundige, Vrouwenkliniek van het Karolinska Ziekenhuis.
Voedselopname van het kind: Olle Björk, wetenschappelijk medewerker, en prof. Hugo Lagercrantz, Kinderkliniek van het Karolinska Ziekenhuis.
Fotografie met magneetcamera: Elna Berglind, radiografisch assistente, Håkan Göransson, arts, Tomas Hindmarch, wetenschappelijk medewerker, Afdeling voor Magnetic Resonance Imaging van het Karolinska Ziekenhuis.
Bevalling: Gudrun Abascal, verloskundige, Kraamafdeling van het ziekenhuis van Danderyd voor redactionele correctie, verder de kraamafdelingen van het ziekenhuis van Nacka, Karolinska Ziekenhuis, het ziekenhuis van Huddinge, het ziekenhuis van Zuid-Stockholm en het Sahlgrenska Ziekenhuis.
Imitatievermogen van baby's: Carin Holmlund, arts, Pedagogisch Instituut van de Universiteit van Stockholm.
Te vroeg geboren kinderen: Couveuse-afdeling van het ziekenhuis van Danderyd en het Karolinska Ziekenhuis te Stockholm en het Sahlgrenska Ziekenhuis te Göteborg.
Chromosomenonderzoek, DNA-analyse: prof. Lennart Nilsson, Fysiologisch Instituut van het Karolinska Instituut; prof. Jan Lindsten, Klinisch-genetisch Laboratorium van het Karolinska Ziekenhuis.
Waardevolle hulp bij het fotograferen van operaties: Sonja Ekelund, verpleegkundige, Jonas Harlin, arts, Inga Nilsson, verpleegkundige, Centrale Operatieafdeling van het Karolinska Ziekenhuis; Eva Andersson, verpleegkundige, Lena Granström, arts, Margareta Nyman, arts, Henrik Rabaeus, arts, Kerstin Wersäll, arts, Operatieafdeling van het ziekenhuis van Danderyd; Kerstin Bourdin, verpleegkundige, Einar Pálsson, arts, Sven Olov Sandström, arts, Operatieafdeling van het ziekenhuis van Nacka; Jane Andersson, arts, Bo A. Nilsson, wetenschappelijk medewerker, Ingmarie Nordström, verpleegkundige, Ulla Roth-Brandel, arts, Anna Lisa Wiberg, verpleegkundige, Operatieafdeling van de Vrouwenkliniek van het ziekenhuis van Zuid-Stockholm.
Waardevolle technische informatie: prof. Gunnar Bergström, Instituut voor Chemische Ecologie van de Universiteit van Gotenburg; prof. Elisabeth Johannisson, WHO te Genève.
Speciale dank aan: de professoren Howard en Georganna Jones, Institute for Reproductive Medicine te Norfolk, USA; het Northic General Hospital te Norfolk, USA; prof. Robert Edwards, Universiteit van Cambridge, Engeland; prof. Antonin Zwinger, Jana Jedliekova, arts, Jan Jirasék, wetenschappelijk medewerker, Pavel Smeral, arts, Research Institute for the Care of Mother and Child te Praag; Chan Kong Hon, arts, Mary Rauff, arts, Kandang Kerbau Hospital, Singapore; S. Arulkumaran, arts, National University Hospital, Singapore; Tjokorda Gde Subamia, arts, Kuta Health Center op Bali; de Zweedse Televisie AB; de Zweedse Medische Onderzoeksraad.

Technische informatie
Produktie van speciale optiek: ir. Georg Vogel, Stockholm en ir. Bo Möller, Zeiss, Oberkochen, West-Duitsland.
Speciaal gemaakte endoscopen: Karl Storz GmbH, West-Duitsland.
Ontwikkeling en produktie van een scanning elektronenmicroscoop: Jeol, Tokio, Japan.
Produktie van fotografische hulpmiddelen: Steen en Erik Lorentzen, Lorentzen Instrument AB.
Microscoopuitrusting: Nikon.
Beeldanalyse van fluorescentiemicroscopie: Michael Cohn, arts, AB Parameter.
Warmtecamera: ir. Jan-Åke Andersson, Agema Infrared System AB.
Elektronenmicroscopische preparatietechniek: prof. K. Tanaka, University of Tottori, Japan.
Elektronenmicroscopisch expert: Lauri Saastamoinen, Jeol Skandinaviska AB.
Lichtmicroscopische experts: Åke Brunkener, Sven Bådholm, Gabriel Marx, Zeiss.
Technische assistentie: ir. Björn Holmstedt, Immuno Sweden AB; Masaya Takumida, wetenschappelijk medewerker, Hiroshima, Japan; Anne Marie Lundberg, laboratoriumassistente, Onderzoeksafdeling van de Keel-, Neus- en Oorkliniek van het Karolinska Ziekenhuis; Kristina Sundqvist, arts, Toxicologisch Instituut van het Karolinska Ziekenhuis.
Fotoassistenten: Anne Fjellström, Thomas Fjellström, Niklas Dahlskog.

Om de helderheid van de foto's die met een scanning elektronenmicroscoop genomen zijn, te vergroten, zijn deze ingekleurd met behulp van een speciale methode - de grijsschaal is door separatie naar kleuren vertaald - ontwikkeld door fotograaf Gillis Häägg, Göteborg.

Register

Cursieve cijfers verwijzen naar foto's